Exercícios de Hidroginástica

Exercícios e rotinas para tonificação, condicionamento físico e saúde

2ª edição

Exercícios de Hidroginástica

Exercícios e rotinas para tonificação, condicionamento físico e saúde

2ª edição

MaryBeth Pappas Baun

Manole

Título original em inglês: *Fantastic water workouts*
Copyright © 2008 MaryBeth Pappas Baun. Todos os direitos reservados.

Tradução: Dayse Batista
Revisão científica: Nino Aboarrage
    Mestrado em Ciência da Motricidade Humana pela Universidade Castelo Branco
    Preparador físico desportivo
    Especialização em Treinamento Desportivo pela Universidade Metodista de Piracicaba e em Fisiologia do Exercício pela Escola Paulista de Medicina – Universidade de São Paulo (em curso)
Editoração eletrônica e Projeto Gráfico: Fred Aguiar
Capa: Departamento de Arte da Editora Manole

DADOS INTERNACIONAIS DE CATALOGAÇÃO NA PUBLICAÇÃO (CIP)
(CÂMARA BRASILEIRA DO LIVRO, SP, BRASIL)

Baun, MaryBeth Pappas
   Exercícios de hidroginástica : exercícios e rotinas para tonificação, condicionamento físico e saúde / MaryBeth Pappas Baun ; [tradução Dayse Batista]. -- 2. ed. -- Barueri, SP : Manole, 2010.

   Título original: Fantastic water workouts.
   ISBN 978-85-204-2914-3

   1. Exercícios aquáticos 2. Exercícios aquáticos - Treinamento 3. Exercícios aquáticos - Uso terapêutico I. Título.

09-07549   CDD-613.716

Índices para catálogo sistemático:
1. Hidroginástica : Exercícios : Promoção da saúde
613.716

Todos os direitos reservados.
Nenhuma parte deste livro poderá ser reproduzida, por qualquer processo, sem a permissão expressa dos editores.
É proibida a reprodução por xerox.
A Editora Manole é filiada à ABDR – Associação Brasileira de Direitos Reprográficos

Edição brasileira – 2010

Direitos em língua portuguesa adquiridos pela:
Editora Manole Ltda.
Av. Ceci, 672 – Tamboré, 06460-120 – Barueri – SP – Brasil
Tel.: (11) 4196-6000 – Fax: (11) 4196-6021
www.manole.com.br
info@manole.com.br

Impresso no Brasil
Printed in Brazil

SOBRE A AUTORA

Há mais de 20 anos, **MaryBeth Pappas Baun** ajuda muitas pessoas a fazerem mudanças no estilo de vida relacionadas à saúde. Professora com mestrado, que já atuou como mentora de muitos outros instrutores e é vista como um guru da boa-forma, ela continua empregando suas habilidades na prática como treinadora e instrutora de boas práticas de saúde. Seu trabalho como consultora com a missão de desenvolver o bem-estar já envolveu milhares de pessoas que compareceram às suas aulas, a seminários e a workshops e que leram seus livros e artigos. Pappas Baun administra a sua própria empresa de treinamento para o bem-estar e boa forma física desde 1982, atendendo a grandes e pequenas empresas, instituições educacionais, grupos de atendimento à saúde e organizações comunitárias. Ela também já liderou treinamentos e programas de cuidados para a manutenção da saúde como funcionária da Kaiser Permanente, da Goodrich Aerospace e na Divisão de Prevenção do Câncer do Centro de Oncologia M.D. Anderson, da Universidade do Texas.

Atualmente, Pappas Baun é membro da National Wellness Association, da Corporate Health Awareness Team e da Houston Wellness Association. Também já foi membro do American Council of Exercise (ACE) – Conselho Norte-Americano de Exercícios –, do American College of Sports Medicine (ACSM), da Aquatic Exercise Association – Associação de Exercícios Aquáticos – e da Aerobics and Fitness Association of America (AFAA) – Associação de Aeróbica e Fitness da América. Baun recebeu sua credencial como personal trainer de fitness em 1995, da National Academy of Sports Medicine – Academia Nacional (norte-americana) de Medicina Esportiva –, como instrutora de exercícios aquáticos, em 1990, da Aquatic Exercise Association – Associação de Exercícios Aquáticos – e como instrutora de saúde e fitness, em 1988, da ACSM, além de ter recebido certificação como instrutora de exercícios em grupo, em 1988, da ACE e, em 1986, da AFAA. Em seu tempo livre, Pappas Baun gosta de permanecer ativa praticando atividades, como natação, trilhas, ciclismo e caiaquismo. Ela também aprecia leitura, dança, ioga e tai chi, além de comparecer a eventos de música. É casada com William Boyd Baun, líder em bem-estar e saúde e produtividade ocupacional há mais de 30 anos.

Esta obra foi escrita e publicada para oferecer informações fiéis e abalizadas, relevantes ao assunto apresentado. Ela é publicada e vendida com o entendimento de que a autora e a editora não se propõem a oferecer serviços legais, médicos ou outros em razão de sua autoria ou publicação. Busque os serviços de um profissional competente, se necessitar de assistência médica ou outra ajuda especializada.

O Yoga Booty Ballet apresentado nas páginas 205-212 foi adaptado com permissão de Gillian Marloth Clark e Teigh McDonough. O Ioga Aquático nas páginas 192-197 e os exercícios de Tai Chi nas páginas 181-188 foram adaptados com permissão de Carol Argo.

Somos gratos ao Memorial Hermann Wellness Center de Houston, Texas, pelo auxílio com as locações para a sessão de fotos usadas neste livro.

Dedicado ao meu marido, William Boyd Baun, com profunda gratidão por seu amor, inspiração e apoio.

SUMÁRIO

Sobre a Autora v

Prefácio vii

CAPÍTULO 1   Melhorando a Aptidão Física com Exercícios na Água . . 1

CAPÍTULO 2   Preparando-se para os Exercícios Aquáticos. 19

CAPÍTULO 3   Entendendo as Fases de uma Rotina Aquática 43

CAPÍTULO 4   Aquecimento e Resfriamento 57

CAPÍTULO 5   Benefícios dos Movimentos Aeróbicos 83

CAPÍTULO 6   Fortalecimento e Tonificação 107

CAPÍTULO 7   Intensificando os Exercícios 137

CAPÍTULO 8   Criação de uma Rotina Aquática Pessoal 157

CAPÍTULO 9   Um Estímulo à sua Rotina 171

CAPÍTULO 10   Rotinas Específicas para Necessidades Especiais 213

Apêndice 257

Índice Remissivo 266

PREFÁCIO

A popularidade dos exercícios aquáticos tem aumentado rapidamente. Pessoas com os mais diferentes estilos de vida – entusiastas da boa forma, atletas de todas as categorias, profissionais de elite e amadores, pessoas com problemas de saúde ou com lesões, adultos mais velhos e pessoas que desejam apenas se divertir – descobriram que algo especial acontece quando nos exercitamos na água: isso funciona! No mundo inteiro, indivíduos e grupos têm descoberto que esses exercícios se encaixam muito bem às suas necessidades de condicionamento físico e ao seu estilo de vida. Exercícios aquáticos conquistaram reconhecimento pela combinação exclusiva de vantagens que oferecem: uma mobilização total do corpo que o leva por toda a amplitude de movimentos funcionais e aumenta a força central contra a resistência multidirecional, enquanto minimiza o estresse nas articulações e reduz o risco de lesões, em um ambiente confortável e refrescante.

De acordo com o *Fitness Management Journal* (2004), mais de 6 milhões de norte-americanos realizam exercícios aquáticos. Na última década, a comunidade de pesquisas liderou esse avanço demonstrando com inúmeros estudos os benefícios dos exercícios feitos na água. Por que os exercícios aquáticos conquistaram tamanha atenção? O orgão da Saúde Pública dos Estados Unidos recomenda 30 minutos ou mais de atividade física moderada na maior parte dos dias, para a boa saúde. Contudo, as pessoas têm dificuldade para formar o hábito. A maior parte delas não executa atividade física regular, atualmente. Daquelas que iniciam um programa de exercícios, 70% o abandonam, no período de um ano. As razões para a desistência são muitas, e a maioria desses indivíduos para em razão de ter optado por uma atividade que não é a mais adequada para o seu perfil. Talvez a considerem dolorosa ou monótona, ou julguem simplesmente que ela não se ajusta aos seus interesses, horários ou necessidades sociais. A água é um ambiente que permite a superação de todos esses obstáculos.

As propriedades da água servem como um ambiente único para que pessoas com todos os níveis de habilidades realizem um treino melhor, em menos tempo. Essas propriedades incluem flutuação, resistência multidirecional (pressão hidrostática), maior resistência pela viscosidade e maior resfriamento. A água oferece um treino bem equilibrado que melhora todos os principais componentes da aptidão física: resistência aeróbica, força e resistência muscular, flexibilidade, postura e composição do corpo. Ela também melhora a coordenação, a agilidade, a estabilidade, a mobilidade e o equilíbrio, fundamentais não apenas para atletas, mas também para a vida quotidiana e para aqueles que desejam obter a boa mobilidade em idade mais avançada. Isto é especialmente importante na sociedade norte-americana, na qual o número de adultos mais velhos, graças à geração pós-guerra, deverá duplicar nos primeiros trinta anos do século XXI. Por que a mobilidade é tão importante? Porque mobilidade adequada significa maior independência, melhor saúde e bem-estar.

As técnicas usadas nos exercícios aquáticos produzem aptidão física geral, para o corpo inteiro, que compete com os resultados de muitas outras formas de exercício. Pessoas que se exercitam na água engajam um envolvimento maior de todo o corpo do que é possível durante atividades aeróbicas feitas em terra, como ciclismo ou *jogging,* que se concentram em ações repetitivas específicas.Entretanto, o mais importante a notar talvez seja o fato de que a água motiva as pessoas a se exercitarem, porque é estimulante e divertida. A água transforma os exercícios em uma experiência mais agradável, confortável, refrescante e revigorante.

Por mais de uma década, pesquisadores que estudam a fisiologia dos exercícios e a saúde têm expandido o conjunto de evidências em apoio ao que os entusiastas de exercícios aquáticos já relatavam. Está tudo documentado, as evidências são claras, e os fãs dos exercícios na água já têm comprovação para o que afirmam: exercícios na água produzem benefícios de saúde e aptidão física, enquanto queimam mais calorias em menos tempo, e causam menos desconforto, oferecendo melhor proteção contra lesões. Não é de surpreender, portanto, que as pessoas gostem mais dos seus exercícios e os pratiquem durante mais tempo, aumentando assim a oportunidade para tornar a atividade física uma rotina em suas vidas.

Por que os exercícios aquáticos funcionam?

- A água acrescenta mais resistência, 12 a 14% a mais do que quando nos exercitamos em terra.Cada movimento que fazemos na água aumenta a resistência para os músculos, o que melhora a força e pode ajudar a aumentar o metabolismo, ou a taxa em que queimamos calorias, mesmo em repouso.
- A água proporciona resistência multidirecional. Nossos músculos tipicamente trabalham em pares, e a resistência da água nos permite trabalhar grupos musculares opostos de uma forma equilibrada, sem termos de nos reposicionar e repetir o exercício, como faríamos para conseguir o mesmo efeito em terra. Além disso, a resistência multidirecional cria um ambiente ideal para o condicionamento funcional – o tipo que faz seu corpo funcionar melhor como um sistema de ligação unificado.
- A água serve como um colchão para o nosso corpo. De acordo com a Associação de Exercícios Aquáticos (AEA), quando mergulhamos nosso corpo na água até o tórax ele suporta aproximadamente 25 a 30% do nosso peso corporal total. Imerso até a cintura, suporta 50% do nosso peso.Esta flutuabilidade permite que muitas pessoas realizem movimentos que de outro modo seriam difíceis em terra, além de criar um ambiente de treinamento cruzado com absorção de choque, o que previne lesões para todos.
- A água regula a temperatura corporal, protegendo-nos de superaquecimento. Não sentimos calor nem suamos, de modo que nos sentimos mais confortáveis durante o exercício.

Pesquisadores concordam com os múltiplos benefícios dos exercícios realizados na água:

- Exercícios aquáticos ajudam a melhorar a força e a flexibilidade em menos tempo.
- Exercitar-se na água permite melhorar ou manter o peso e a composição corporal (equilíbrio entre tecido magro e tecido gorduroso).
- A hidroginástica reúne os critérios para a aptidão física do ACSM (American College of Sports Medicine) para o aumento da resistência cardiorrespiratória.
- A água ajuda na proteção contra a perda óssea que pode levar a osteoporose.
- Exercitar-se na água pode reabilitar ou prevenir lesões musculares (p. ex., ela reduz inchações e previne o acúmulo de sangue nas extremidades).
- Exercícios na água oferecem benefícios sociais para aqueles que participam de aulas em grupo.
- Atividades na água apoiam uma atitude positiva, sensações de bem-estar e alívio do estresse e da ansiedade.

Extensas pesquisas demonstram os benefícios da participação em exercícios aquáticos para os seguintes problemas de saúde:

- artrite;
- esclerose múltipla;
- dor lombar, nos joelhos e para a reabilitação;
- diabete;
- fibromialgia;
- problemas pré-natais e pós-natais;
- problemas cardíacos.

A primeira edição de *Exercícios de Hidroginástica* motivou dezenas de milhares de pessoas no mundo inteiro a se envolverem em exercícios aquáticos. Esta segunda edição amplia a primeira e oferece instruções de movimentos fáceis de serem lidos e realizados, juntamente com fotografias na água e fora dela que tornam a sua execução bastante simples. Esta edição oferece o fundamental para se obter sucesso com exercícios aquáticos, como participante ou como instrutor. Você adquirirá informações objetivas e concisas a fim de obter os melhores resultados para os seus objetivos e o tipo de conhecimento de que precisa para melhorar suas habilidades e abordar preocupações especiais. Esta edição inclui diversos estilos, equipamentos e movimentos que geraram um novo entusiasmo no mundo dos exercícios aquáticos e dicas sobre as melhores maneiras de usar sua energia para tornar-se funcionalmente forte, além de ganhar uma aparência sadia e atraente. Muitos concordam que a melhor parte da segunda edição é sobre o corpo tonificado e enxuto que pode ser conquistado por meio de novos movimentos de estabilização central e da melhora da postura para modelar seu abdome, tronco, quadril e glúteos. O poder desses movimentos está em sua capacidade para melhorar o alinhamento postural e ajudar a prevenir e aliviar a dor nas costas, no pescoço, nos ombros e nos joelhos, além de lhe dar melhor aparência, tanto vestido quanto despido. O sentido maior disso tudo é que esses movimentos o ajudam a trabalhar com maior vigor nas atividades diárias, melhorando ao mesmo tempo a sua saúde e o bem-estar geral.

Os tempos mudaram: desde o começo dos anos de 1990 assistimos a um imenso crescimento do número de piscinas disponíveis para aqueles que desejam exercitar-se na água. O acesso a elas durante o ano não é um problema, na maioria dos lugares. As pessoas experimentam, atualmente, uma faixa nova e mais ampla de atividades para iniciarem e manterem seu interesse em permanecer fisicamente ativas – Ioga, Tai Chi, Pilates, Kickboxing, dança rítmica, balé, hip-hop, *Spinning* –, que as levam para a água. Novos equipamentos tornam os exercícios aquáticos mais confortáveis, como cintos e coletes de flutuação aperfeiçoados, trajes de mergulho mais quentes, roupas de natação que não se deslocam com o movimento e calçados que proporcionam maior apoio. Novas ferramentas e brinquedos aquáticos tornam mais divertida e eficiente a experiência de estar na água, acrescentando formas inovadoras para o aumento da resistência, oferecendo flutuação mais confortável, utilizando bicicleta ou esteira na água e até corrida na água, na praia ou no rio.

Quando escrevi a primeira edição de *Exercícios de Hidroginástica,* no começo dos anos de 1990, a terapia aquática era uma ideia alternativa. Atualmente, ela é aceita como uma atividade ideal; em muitos casos, é também considerada como a melhor prática para (1) aumentar a aptidão física e o desempenho atlético sem gerar traumas ou danos, (2) tratar de dores, doenças e lesões e (3) oferecer exercícios divertidos de *cross-training*.

Nesta nova edição, foram incluídos todos esses avanços. Na segunda edição de *Exercícios de Hidroginástica,* instruções ilustradas passo a passo irão guiá-lo desde o primeiro e mais simples treino na água até o treino básico mais complexo, progredindo até os movimentos mais avançados e intensivos de *aqua power* (movimentos realizados com muita força que tonificam os glúteos enquanto você desenvolve força e intensifica a capacidade aeróbica) e pliométricos (técnicas de treinamento com saltos que elevam a intensidade aeróbica, desafiam os músculos e melhoram o desempenho). Movimentos avançados do *Exercícios de Hidroginástica* que aplicam esses princípios e aumentam a força central incluem Pilates (métodos concentrados de força e flexibilidade que se concentram no centro de força dos músculos abdominais e dos glúteos), *kickboxing* (usa a parte superior do corpo para uma variedade de socos e a parte inferior para chutes), e Yoga Booty Ballet (combinação de Ioga, dança e modelagem corporal). O fortalecimento da parte central do corpo – envolvendo tronco, pescoço e músculos da parte inferior do corpo, funcionalmente fortes e flexíveis – é crucial para o bem-estar e para a saúde musculoesquelética. Uma sequência de exercícios técnicos abdominais mostra como é possível realizar abdominais enxutos e fortes usando as propriedades singulares e intensificadoras, mas ainda assim suaves, da água. Uma série de movimentos de fortalecimento para as costas e o pescoço trabalha os músculos posturais para a melhora da estabilidade, a fim de prepará-lo para qualquer desafio que a vida apresentar.

Pessoas com objetivos específicos podem encontrar sequências e instruções sob medida para guiá-las por meio da Tonificação e da Perda de Peso; dos Exercícios para a Gestação; dos Exercícios Aquáticos para dores nas costas, no pescoço ou nos joelhos; dos Exercícios na Água para a Terceira Idade; dos Exercícios para a Recuperação Cardíaca; dos Exercícios para Artrite, além de programas e dicas para pessoas com fibromialgia, esclerose múltipla, fasciite plantar ou diabete.

Este livro demonstra como os exercícios aquáticos podem melhorar a aptidão física de um modo agradável e seguro. Ele oferece as informações necessárias para que haja melhora gradual no seu nível de aptidão física sem as dores, os incômodos, as lesões e as frustrações associados em geral com um programa de exercícios. O Capítulo 2, Preparando-se para os Exercícios Aquáticos, coloca o leitor em condições de iniciar os exercícios aquáticos, ajudando-o a preparar o melhor ambiente e informando sobre como se equipar com uma variedade de ferramentas, equipamentos e calçados para uso na água, a fim de melhorar sua experiência com os exercícios aquáticos.

A seguir, são apresentadas descrições de exercícios aquáticos para flexibilidade, resistência aeróbica, fortalecimento e tonificação muscular, além de explicações sobre a importância dos exercícios de aquecimento e de relaxamento. Este livro apresenta instruções, fotografias e objetivos fáceis para acompanhar os seus 135 exercícios. Instruções sobre sequências sob medida o ajudarão a planejar rotinas divertidas, seguras e específicas para os seus objetivos.

Nos Capítulos de 7 a 10, você aprenderá a personalizar um treino para os seus objetivos e necessidades. Se desejar intensificar os exercícios ou adicionar novidades, o Capítulo 7, Intensificando os Exercícios, o guiará por meio de rotinas pliométricas e de força mais avançadas. No Capítulo 8, Criação de uma Rotina Aquática Pessoal, você aprenderá sobre o seu tipo corporal e como isto afeta as escolhas de exercícios. O Capítulo 8 também define enfoques de Tonificação e Perda de Peso, explicando os métodos e o valor de incorporar variações nos exercícios aquáticos. O Capítulo 9, Um Estímulo à sua Rotina, está repleto de novas técnicas, como Ioga, Pilates, *kickboxing*, Hip Hop, Dança *Country* e Yoga Booty Ballet, todos realizados na água. Se deseja executar os exercícios para aliviar problemas específicos de saúde, descobrirá como estabelecer objetivos realistas e como escolher os exercícios adequados para a sua situação no Capítulo 10, Rotinas Específicas para Necessidades Especiais. A segunda edição de *Exercícios de Hidroginástica* permite que você comece bem e o incentiva a prosseguir, apresentando muitas formas de tornar os exercícios na água dinâmicos, eficazes e excitantes!

No fim dos anos de 1980, quando os exercícios aquáticos iniciavam sua ascensão gradual em popularidade, eu era muito ativa fisicamente. Além de ensinar aeróbica de 8 a 10 vezes por semana, correr, jogar tênis e *wallyball*, também adorava dar longas caminhadas, praticar canoagem e ciclismo. O que não percebia era que meu corpo sofria, com tudo isso. Minhas costas, joelhos e pés não suportaram por muito tempo esse estilo de vida que inadvertidamente abusava do meu corpo, mas eu não estava disposta a parar, de modo que o *cross-training* tornou-se uma necessidade. Os exercícios aquáticos se tornaram a minha salvação, e eu quis compartilhar o prazer que acabara de descobrir. Descobri que exercícios na água eram mais divertidos que qualquer outra atividade na qual eu me envolvia. O melhor de tudo é que, como instrutora de academia e *personal trainer*, tenho o compromisso de tornar a atividade física acessível para todos: os exercícios na água têm as qualidades que preenchem a lacuna para quase todos os tipos de pessoas, tornando a atividade física possível e mais eficiente para todas as idades. Este livro é escrito como um guia que reúne as muitas lições que aprendi sobre exercícios na água, ao longo dos anos, com meu próprio corpo; com meus clientes e suas experiências; com os profissionais de medicina esportiva, líderes de certificação em exercícios aquáticos, divas dos exercícios aquáticos, fisioterapeutas, pesquisadores científicos e com o mundo comercial da aeróbica aquática. Espero que meu trabalho – e os exercícios aquáticos nos quais desejo viciar o leitor – lhe traga tanta alegria quanto trouxeram para mim. Espero, também, encontrá-lo na piscina algum dia desses!

E então, o que você está esperando? Vamos mergulhar nessa!

Melhorando a Aptidão Física com Exercícios na Água

Exercícios regulares, incluindo exercícios aquáticos, melhoram o bem-estar geral. Os exercícios aquáticos aumentam sua capacidade de conquistar esses resultados com o maior conforto e satisfação que se pode experimentar em um ambiente aquático. Qualquer pessoa que deseja aumentar seu condicionamento físico e proteger sua saúde pode colher as recompensas que esses exercícios têm a oferecer. Pessoas cujos objetivos incluem aumento da resistência cardiorrespiratória, aumento da força e da flexibilidade, melhora ou manutenção do peso e da composição corporal, ou reabilitação ou prevenção de lesões podem beneficiar-se com os exercícios na água. Indivíduos com alto nível de aptidão física empenham-se de forma prazerosa para obter *cross-training* de alta intensidade ao trabalharem no ambiente de baixo impacto e alta resistência da água. Atletas melhoram seu desempenho, enquanto minimizam riscos. Muitos que desejam controlar seu peso prezam a chance de queimar calorias em menos tempo, com menor risco de lesões às articulações e às costas. Os entusiastas da boa forma apreciam a diversão dos exercícios na água enquanto executam o treinamento funcional, cuja maioria dos programas baseados em exercícios feitos em terra, com ou sem equipamento, não consegue se igualar aos seus resultados rápidos e eficientes. Gestantes que precisam dos efeitos de flutuabilidade e do frescor da água sentem alívio e estimulação no ambiente aquático. Para aqueles que precisam prevenir ou lidar com problemas especiais de saúde, como doença cardíaca, dor lombar, diabete, fibromialgia, artrite, lesões, ou simplesmente alguma limitação dos movimentos, em razão de sua qualidade, o exercício na água é ideal para condicionamento físico e reabilitação. Qualquer pessoa que pretenda acrescentar elementos novos a um treino descobrirá os múltiplos benefícios dos exercícios aquáticos àqueles interessados em atividades para a aptidão física e para a saúde.

Exercícios para condicionamento físico podem tornar-se mais divertidos, eficazes, interessantes, motivadores e curativos quando acrescentamos o conforto e a dinâmica revigorantes da água. Ao acostumar-se com a sensação nova de se movimentar no ambiente aquático, você terá domínio sobre seu corpo e liberdade de movimentos proporcionada pelos exercícios na água, o que não é obtido facilmente em terra.

Milhões de indivíduos praticam exercícios aquáticos a fim de conquistar as seguintes vantagens:

- funcionamento mais eficaz do coração, dos pulmões e do sistema circulatório;
- aumento do nível de energia;
- aceleração do metabolismo;
- melhora do sono (ainda mais se incluídos exercícios de alongamento);
- melhoras na manutenção de peso e na composição corporal, facilitando o seu controle;
- liberação de estresse e tensões;
- melhora dos níveis de colesterol e pressão sanguínea;
- diminuição de depressão e ansiedade;
- aumento do conforto durante a gestação;
- melhoras no controle do diabete, com redução de medicamentos.
- menor risco de câncer.
- melhora na atitude e no aumento de autoconfiança.

Embora os exercícios aquáticos sejam ideais para qualquer pessoa por diversas razões, os seus benefícios singulares também influenciam atletas profissionais e de elite a praticá-los para a melhora do desempenho, da velocidade na recuperação após lesões e para o aumento do condicionamento físico. Atletas profissionais de renome, incluindo o atacante Kevin McHale, da NBA, o zagueiro Joe Montana, da NFL, os campeões de patinação Nancy Kerrigan e Paul Wylie e o herói do futebol americano e do beisebol, Bo Jackson, lideram a prática de exercícios aquáticos para a melhora da saúde e da forma física. A descoberta de que esses exercícios encurtam o tempo de recuperação levou rapidamente à percepção de que o condicionamento físico e o desempenho também podiam ser imensamente aperfeiçoados com técnicas apropriadas de exercícios na água.

A atleta Nancy Kerrigan testou o potente efeito da água quando sofreu uma grave lesão menos de dois meses antes de competir, possibilitando a sua conquista da medalha de prata de patinação nas Olimpíadas de 1994. Como ela conseguiu? Os exercícios na água reabilitaram seu joelho e proporcionaram a execução de exercícios aeróbicos fenomenais, liberando-a rapidamente para a competição. Até meados da década de 1980, a ideia do uso da água por um atleta profissional para qualquer fim que não fosse a reabilitação para lesões era considerada incomum. Hoje, atletas de várias modalidades esportivas incorporam o treinamento aquático em seu regime de exercícios para melhorar o condicionamento e atingir o máximo desempenho. Os atletas de equipes como Chicago Bulls, Cleveland Cavaliers, Miami Dolphins, San Francisco 49ers, Minnesota Vikings e o astro do boxe, Evander Holyfield, praticam treinamento aquático regularmente.

Benefícios dos Exercícios Aquáticos

Pessoas que desejam maximizar resultados e minimizar o risco de lesões têm incorporado os benefícios dos exercícios na água mais do que nunca. As pesquisas da medicina esportiva têm abastecido essa tendência. Correr em água profunda com flutuação diminui a compressão da coluna vertebral, comparado à corrida em terra, reduzindo o encolhimento da coluna vertebral. Esse efeito de "descarga" da pressão sobre a coluna é importante, uma vez que 80% das pessoas sentem dor lombar debilitadora em um ou outro momento, sendo a compressão das vértebras e dos discos uma das suas principais causas.

Pesquisas médicas revelam razões adicionais para tornar os exercícios na água um hábito, pois eles resultam em melhores níveis de colesterol total, assim como melhoram a aptidão aeróbica, o peso, a força, a flexibilidade e a agilidade. Uma experiência única de participação em exercícios aquáticos demonstrou redução na ansiedade. Um estudo com mulheres em gestação revelou que a prática desses exercícios resultou em melhora no desfecho da gravidez, menos hospitalizações, parto de bebês mais saudáveis e redução de doenças em mães e bebês após o parto.

Os exercícios aquáticos são ideais e seguros para praticamente qualquer pessoa. Exercitar-se na água aumenta o suprimento sanguíneo para os músculos, queima mais nutrientes armazenados (calorias) pela produção de mais energia para os movimentos, aumenta o uso de oxigênio pelo corpo e reduz a pressão arterial. Algumas pessoas que não conseguem exercitar-se com conforto em terra descobrem que na água isso é possível por causa da redução de estresse sobre músculos, ossos, tendões e ligamentos. Até mesmo aquelas em condições que podem interferir nos exercícios – como artrite, dor lombar, doença cardíaca, fibromialgia, obesidade, esclerose múltipla ou gestantes – podem desfrutar dos benefícios oferecidos pelos exercícios na água. A seguir, algumas das principais razões para todos obterem vantagens dos exercícios na água:

- redução do estresse sobre articulações, ossos e músculos;
- ganho de tonificação rápida e eficaz pela resistência da água;
- aumento da carga de trabalho no exercício e maior queima de calorias em menos tempo;
- refrescância, mesmo durante os exercícios mais intensos;
- experiência de uma combinação ideal de diversão, treinamento eficiente e conforto.

Redução do Estresse sobre Articulações, Ossos e Músculos

Em virtude da flutuabilidade, a percepção de seu peso corporal pode ser até 90% menor na água que seu peso corporal real em terra (a porcentagem varia dependendo da profundidade da água). Portanto, o impacto causado pelo peso é mínimo na água, particularmente em comparação com correr ou fazer dança aeróbica em terra. Com dispositivos de flutuação, é possível eliminar totalmente o impacto. Além disso, os exercícios na água causam menos dor muscular em comparação àquela sentida pela maioria das pessoas ao iniciar ou intensificar um programa de exercícios em terra.

O choque causado pelo impacto é um dos responsáveis mais comuns pela dor muscular e nas articulações após os exercícios. A flutuabilidade da água retira a pressão de sua cápsula articular, o que, em combinação com a temperatura agradável desse meio, aumenta a habilidade de mover-se com conforto e maior flexibilidade. O risco de dor articular é reduzido, e a dor existente pode ser aliviada, enquanto você se exercita adequadamente.

O treinamento com pesos na água também minimiza a possibilidade de lesões musculares, ósseas e articulares, por oferecer resistência ao seu corpo em múltiplas direções. Compare o trabalho com pesos ou de resistência em terra e na água: em terra, é possível sofrer lesões ao erguer um peso excessivo sem força suficiente para baixá-lo com segurança, pois há resistência às forças da gravidade e grande esforço contra a pressão do peso para baixo. Na água, mais densa do que o ar, o corpo encontra resistência em ambas as direções enquanto você se move encontrando a viscosidade da água em todas as direções. Esse fenômeno também desenvolve força equilibrada nos músculos (o que ajuda a prevenir lesões), trabalhando-os em ambos os lados das articulações durante cada repetição do mesmo exercício.

Tonificação pela Resistência da Água

Como ambiente para exercícios, a água é mais do densa que o ar. Portanto, ao usar o seu potente efeito de resistência, será possível acelerar o condicionamento e melhorar os resultados de tonificação. Puxar ou empurrar seus membros pela água assemelha-se ao uso da força muscular necessária para o treinamento com pesos, porém sem desconforto. De fato, ao usar o equipamento apropriado para o treinamento de resistência na água, os exercícios aquáticos podem produzir resultados comparáveis àqueles obtidos em programas de treinamento com peso em terra, visando aumentar a força e o tônus muscular.

Uma vez que a água proporciona resistência em múltiplas direções, enquanto a gravidade (em terra) tem força unidirecional, exercitar-se na água permite alcançar resultados tanto quanto em terra, mas em menos tempo. Em terra, para trabalhar dois grupos musculares opostos (que devem ser trabalhados por igual nos dois lados de uma articulação para manter o equilíbrio muscular, estabilizar as articulações e prevenir lesões na frente e na parte de trás das coxas ou no tórax e na região superior das costas), é necessário mudar de posição e repetir o exercício. Na água, porém, a resistência permite trabalhar dois grupos musculares opostos com cada repetição. Por exemplo, rosca direta (flexionar seu cotovelo e levar a palma da mão para cima) trabalha a frente do braço (bíceps) em terra ou na água. Nesta última opção, no entanto, a ação de levar o braço novamente à posição inicial encontra a resistência da água, trabalhando também a parte posterior do braço (tríceps). Uma vez que trabalhar dois grupos musculares opostos simultaneamente desenvolve o tônus muscular com mais eficiência, o músculo é aumentado com mais rapidez ao se exercitar na água.

Outras relações importantes incluem músculos abdominais e região lombar, flexores do quadril (usados na Elevação de Joelho), glúteos e isquiotibiais, regiões externa e interna das coxas, canelas e panturrilhas. Para ajudar a estabilizar seu trabalho muscular, cada exercício, alongamento e movimento ilustrado neste livro identifica os músculos que estão sendo trabalhados ou alongados. Utilize essas informações ao planejar um treino equilibrado na água.

Aumento da Carga de Trabalho e Queima de Calorias

Uma vez que é preciso mais energia muscular para empurrar seu corpo pela água do que pelo ar, andar com água até as coxas ou mais profundamente, com um dispositivo de flutuação para exercícios pode proporcionar o dobro da carga de trabalho em relação a andar em terra. Seu sistema de utilização de energia também trabalha mais. Você pode queimar até 525 calorias por hora andando na água, em comparação a 240 calorias em terra, sem sentir calor e com menor risco de lesão. Para variedade e resultados maiores de condicionamento geral, ande para a frente, para trás e para os lados, com passos curtos, médios e mais longos, passadas com saltos e chutes. Essas variações de movimentos e mudanças de direção podem prevenir lesões por uso muscular excessivo e aumentar sua carga de trabalho.

Prevenção de Superaquecimento

Uma razão comum para as pessoas evitarem exercícios é a sensação de desconforto com o aumento da atividade física. Exercícios aquáticos resolvem o problema do conforto, além de reduzir o impacto, o estresse nas articulações e não provocar suor. O corpo transmite o calor dos exercícios à água com mais facilidade para mantê-lo refrescado e confortável.

Combinação de Diversão, Treinamento e Conforto

A água é revigorante. Brincar em uma piscina é divertido e faz as pessoas sorrirem, talvez porque os exercícios sejam mais agradáveis na água. A ginástica torna-se mais interessante, mais confortável e muito mais divertida. Se você prefere o conforto ao esforço, os efeitos refrescantes e a capacidade de flutuação da água tornam os exercícios e os alongamentos enganadoramente fáceis. Ainda assim, os adeptos experientes da boa forma apreciam a alta resistência da água, o que aumenta a tonificação, a força e a queima de calorias.

Além da probabilidade de sucesso estabelecer qualquer hábito novo de exercícios repousa firmemente no grau de prazer que pode ser extraído dessa atividade. Estudos do comportamento humano realizados por Ferris e Henderson indicam que, para envolver alguém em determinada forma de exercício em longo prazo, "o programa deve ser divertido, satisfatório ou agradável." Aqueles que experimentam os exercícios aquáticos sentem prazer ao se movimentarem nesse ambiente.

Construção de um Corpo Melhor

O preparo físico consiste em diversos componentes importantes relacionados à força e à tonificação corporal, à resistência, à mobilidade e à resistência a doenças e lesões: flexibilidade, força e resistência muscular, composição corporal e resistência cardiorrespiratória ou aeróbica. Os fisiologistas esportivos identificam diversas habilidades motoras que também são consideradas como componentes do condicionamento físico: velocidade, potência (força e velocidade em uma ação explosiva), agilidade (capacidade de mudar a posição do corpo), coordenação (capacidade de integrar atividades motoras separadas em um movimento harmonioso), tempo de reação e equilíbrio (capacidade de manter o equilíbrio). Os programas de exercícios aquáticos oferecem muitas oportunidades para a realização de séries de exercícios que melhoram cada um dos componentes do condicionamento físico e as múltiplas habilidades motoras.

É conseguido progresso em todas as categorias de condicionamento físico ao exercitar-se regularmente usando a Rotina Aquática Básica bem planejada apresentada na página 46 do Capítulo 3, "Entendendo as Fases de uma Rotina Aquática". O tipo específico de treinamento salientado determina quais componentes se aperfeiçoaram melhor. Siga um programa que enfatize as técnicas de condicionamento que o ajudem a conquistar seus objetivos pessoais de boa forma física. As categorias a seguir oferecem informações que o auxiliarão na escolha do que deve ser destacado durante seus exercícios para melhorar sua saúde e seu condicionamento.

Flexibilidade

Flexibilidade é a capacidade de as articulações executarem toda a amplitude de movimentos. Esta refere-se ao grau de movimentação de uma articulação. A postura sem dores e a mobilidade saudável e isenta de incômodos do sistema musculoesquelético exigem a manutenção de uma amplitude adequada de movimentos em todas as articulações. Pessoas que evitam se alongar ou que se alongam frequentemente, mas de forma incorreta, experimentam lesões nas articulações e nos músculos resultantes da flexibilidade inadequada ou do estresse nas articulações. Atividades que as movimentam em toda a sua amplitude, especialmente em água aquecida, podem ser particularmente benéficas para pessoas com artrite, lesões e dores lombares ou nas articulações.

Força Muscular e Resistência

A *força muscular* é medida pelo grau de força que pode ser exercido em um único esforço em toda a amplitude de movimentos. A *resistência muscular* é a capacidade de exercer um grau moderado de força em toda a amplitude de movimentos por um período mais longo, antes do início da fadiga.

O desenvolvimento e a manutenção de boa força muscular durante toda a vida melhoram imensamente a independência física e a mobilidade em idade mais avançada. Para desenvolver força muscular é necessário aumentar a resistência. Para dar mais ênfase à resistência muscular do que à força, diminua a carga e aumente o número de repetições. Entretanto, evite altos níveis de carga em caso de sintomas ou risco de doença ou lesão.

Composição Corporal

A *composição corporal* é a proporção entre a massa corporal magra e a massa corporal adiposa (gordurosa) em seu corpo. A massa corporal magra inclui ossos, músculos, tendões, nervos e ligamentos. Atividades aeróbicas podem treinar o corpo para queimar gordura com mais eficiência, podendo reduzir o risco de doença cardíaca ou câncer. Atividades de força muscular e resistência melhoram a massa corporal magra e ajudam no controle do peso em longo prazo. Entretanto, atualmente, as pessoas tentam, muitas vezes sem sucesso, atingir um patamar de magreza irreal exibido por astros do cinema e *top models*. A proliferação de modelos muito magras propiciou um hábito nada saudável de dietas e exercícios extremos, distúrbios alimentares desenfreados e expectativas exageradas para os exercícios entre homens e mulheres, que acreditam que todos podem e devem ser magros. Exercícios e dieta apropriada podem realmente causar a perda de peso, mas diversos estudos indicam que é irreal presumir que todos podem ter uma silhueta esbelta. De fato, mais magro não significa necessariamente mais saudável para homens ou mulheres, e estudos de taxas de mortalidade mostram níveis similares de risco para uma ampla faixa de composições corporais. Em outras palavras, as pessoas variam amplamente em suas composições corporais, e uma ampla gama de composições corporais está associada com boa saúde. A intervenção para a perda de peso não reduz significativamente o risco para a saúde, a menos que a taxa inicial de gordura corporal exceda 27%. Em vez de almejar "ser magro", vise à aptidão e à manutenção da boa forma e desfrute da jornada e do processo de tornar os exercícios aquáticos uma parte habitual de sua vida.

Se você tem curiosidade sobre a composição do seu corpo, vá até uma academia de ginástica ou clínica de medicina esportiva para medi-la, uma ou duas vezes por ano. Não há um modo totalmente infalível de se medir a composição corporal; assim, tente medi-la sempre com a mesma pessoa e use as mesmas técnicas para garantir uma comparação uniforme de uma medição para a seguinte.

MITOS E ENGANOS

Mito: Podemos reduzir as medidas da cintura com abdominais ou reduzir as das coxas com exercícios de força para as pernas.

Falso: Não há como fazer redução localizada de medidas. É verdade que se pode firmar e fortalecer músculos flácidos executando exercícios abdominais e exercícios de força para as pernas. Contudo, para perder centímetros é preciso realizar exercícios aeróbicos regularmente, como 20 minutos ou mais de caminhada rápida, de 3 a 5 vezes por semana. Exercícios aeróbicos regulares queimam a gordura armazenada em geral. A criação de músculos mais tonificados (firmes e fortes) por meio de exercícios de força ajuda a prevenir o acúmulo de gordura pela melhora na taxa metabólica (queima de mais calorias mesmo em repouso). O interessante dos exercícios aquáticos é a queima de calorias de um modo aeróbico enquanto os músculos são tonificados fazendo-se força contra a resistência da água.

Resistência Cardiorrespiratória e Aeróbica

A aptidão aeróbica também é chamada de *resistência cardiorrespiratória*, porque envolve a capacidade de o coração, os pulmões e o sistema circulatório fornecerem oxigênio aos músculos durante os exercícios. A atividade aeróbica estimula a capacidade do corpo de manter uma atividade dentro da zona de treinamento aeróbico por um período extenso. Os exercícios aeróbicos regulares e moderados melhoram o manejo do estresse e o sono, auxiliam no controle do peso, aumentam a queima de gordura, ajudam a controlar o apetite, melhoram os níveis de energia e reduzem a incidência de doença cardíaca e de outros males.

Encontrando a Zona-Alvo

Existe um nível ideal de intensidade de exercícios, chamado de *zona-alvo*, necessário para a melhora da aptidão cardiorrespiratória. Ao exercitar-se abaixo da zona-alvo, o corpo não é desafiado o suficiente para melhorar a resistência aeróbica e, acima da zona-alvo, o estresse excessivo é acumulado no sistema, aumentando o potencial para lesão, doença, baixa energia e exaustão, sem ganho de uma forma física melhor.

Para que um exercício seja aeróbico e fortaleça o sistema cardiorrespiratório, ele deve treinar o corpo a fim de aprimorar o envio de oxigênio para os músculos que estão em ação. Ao exercitar-se acima da zona-alvo, o corpo precisa recorrer ao sistema de energia anaeróbico (sem oxigênio). Este sistema é designado para funcionar apenas por curtos períodos, o que explica o motivo de a fadiga ser o resultado final dos exercícios praticados acima da intensidade da zona-alvo.

Um modo simples de conferir a intensidade aeróbica é usando o "Teste da Fala". Se conseguir falar enquanto se exercita, mas respirando um pouco mais pesado, você estará trabalhando em um nível aeróbico, dentro da zona-alvo.

Medição da Intensidade com a Frequência Cardíaca

Você pode descobrir se está ou não se exercitando na intensidade ideal durante uma atividade aeróbica ou cardiorrespiratória pela monitoração da sua frequência cardíaca. Um pouco de prática facilita encontrar a pulsação e contar os batimentos. Pratique quando estiver sentado ou em movimento.

Um modo de monitorar a frequência cardíaca é pela artéria radial: localize a pulsação em seu punho com os dedos indicador e médio da sua mão dominante (a direita, se você é destro; a esquerda, se é canhoto). Pouse suavemente os dedos sobre o punho, contra o lado do polegar (ver Figura 1.1a). Este não é usado por ter pulsação própria, e isso pode ser enganador na determinação da frequência cardíaca.

Um segundo modo de monitorar a frequência cardíaca é pela artéria carótida, abaixo da mandíbula: coloque a ponta do polegar no meio do queixo, e o indicador e o dedo médio na cavidade do pescoço, abaixo do maxilar. Mantenha a cabeça reta ajustando levemente a posição dos dedos até sentir a pulsação (ver Figura 1.1b). Pressione *levemente* para evitar cortar a circulação. Se pressionar com muita força, sua pulsação se tornará mais lenta, o que poderá resultar em tontura ou desmaio.

Aferindo a Frequência Cardíaca em Repouso. Verifique a sua frequência cardíaca em repouso após sentar-se por 15 minutos ou, melhor ain-

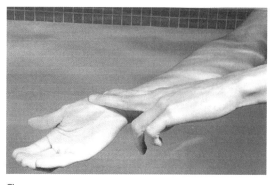 

Figura 1.1 Monitoração da frequência cardíaca usando (a) a artéria radial e (b) a artéria carótida.

da, de manhã, depois de acordar naturalmente ou de permanecer na cama por alguns minutos em repouso, após despertar com o alarme do relógio. Encontre seu pulso na artéria radial do punho ou na artéria carótida localizada no pescoço e conte por 15 segundos enquanto observa o relógio. Multiplique o resultado por 4 para obter o número de batimentos por minuto.

A contagem da frequência cardíaca em repouso pode dar-lhe uma ideia geral da sua aptidão cardiorrespiratória. Se os seus batimentos totais por minuto são menos que 60, você provavelmente está em boa forma aeróbica e pode manter seu nível atual de atividade. Se a sua contagem é maior que 60, talvez seja preciso aumentar o nível ou a frequência de exercícios aeróbicos gradualmente. Existem muitas exceções a esta regra geral, incluindo pessoas que consomem drogas anti-hipertensivas ou têm outras condições médicas que afetam sua frequência cardíaca em repouso.

Aferindo a Frequência Cardíaca Durante Exercícios. Monitore a sua frequência cardíaca durante a primeira parte da atividade aeróbica e novamente pouco depois do pico da intensidade do treinamento. Um aquecimento lento é importante para preparar seu corpo de forma gradual para o trabalho vigoroso que planeja proporcionar ao sistema cardiovascular. Durante esse período, sua frequência cardíaca deve aumentar até o extremo inferior da sua zona-alvo.

Para monitorar a frequência cardíaca durante o exercício, descubra seu pulso e observe um relógio com mostrador digital ou com um ponteiro de segundos. Conte o número de batimentos por 6 segundos e multiplique por 10 para obter sua frequência cardíaca por minuto. Consulte a Tabela 1.1 para determinar o número de batimentos por minuto que corresponde à sua frequência cardíaca desejada durante os exercícios.

Se a sua frequência cardíaca for menor que a desejada durante o condicionamento aeróbico, dê passos mais longos (dentro do que seja confortável e controlável), levante mais alto os joelhos, use movimentos de braço mais

TABELA 1.1 Zona-alvo de Treinamento, Trabalhando na Faixa de Frequência Cardíaca para Exercícios na Água

Idade	Batimentos cardíacos por minuto		
	60	70	80
	(% da frequência cardíaca máxima prevista para a idade)		
10	110	135	155
15	110	130	150
20	105	125	145
25	100	120	140
30	100	120	135
35	95	115	135
40	95	110	130
45	90	110	125
50	85	105	120
55	85	100	115
60	80	95	115
65	80	95	110
70+	75	90	105

Os dados acima indicam alvos aeróbicos para exercícios realizados na água. As frequências cardíacas na água são inferiores àquelas em terra, embora pessoas que se exercitam estejam trabalhando no mesmo nível de consumo de oxigênio. Níveis de consumo de oxigênio indicam a intensidade e a produção real de energia de um exercício.

vigorosos ou adicione equipamento aquático de resistência. Se a frequência cardíaca for maior que a sua meta, mova-se com menos vigor, dê passos menores, mantenha movimentos pequenos de braços ou reduza a resistência.

Medição da Intensidade pela Sensação: Taxa de Esforço Percebido (TEP)

Percepções pessoais de esforço estão estreitamente relacionadas à carga de trabalho real, à frequência cardíaca, ao consumo de oxigênio e ao ácido lático (um derivado dos exercícios) e aos hormônios. Portanto, a estimativa subjetiva da intensidade do trabalho fornece uma estimativa precisa sobre o nível de intensidade e sobre as respostas internas do corpo aos exercícios. Uma vez que possa julgar com precisão o seu esforço, é importante escutar a si próprio durante os exercícios. Se parecem muito intensos, provavelmente estão. Monitore seu coração, pulmões e sistema circulatório durante os exercícios aeróbicos. Evite incluir percepções de dificuldade física baseadas na dificuldade ou na facilidade para coordenar, manobrar ou manter o equilíbrio, assim como a água deixa seu corpo mais confortável do que ocorre em terra. Essas percepções não se relacionam à sua intensidade aeróbica. A percepção de esforço baseia-se principalmente na fadiga dos músculos e na sensação de falta de ar.

A escala de classificação do esforço percebido (Tabela 1.2) permite que você monitore seu esforço com facilidade. Como ilustrado, 9 corresponde a exercícios muito leves. Para uma pessoa normal e saudável, isso significa caminhar lentamente por alguns minutos. Treze diz respeito a exercícios um pouco difíceis de se executar, mas que ainda dão a sensação de não haver problema em prosseguir. Dezessete indica exercício muito cansativo, e uma pessoa saudável pode prosseguir, mas é preciso esforçar-se, pois ela sente seu corpo muito pesado e cansado. Dezenove representa extremo cansaço e, para a maioria das pessoas, esse nível de exercício é o mais cansativo que já realizaram. Entre 10 e 16, a frequência cardíaca deve estar cerca de 60-80% da frequência cardíaca-alvo.

A maior parte das pessoas deve exercitar-se dentro da faixa de "um pouco difícil" a "difícil" para obter condicionamento aeróbico. Por exemplo, ao medir sua intensidade utilizando o sistema de monitoramento da frequência cardíaca, você poderá achar o exercício "um pouco difícil" se o executar em uma frequência cardíaca-alvo cerca de 70% da frequência cardíaca máxima prevista para a sua idade. "Um pouco difícil" corresponde a um nível moderado de esforço aeróbico.

Portanto, pode-se usar a sensação de dificuldade para orientar o esforço. Uma das vantagens desse método é que a percepção de esforço é sinalizada para diminuir seu ritmo para um nível mais prudente se altas temperaturas elevarem a frequência cardíaca. O segundo benefício ao usar o esforço percebido é que ele descarta a necessidade de monitorar a frequência cardíaca, enquanto o ambiente da água agitada interfere na sua capacidade para descobrir o pulso.

Efeitos da Água sobre a Frequência Cardíaca

Em razão dos efeitos da água sobre a fisiologia do sistema cardiovascular, os fisiologistas recomendam ter como meta 10 a 20 batimentos a menos nesse ambiente, em comparação com os batimentos em terra. De acordo com pesquisadores, essa diferença é atribuída a dois fatores: os exercícios na água em temperaturas de 25 a 29°C pro-

TABELA 1.2 Escala de Esforço Percebido de Borg (TEP)

6	Absolutamente nenhum esforço
7	Extremamente leve
8	
9	Muito Leve
10	
11	Leve
12	
13	Um pouco difícil
14	
15	Difícil (extenuante)
16	
17	Muito difícil
18	
19	Extremamente difícil
20	Esforço máximo

Reimpresso, com permissão, de G. Borg, 1998, "Borg's perceived exertion and pain scales" (Champaign, IL: Human Kinetics), 47. © Gunnar Borg, 1970, 1985, 1994, 1998.

duzem uma resposta de frequência cardíaca mais baixa, e a pressão da água sobre o corpo ajuda na circulação sanguínea.

A pressão hidrostática da água desloca o sangue dos membros levando-o para o tórax, o coração e os pulmões. Esse deslocamento aumenta a pressão venosa central, o volume sistólico e o débito cardíaco, o que leva a uma diminuição na frequência cardíaca, comparada com trabalhar no mesmo nível de consumo de oxigênio em terra. Em outras palavras, a pressão da água ajuda o coração na circulação do sangue, auxiliando as veias a levarem o fluxo sanguíneo de volta ao coração. Essa ajuda contribui para pressão arterial e frequências cardíacas mais baixas durante exercícios em água profunda em comparação com esforços similares em terra.

Tal diferença deve-se, em parte, ao fato de a água ajudar e melhorar o fluxo sanguíneo para o coração. Ela dissipa o calor com mais eficiência do que o ar, e o corpo compensa contraindo os vasos sanguíneos nos membros, o que aumenta o fluxo de sangue para o coração (baixando a frequência cardíaca) e o volume de débito cardíaco a cada batimento. Cientistas também descobriram que exercícios na água resultam no mesmo débito cardíaco (quantidade de sangue liberada pelo coração a cada minuto) por litro de oxigênio consumido que em terra. Em outras palavras, embora a frequência cardíaca possa ser mais baixa na água para um exercício semelhante em terra, o corpo envia mais sangue oxigenado para os músculos em ação por batimento. Assim, o corpo está trabalhando com a mesma intensidade para enviar a mesma quantidade de oxigênio que em terra, embora a frequência cardíaca mensurada seja cerca de 10 batimentos mais baixa para exercícios verticais e de 17 batimentos mais baixa para exercícios horizontais na água. Exercícios aquáticos podem trazer os mesmos benefícios que os exercícios aeróbicos em terra. Pesquisadores da Adelphi University descobriram que, embora as frequências cardíacas na água fossem 13% inferiores às contagens em terra, exercícios realizados na água traziam os mesmos benefícios conquistados por quem se exercitava em terra.

Esforço Preferido

Esforço preferido é o conceito do que cada um necessita de determinado nível de esforço em uma sessão de exercícios para sentir-se satisfeito. Se o esforço é pequeno demais ou excessivo, a satisfação diminui. Treinar ou exercitar-se regularmente aumenta a quantidade de esforço preferido, e a inatividade é diminuída.

Pessoas envolvidas em esportes competitivos em geral preferem um alto nível de esforço. Outro engano entre muitos atletas é pensar que, para valerem a pena, os exercícios precisam causar dor, o que não é verdade. Além disso, quando essas pessoas reiniciam a atividade após uma longa pausa, a tendência é exagerarem e terminarem sentindo muita dor, criando assim potencial para lesões.

CUIDADO

A boa forma física não pode ser suprida no corpo. Se precisar faltar a muitas sessões em razão de doença ou conflitos de horário, trabalhe em um nível inferior ao voltar aos exercícios, até recuperar seu estado normal de condicionamento.

Movimentos Corporais na Água

As características singulares da água a tornam um meio excelente para múltiplas metas de exercícios e para cada tipo de pessoa. O termo *hidrodinâmica* refere-se aos princípios físicos associados com a movimentação do seu corpo nesse ambiente. Entendendo a melhor maneira de usar esses princípios, é possível planejar rotinas seguras e eficientes para exercícios aquáticos e facilmente executar exercícios específicos, ilustrados nos capítulos a seguir. Diversos princípios hidrodinâmicos específicos explicam as diversas maneiras de como a água influencia o corpo. Use essas descrições da hidrodinâmica para ter um ponto de partida para melhorar seu programa de exercícios aquáticos e orientar seu progresso.

Flutuabilidade

Quanto menos denso é um objeto, maior será sua tendência para boiar. Os humanos são menos densos que a água; portanto, tendem a boiar. Naturalmente, tal propensão será diferente para cada pessoa, com base no percentual de gordura, na massa magra (ossos e músculos) e na quantidade de ar que os pulmões podem reter. Portanto, alguns sentem efeitos mais exagerados de flutuação do que outros. Maior capacidade para boiar pode reduzir o choque de impacto, mas também pode tornar o controle dos movimentos e a postura na água mais difíceis.

A flutuação proporcionada pela água pode melhorar o trabalho dos músculos e reduzir os efeitos prejudiciais do choque do impacto. A força gerada pela propriedade de flutuação pode adicionar auxílio ou resistência aos movimentos. A flutuação facilita a movimentação em direção à superfície e a dificulta na direção contrária.

Ao entrar na água, ela se desloca e cria flutuação, produzindo assim o aspecto de ausência de peso ao se exercitar, o que torna saltar e correr mais confortável. A flutuação neutraliza a gravidade e diminui o estresse nocivo do impacto sobre o corpo. A flutuação e a pressão exercidas por igual pela água em torno de uma articulação também reduzem a pressão da gravidade em sua cápsula articular, trabalhando com a temperatura agradável da água morna a fim de criar um ambiente livre de dor para o aumento da amplitude de movimentos em articulações rígidas. É possível saltar mais alto, mais longe, correr ou caminhar em maior distância e fazer mais esforço na água por causa do ambiente confortável e protetor que ela proporciona.

A propriedade de flutuação da água também pode alterar sua postura. Pessoas com maior capacidade de flutuação, originada principalmente no tórax e nos glúteos, podem ver-se inclinadas a arquear a região lombar, causando maior *curva lordótica*. Esta curva na base da coluna pode colocar tensão na região lombar se os abdominais e os glúteos não estiverem encaixados com firmeza para manter uma postura saudável. Para proteger a região lombar e compensar a tendência de inclinar essa região, adote a "posição neutra protegida" na área pélvica descrita na página 21, no Capítulo 2, Preparando-se para os Exercícios Aquáticos: encaixe e contraia os abdominais (músculos que percorrem todo o abdome e a caixa torácica a partir do tórax até a pelve) e os glúteos. Evite inclinar a pelve para baixo, o que coloca tensão na região lombar. Respire profundamente enquanto mantém encaixados os músculos abdominais e os glúteos.

Resistência e Movimento de Força

Empurrar-se contra a força de flutuação exercida pela água cria resistência que pode ser aumentada adicionando-se boias maiores e com mais capacidade de flutuação ao membro que está sendo trabalhado. Além disso, a água cria resistência balanceada em múltiplas direções, porque a imersão exerce igualmente pressão hidrostática sobre todas as superfícies do corpo. O movimento em qualquer direção – para a frente e para trás ou de um lado para outro – encontra resistência igual dada em ambas as direções, de modo que grupos musculares opostos podem ser trabalhados de maneira uniforme. Uma elevação lateral de perna, por exemplo, trabalha a parte externa da coxa ao ser levada para fora da água, e a parte interna da coxa, ao ser imersa.

A densidade da água cria resistência, que provê o condicionamento físico necessário para desenvolver maior resistência, força e potência. Quando o plano frontal do corpo encontra a viscosidade (densidade) da água, ele a desloca e encontra resistência: quanto maior a velocidade ou maior a força, mais alto é o nível de resistência. Essa propriedade é chamada de *princípio de viscosidade*. Você também pode empregar a densidade da água usando equipamento de resistência baseado na flutuação, que o empurra contra a força criada pela flutuação. O princípio da aptidão chamado de *sobrecarga progressiva* permite que você intensifique seus resultados, enquanto se torna mais forte e mais proficiente: aumente de forma gradual a sua força e velocidade ou adicione equipamento de resistência para intensificar seus exercícios até ficarem um pouco vigorosos, mas não cansativos demais (durante cada exercício, aumente apenas até o ponto em que possa manter estável o controle do movimento e mantenha a posição do tronco forte e firme. Além disso, evite aumentar o número de repetições e a resistência ao mesmo tempo). O Capítulo 7, Intensificando os Exercícios, oferece orientações específicas para criar e estruturar treinos eficientes.

Maior viscosidade (ou densidade) na água significa que quanto mais rapidamente você se move, maior é a resistência encontrada. Para usar esse princípio de treinamento, execute cada exercício em três velocidades. Como em todo exercício, permaneça dentro dos seus limites; se não conseguir manter estabilidade apropriada ou sentir cansaço muscular, significa que chegou ao seu limite, e é hora de mudar o movimento ou parar e alongar-se. Respeitar seus limites, melhorar o equilíbrio muscular, mover-se em múltiplas direções e em múltiplas velocidades são princípios fundamentais no condicionamento físico para o funcionamento saudável, objetivo máximo de qualquer programa de exercícios físicos.

PRINCÍPIOS CRUCIAIS DE EXERCÍCIOS PARA O FUNCIONAMENTO SAUDÁVEL

O especialista em aptidão e reabilitação na água, Igor Burdenko, faz as seguintes recomendações para quem deseja obter condicionamento físico para o funcionamento saudável:

1. Respeite os seus limites. Troque de exercício ou pare se sentir cansaço muscular ou não puder mais manter sua posição adequadamente estabilizada.
2. Melhore o equilíbrio muscular movendo-se em múltiplas direções. Execute cada movimento em diversas direções.
3. Mova-se em múltiplas velocidades. Execute cada movimento usando três velocidades diferentes.

Pressão Hidrostática

Em um meio líquido, a pressão é exercida igualmente em todas as áreas de superfície de um corpo imerso em repouso, em determinada profundidade. A água exerce força mesmo sobre um corpo estacionário. Tal força auxilia o fluxo sanguíneo em seu retorno ao coração, baixando a pressão arterial e a frequência cardíaca, comparada com os resultados de executar a mesma atividade em terra. Essa pressão hidrostática em torno das articulações e da coluna também torna o alongamento mais confortável e fácil, porque a pressão uniforme pode aliviar a tensão na articulação e permitir que os tecidos em torno da articulação relaxem, proporcionando assim maior conforto no alongamento e melhores resultados. A pressão hidrostática também está relacionada ao seu corpo encontrar resistência em todas as direções, criando uma oportunidade de usar os músculos para o aumento da força, com movimentos que combinam os verdadeiros exercícios "funcionais" usados no dia a dia em vez das posições limitadas e das trajetórias de movimentos das quais é preciso restringir-se ao usar a maioria dos aparelhos de treinamento de condicionamento. Como resultado, um trabalho muito melhor é alcançado na água, em termos de melhorar o que chamamos de força funcional, a capacidade para usar seu corpo em uma multiplicidade de ações funcionais encontradas no dia a dia.

Alavanca e Arrasto

Todas as articulações móveis em nosso corpo funcionam como alavancas. Você pode alterar a intensidade usando essas alavancas de diversas maneiras. Em termos gerais, as mais longas produzem maior carga de trabalho. Por exemplo, ao flexionar o joelho enquanto desliza a perna para a frente e para trás, você encurta a alavanca, reduzindo a alavancagem e a intensidade. A isso chamamos *princípio de alavancas.*

É possível também mudar a posição do corpo para aumentar ou diminuir a área de superfície corporal usando o *arrasto* da turbulência (as correntes circulares criadas pelos movimentos na água) em seu favor. O fluxo de água pode ser laminar ou turbulento. A turbulência é criada ao mover-se uma forma irregular na água, aumentando assim a resistência. Alternadamente, formas laminares (lisas) produzem um movimento constante e harmonioso. Por exemplo, caminhar com as mãos nos quadris cria mais arrasto e turbulência do que caminhar com os braços estendidos nas laterais do corpo.

Colocando Conceitos em Prática

Observe que, durante a sequência de exercício, um chute de Can-Can com a perna reta encontra mais resistência que um Levantamento de Perna ou Marcha. Para reduzir a intensidade, flexione o membro em movimento para a frente ou para trás (ver Figura 1.2a). Durante movimentos laterais, entretanto, flexionar os membros aumenta a resistência (ver Figura 1.2b). O membro flexionado intensifica a carga de trabalho de Tesouras Laterais Flutuantes, Passo Amplo para o Lado ou Bombeamento Lateral do Braço pelo aumento da turbulência encontrada pelo movimento do membro flexionado. Outras formas de aumentar a resistência frontal incluem fechar as mãos em forma de concha para apanhar a água ou adicionar um equipamento. Quanto mais água for apanhada (quanto maior a área de superfície), utilizando luvas de hidroginástica, pranchas ou halteres aquáticos de resistência, mais esforço será preciso para mover a carga de água.

Esse amplo arranjo de atributos da água pode ser tramado na composição do movimento aquático para a criação de exercícios eficientes e satisfatórios. A sua propriedade de flutuação levanta seu corpo e ânimo, libera as articulações da pressão para baixo exercida pela gravidade, proporciona diversão e resistência fortalecedora. Mover-se suavemente pela viscosidade da água acalma e desafia, enquanto queima mais calorias, conferindo mais resultados em menos tempo em termos de força e condicionamento cardiorrespiratório. A resistência igualada em todas as direções criada pela pressão hidrostática libera o corpo para ganhar força funcional capaz de reduzir a dor e de melhorar o desempenho e a sua qualidade de vida geral. Além disso, agitar-se na água com a turbulência do arrasto gera energia e um desafio que leva o seu corpo a níveis superiores de aptidão física pelo aumento da intensidade. Integre esses princípios potentes durante cada sessão de exercícios para obter as vantagens exclusivas da água.

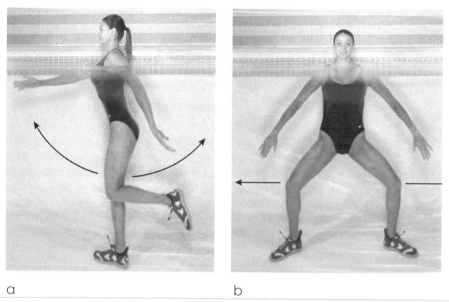

a b

Figura 1.2 Durante movimentos de perna para a frente e para trás, reduza a intensidade (a) flexionando os membros. Durante movimentos laterais, (b) um membro flexionado aumentará a intensidade, criando uma turbulência que eleva a resistência.

Preparando-se para os Exercícios Aquáticos

Antes de iniciar os exercícios, estude as várias maneiras de aumentar a satisfação e de maximizar o sucesso em suas rotinas de treinamento em condicionamento físico. Aprenda a reduzir o risco de lesões, a garantir segurança, a planejar uma sequência para a sessão de exercícios, a preparar o ambiente e a incorporar equipamentos de exercícios aquáticos no treino. Revise novamente essas orientações antes de iniciar a sua primeira sessão na água para garantir que realizou todos os preparativos apropriados. Seguindo essas etapas, a sua prática será mais prazerosa e as circunstâncias que possam atrapalhar seu sucesso nos exercícios, evitadas.

Segurança e Prevenção de Lesões

Como ocorre com qualquer programa novo de exercícios, é recomendado que se consulte um médico antes de começá-lo, a fim de obter recomendações apropriadas para a sua situação individual. Embora a maioria das pessoas possa beneficiar-se dos exercícios aquáticos, os leitores devem ter em mente diversas situações nas quais é aconselhável evitá-los:

- febre;
- infecção urinária;
- ferimento aberto;

- doença infecciosa;
- erupção cutânea contagiosa;
- medo extremo da água;
- problemas cardíacos recentes (obtenha aprovação e orientação médica).

Felizmente, a maior parte desses problemas tende a ser temporária e representa apenas um obstáculo passageiro ao início de um programa de exercícios aquáticos. Se tiver dúvidas sobre a adequação dos exercícios para o seu caso, consulte o seu médico.

Adaptando-se a um Novo Programa de Exercícios

Seu corpo precisa adaptar-se gradualmente ao novo programa de aptidão física na água. Mesmo exercitando-se com regularidade, ele está sendo apresentado a um desafio novo e diferente, e precisa adaptar-se e acostumar-se de forma gradual com as dificuldades. Esse processo de adaptação é o que aumenta o nível de aptidão física. A introdução gradual é essencial sobretudo para pessoas sedentárias (que se exercitam menos de duas a três vezes por semana nos últimos anos), com lesões ou problemas de saúde. Se esse é o seu caso, obtenha aprovação de um médico antes. Depois, comece com passadas simples na água por 5 a 10 minutos (caminhadas) e alongamento estático duas a três vezes por semana, durante as primeiras semanas. Em seguida, antes de tentar exercícios mais cansativos, acrescente 1 minuto a cada semana permitindo que o seu corpo desenvolva o nível básico de condicionamento necessário para não correr o risco de adquirir lesões por sobretreinamento ou doença. Para evitar desânimo e retrocessos dolorosos, siga as orientações do Estágio Inicial de Condicionamento na página a seguir antes de tentar atividades mais vigorosas.

Para prevenir lesões, sempre mantenha uma postura estabilizada e movimentos controlados, especialmente enquanto se exercita com equipamentos. Alguns movimentos exigem redução na velocidade para a manutenção do controle adequado da posição corporal e do alinhamento postural. Para diminuir ainda mais as chances de lesão por impacto – por bater os pés contra o fundo da piscina –, use cintos de flutuação, boias, coletes e outros equipamentos especialmente projetados durante o condicionamento aeróbico. Ao realizar exercícios aquáticos superficiais para condicionamento aeróbico, comece com movimentos menores e aumente sua amplitude à medida que o condicionamento aumenta. Mesmo que esteja em boa forma, sua intensidade deve ser aumentada de forma progressiva durante um período de semanas ou meses para evitar lesões, doenças e fadiga crônica. Problemas por abuso podem ocorrer se não houver tempo suficiente para condicionar o corpo adequadamente em resposta às demandas recém-iniciadas dos exercícios aquáticos.

Estágio Inicial de Condicionamento

Para desenvolver um nível básico de aptidão física, comece com caminhada ou passadas de baixa intensidade na água, exercícios para a amplitude de movimentos realizados lentamente, alongamentos completos e ginástica leve. Começar os exercícios de forma lenta e gradual minimiza a dor muscular e o desconforto dos exercícios. Monitore sua frequência cardíaca para garantir que esteja se exercitando no extremo baixo da sua zona-alvo. Em termos de esforço percebido, seu nível de intensidade deve parecer "moderado ou um pouco difícil". Se você nunca se exercitou antes, exercite-se levemente por 5 minutos, três vezes por dia. Quando estiver preparado, siga o programa de condicionamento inicial a seguir:

1. Realizando um padrão de exercícios a cada dois dias, aqueça-se com caminhadas na água.
2. Alongue-se.
3. Complete 10 a 15 minutos de exercícios aeróbicos moderados, como caminhada na água, seguidos por resfriamento e alongamento. O alongamento apropriado ajuda a minimizar dores.

Se você é iniciante, pode precisar de 4 a 10 semanas de condicionamento inicial antes de começar a exercitar-se com mais vigor.

Lista de Conferência de Prevenção de Lesões

As informações mais importantes deste livro estão contidas na Lista de Conferência de Prevenção de Lesões nas páginas a seguir. Ao consultar essas orientações atentamente e tornar a consultá-las com frequência, a sua experiência com os exercícios será muito melhor. Após algum tempo, essas técnicas se tornam automáticas como as habilidades necessárias para dirigir um carro ou andar de bicicleta.

LISTA DE CONFERÊNCIA DE PREVENÇÃO DE LESÕES

- Para proteger as estruturas do seu corpo de lesões, mantenha a "posição neutra protegida" (Figura 2.1) durante todos os exercícios, alongamentos e movimentos. Essa posição o ajuda a manter a estabilidade postural e a prevenir lesões, principalmente nas costas. Estima-se que 80% da população sejam vulneráveis a dores lombares crônicas. O uso dessa técnica postural pode ajudá-lo a evitar um problema de saúde comum, debilitador e doloroso.
  - Mantenha os pés afastados na linha dos ombros e as pernas relativamente estendidas, mas sem travar os joelhos.
  - Alinhe a pelve na posição neutra, sem inclinar para a frente ou para trás.
  - Execute o exercício "abdominal concentrado". Inspire profundamente. Enquanto expira, contraia os músculos do abdome. O músculo reto abdominal vai do esterno até a pelve. Pense em comprimir os músculos longos entre o esterno e a pelve, como ao fechar um acordeão. Enrijeça os músculos sobre e sob a caixa torácica. Você desenvolverá aos poucos uma força natural que lhe permitirá manter os músculos abdominais firmemente contraídos, sem esforço, durante os exercícios e os movimentos.

- Ao mesmo tempo, contraia levemente os músculos das nádegas uns contra os outros a fim de manter a coluna na posição neutra.
- Levante e "abra" o tórax e mantenha os ombros para trás e relaxados (evite encurvá-los) em linha reta com o quadril.
- Fique em pé, ereto, com o tronco reto e a caixa torácica levantada.
- Mantenha a cabeça nivelada (evite inclina-la para trás ou para a frente ou para os lados).
- Respire fundo e pausadamente.
- Lembre-se frequentemente de voltar à posição neutra protegida e à posição de "abdominal concentrado" para proteger as costas durante saltos, pulos, alongamentos, exercícios de tonificação, elevação de joelhos e muitos outros exercícios, particularmente aqueles que exigem elevação dos braços acima da cabeça ou pressão das pernas para trás.
- Lembre-se de respirar de forma apropriada. Parece simples, mas é muito fácil se esquecer disso e prender o fôlego enquanto se concentra em todo o restante. O oxigênio é um ingrediente essencial no processo de abastecimento de energia. Respire profundo e pausadamente em todos os momentos para prevenir a fadiga, que pode causar lesões.
- Evite hiperestender as articulações. Mantenha os joelhos e os cotovelos levemente flexionados ao estender-se (endireitar-se) por completo. Essa "suavização" das articulações as protege da pressão excessiva que pode causar tendinite, bursite ou outras lesões dolorosas. Use a mesma técnica para proteger as costas e o pescoço. Evite superarquear as costas ou o pescoço (hiperextensão) durante chutes para trás, saltos e polichinelos, mantendo os músculos abdominais e as nádegas contraídos com firmeza.
- Mantenha o equilíbrio. Para mantê-lo e proteger o sistema musculoesquelético, mova os membros para complementarem um ao outro. Se você chutar com a perna direita à frente na água, leve o braço esquerdo para a frente. Ao pressionar uma perna para trás, leve os dois braços para a frente. Ao chutar com a perna esquerda para o lado direito, leve os braços para a esquerda. Mova-se mais lentamente e restabeleça a posição neutra protegida se estiver perdendo o equilíbrio.

Figura 2.1 A posição neutra protegida ajuda a prevenir dor lombar, no quadril e nos joelhos, e representa a base para cada exercício que será realizado.

- Baixe completamente os calcanhares. Quando tocar o solo com os pés juntos ou à frente do seu corpo após um passo, salto, ou outro movimento, baixe totalmente os calcanhares para tocar o chão da piscina. Levantar o corpo repetidamente na ponta dos pés sem apoiar os calcanhares pode causar lesões dolorosas, semelhantes a talas na tíbia e dor nos músculos das panturrilhas.
- Monitore a intensidade. Use a escala de esforço percebido (ver p. 12), confira sua respiração ou tome seu pulso duas ou três vezes durante a fase aeróbica para ver se é preciso modificar a intensidade. Para baixar a intensidade, dê passos menores, mais lentamente, alinhe o corpo ou reduza a altura de levantamentos e saltos. Para aumentá-la, erga-se mais e vá mais longe; dê passos maiores, mergulhos mais profundos ou saltos mais altos; alterne entre movimentos altos e baixos ou adicione equipamentos de resistência. Maior velocidade não é necessariamente o objetivo mais construtivo para o condicionamento na água. Trabalhar além da sua velocidade ou intensidade controlável pode resultar em síndromes de lesão e estresse que desencorajam seu progresso.
- Avalie sua respiração para monitorar a intensidade. Se a sua respiração não estiver um pouco mais difícil do que quando começou, você não chegou à sua zona-alvo aeróbica. Quando sua taxa respiratória aumenta, o limite inferior da sua zona-alvo é alcançado.
- Use o "Teste da Fala". Você consegue falar? Se ainda puder falar durante a fase de exercícios aeróbicos, mas estiver respirando um pouco mais intensamente do que quando está em repouso, você está se exercitando de forma moderada. Se consegue falar confortavelmente algumas palavras ofegantes, você está se exercitando nos limites superiores da sua zona-alvo aeróbica. Se não consegue falar sem ofegar, você já passou do limiar anaeróbico e excedeu o limite da sua zona-alvo aeróbica; então é hora de ir mais devagar.
- Mantenha os músculos aquecidos durante a fase de alongamento. Ao exercitar-se, o corpo livra-se do calor excessivo pela evaporação do suor e pela transferência do calor para a pele, onde é irradiado para o ambiente. Esse processo ocorre com mais rapidez na água, porque, nela, o calor se dissipa quatro vezes mais rápido e eficientemente que no ar. Movimentos de deslizamento dos braços durante alongamentos na parte inferior do corpo geram calor corporal e mantêm os músculos aquecidos para um alongamento mais eficiente. Depois de desenvolvida a estabilidade do tronco, corra ou marche sem sair do lugar enquanto alonga os músculos na parte superior do corpo. Esses movimentos periféricos podem ser omitidos se eles o confundem, perturbam sua estabilidade ou irritam as articulações sensíveis dos ombros.
- Evite alongamentos agitados durante o aquecimento e o resfriamento. Mantenha estática a posição de alongamento (sem balanço) por 10 segundos durante o aquecimento e por 20 a 30 segundos durante o resfriamento, para alongar os músculos com segurança sem invocar encurtamento reflexivo, chamado de "resposta de reflexo do alongamento". Como exceção, execu-

te movimentos de aquecimento que imitem as ações do esporte que você pratica em terra ou na água. É possível executar os mesmos movimentos na água, em "câmera lenta". Essa técnica serve como um aquecimento divertido, prepara o corpo para uma atividade mais vigorosa e melhora o condicionamento para a prática de um esporte específico.

- Aumente a sessão aos poucos. Você pode prevenir a dor e o agravamento de lesões (e até mesmo a dor de ouvido da "gripe por excesso de exercícios físicos", um resfriado que algumas pessoas contraem quando se exercitam demais ou com muita frequência) se começar com um roteiro confortável (p. ex., três vezes por semana por 15 a 30 minutos, incluindo aquecimento e relaxamento) e aumentar gradualmente o tempo. Dê algumas semanas ao seu corpo para adaptá-lo a um novo nível de exercícios antes de aumentá-los. Aumente-os apenas em pequenos incrementos e varie a forma de esforço (frequência, intensidade ou duração). Se você aumentá-los demais ou muito cedo, seu corpo poderá forçá-lo a parar completamente. A dor é um sinal para cessar os exercícios, buscar atenção médica ou revisar sua rotina de exercícios.

- Proteja a articulação do punho. Mantenha sempre a mão em linha reta com o antebraço. Evite flexionar o punho para a frente ou para trás durante movimentos repetitivos contra resistência (Figura 2.2). Além disso, ao empurrar a mão contra a pressão da água, sempre posicione as palmas *de frente* para a água. O punho e o antebraço são mais resistentes a lesões nessa posição, e você pode recorrer às qualidades de resistência da água. Posicione a mão em forma de concha para resistência ainda maior ou use luvas de hidroginástica.

- Fortaleça os músculos em toda a amplitude normal de movimentos, até onde não haja dor. Movimentos curtos e "picados", que fortalecem apenas uma amplitude de movimentos limitada, aumentam o risco de lesão. Evite hiperextensões, pois elas indicam que o movimento está além da amplitude normal de movimentos e acabam causando lesões.

- Exercite os músculos de modo uniforme para produzir resultados equilibrados. Como descrito no Capítulo 1, Melhorando a Aptidão Física com Exercícios na Água, grupos musculares opostos têm uma importante relação uns com os outros. As lesões ocorrem quando um músculo é muito forte ou menos flexível em relação ao músculo oposto. Portanto, trabalhe e alongue os grupos musculares opostos igualmente para evitar lesões. Muitas vezes, as pessoas se concentram nos músculos na parte da frente do corpo e negligenciam aqueles na parte posterior. Por exemplo, evite dar demasiada ênfase à Corrida com Elevação Frontal do Joelho ou Marcha enquanto ignora a Pressão Posterior das Pernas, um exercício que trabalha os músculos posteriores da parte inferior do corpo.

- Evite movimentos que envolvam inclinar-se para a frente sem apoio ou girar o tronco simultaneamente. Por exemplo, omita exercícios que exijam levar os cotovelos para baixo, na direção do joelho oposto levantado. Esse giro repetido pode colocar estresse debilitador de torção na coluna.

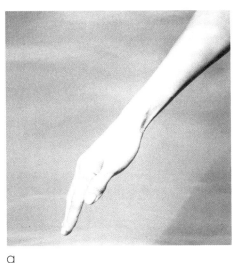 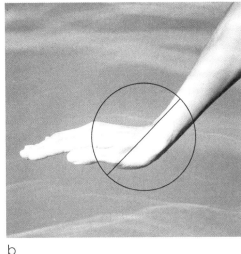

Figura 2.2 Enquanto você empurra as mãos contra a água, (a) mantenha-as em linha reta com o antebraço. Evite (b) flexionar o punho para cima.

Outras Dicas de Conforto e Segurança

Um traje de banho confortável que não grude no corpo, deslize ou suba é preferível para exercícios aquáticos. As mulheres podem preferir o conforto de um traje de banho com tiras que cruzam ou se prendem nas costas para evitar que escorreguem. *Shorts* e um *top* (solto no corpo, mas não folgado demais) são suficientes, se você não usar trajes de banho.

Se você tende a sentir frio facilmente ou prefere um apoio maior do que aquele oferecido por trajes de banho, use malha e *legging* com sutiã e camiseta esportivos ou *top* de manga comprida. Fabricantes especialistas em roupas aquáticas oferecem outras opções: roupas para exercícios aquáticos feitas de *lycra* resistente ao cloro, incluindo *leggings, shorts* e malhas de hidroginástica com mangas e pernas longas (ver Figura 2.3).

Calçados aquáticos proporcionam segurança aos passos na água por causa de seu solado, além de protegerem a pele dos pés. Diversos fabricantes oferecem vários tipos de calçados desse gênero. Eles são essenciais se a piscina tiver su-

Figura 2.3 Trajes resistentes ao cloro podem ajudar a mantê-lo aquecido na água.

perfície áspera ou escorregadia ou se for preciso maior estabilidade devido a articulações sensíveis. Pessoas com diabetes estão mais propensas a danos nos pés e precisam usar calçados aquáticos para protegê-los.

Além disso, ao exercitar-se ao ar livre, proteja-se do sol. Nesse caso, use filtro solar resistente à água para prevenir queimaduras, envelhecimento precoce da pele e melanoma (câncer de pele). O CDC (Centro de Controle de Doenças, Estados Unidos) recomenda FPS 15, aplicado 15 a 30 minutos antes da exposição ao sol. Dê atenção particular à região posterior do pescoço, às orelhas e às áreas do escalpo com cabelos finos. Reaplique o filtro solar ao sair da piscina se planeja permanecer ao ar livre. Use óculos de sol com proteção total contra raios UV para proteger os olhos de cataratas e outros males. Evite permanecer no sol entre 10 e 16h, quando os raios solares são mais intensos e tendem a causar mais danos.

Evite comer de 1,5 hora a 2 horas antes de se exercitar e, quando chegar a comer antes dos exercícios, opte por alimentos de fácil digestão e baixo teor de gordura, como frutas, vegetais ou arroz integral. Os exercícios desviam o sangue do estômago e do sistema digestivo e o envia para os músculos que estão sendo trabalhados. Como resultado, você pode ter problemas estomacais e putrefação dos alimentos.

MITOS E ENGANOS

Mito: Um reforço rápido de açúcar lhe dá mais energia para os exercícios.

Falso: Um lanche com alto teor de açúcar consumido no período de 1 hora antes dos exercícios não aumenta a energia; foi demonstrado cientificamente que isso causa fraqueza e fadiga. Consumir açúcar refinado desencadeia um aumento na produção de insulina no sangue, inibindo o metabolismo da gordura para a energia (o que torna o consumo de açúcar contraprodutivo se você estiver tentando emagrecer). Ela também baixa a quantidade de açúcar no sangue, o que pode fazê-lo sentir perda de energia reduzindo o volume de exercícios que você é capaz de completar antes de ser impedido pela fadiga. Em alimentos processados, o açúcar aparece em diversas formas, como xarope de milho, dextrose, glicose ou frutose. Se você deseja comer algo doce, consuma frutas inteiras: o corpo absorve os açúcares naturais delas gradualmente por causa do alto teor de fibras e pelo fato de que o açúcar não foi refinado e, portanto, não perdeu seus nutrientes naturais.

Para prevenir irritação cutânea pelo cloro, banhe-se sem sabonete antes de entrar na piscina. A água corrente liga-se à pele e ajuda a evitar a penetração do cloro. Depois, banhe-se novamente após sair da piscina, dessa vez ensaboando toda a pele e enxaguando bem. O sabonete ajuda a romper as ligações químicas que prendem o cloro à pele. Diversos fabricantes produzem sabonetes e xampus específicos que removem esse produto da pele: Ultra Swim, TriSwim, Soap+, WaterGear, Swimmer's Own, Swimmer's OneStep, Aubrey Organics e Chlor-Off. Finalmente, use loção cutânea leve de alta qualidade com sabonete após cada chuveirada para prevenir a perda da umidade cutânea.

A Importância de Beber Água

Embora você não perceba tão facilmente quanto em terra, exercícios aquáticos também o fazem transpirar, e seu corpo pode desidratar; portanto, reabastecer-se de fluidos regularmente é crucial para a sua saúde.

Para prevenir a fadiga, é essencial manter o corpo hidratado antes, durante e depois dos exercícios na água, particularmente em ambientes quentes ou úmidos. A melhor maneira de repor fluidos perdidos é bebendo água em vez de refrigerantes, sucos ou café. Essas bebidas podem contribuir, na verdade, para a desidratação, por agirem como diuréticos, que causam a eliminação de fluidos. Tenha sempre um frasco resistente com água potável próximo da piscina.

MITOS E ENGANOS

Mito: Não devemos beber água enquanto nos exercitamos, porque ela causa cãibras e náuseas.

Falso: Beba 8 copos de 240 mL de água por dia e mais dois 1 hora antes e após os exercícios. Você pode ingerir mais líquidos durante os exercícios, especialmente se a atividade for de longa duração. Beba mais água nos climas quente, frio ou úmido (o clima quente ou úmido causa a perda de mais fluidos pela transpiração; o clima frio ativa os rins, estimulando o aumento da urina). Cada uma dessas condições pode facilitar a desidratação. Em alguns casos, tomar pouca água é o que causa cãibras.

Ambiente

Você obterá melhores resultados e se sentirá mais confortável se examinar o ambiente de exercícios e determinar como pode adequá-lo às suas necessidades. Aqui estão algumas orientações para ajudá-lo a preparar o melhor ambiente para os exercícios aquáticos.

Temperatura e Umidade

A temperatura controla o conforto na água. Temperaturas amenas (27 a 30°C) ajudam no aumento da circulação nos músculos, preparando-os para o alongamento e reduzindo a chance de lesões (se você tem artrite, a temperatura preferível da água é de 28 a 31°C). Quando não há movimento, mas produção de calor como um resultado secundário da produção de energia, seu corpo pode resfriar-se rapidamente na água; portanto, movimento os braços e as pernas para permanecer aquecido.

Temperaturas acima de 21°C não permitem que seu corpo resfrie adequadamente durante atividades aeróbicas, como caminhada ou polichinelos na água: para uma sessão aeróbica segura, altas temperaturas não são recomendadas. Entretanto, exercícios não-aeróbicos em toda a amplitude de movimentos, como alongamentos estacionários, rolagem de tornozelo e ombros ou círculos com os polegares, realizados enquanto você está imerso em temperaturas de 34 a 40°C, melhoram a mobilidade reduzindo a dor e a rigidez articular associadas com artrite.

Quando a temperatura da água é adicionada à porcentagem de umidade, o resultado final deve estar abaixo de 160 para garantir saúde e segurança. Por exemplo, 87°F (20°C) mais 60% de umidade é igual a 147. Lesões e doenças ligadas ao calor podem ocorrer em somas de calor e umidade de 160 ou mais. Uma soma combinada de temperatura e umidade de 150 é considerada o limite máximo de condições confortáveis. Essa é uma preocupação para piscinas cobertas ou ao ar livre; você estará lidando com umidade ao sair ao ar livre no restante do dia, e até mesmo as piscinas cobertas geralmente se tornam mais úmidas em dias úmidos. Se o dia estiver quente e úmido, reduza a intensidade. Em caso de confusão mental ou tontura, saia da água.

Profundidade da Água

Execute a maior parte dos exercícios com a água até a cintura ou até o tórax. Para maior amortecimento e flutuação, tente manter a água até a altura do peito. Se você está acima do peso e descondicionado, poderá ter menos controle na água mais profunda. Comece movendo-se mais lentamente ou, de preferência, com a água até a cintura.

Exercícios de flutuação em água profunda eliminam o impacto por completo, proporcionando um ambiente totalmente livre de choques, que lhe permite aumentar a intensidade sem comprimir as articulações. Caminhada na água e corridas leves com flutuação eram prescritas, inicialmente, como exercícios de reabilitação para atletas de elite. Exercícios de flutuação bombeiam o sistema cardiovascular por meio de movimentos que trabalham grandes grupos musculares (quadril, nádegas e coxas), gerando assim resistência aeróbica, queima de calorias armazenadas e dissipação dos efeitos negativos do estresse.

Música

A música pode motivá-lo e estimulá-lo a obter benefícios maiores das sessões de exercícios. Seus ritmos contínuos e suaves podem ajudar a mapear seu programa desde o Aquecimento até os Exercícios Aeróbicos, o Fortalecimento e a Tonificação Muscular e o Resfriamento Final. Ela geralmente lhe dá ímpeto para continuar até o fim do programa estimulando a não abandoná-lo precocemente. O guia de seleção musical a seguir pode ajudar aqueles que desejam exercitar-se com ritmo.

Selecione músicas com uma energia positiva – canções cheias de vida, que o levam a sentir vontade de se mexer ou de dançar. Os exercícios ficam mais divertidos se os seus movimentos acompanham a música. Por exemplo, o refrão tem sido descrito como a parte "em que a canção desabrocha". Durante o refrão, você pode seguir um padrão especialmente animado de exercícios e então repeti-lo sempre que o refrão ressurgir. A energia da música proporciona o tipo ideal de motivação para cada sessão em particular: a energia revigorante o motiva para a aeróbica; uma batida pesada e constante, em um ritmo lento a moderado, o leva a continuar com os movimentos de fortalecimento no ritmo certo; e uma energia apaziguadora o incentiva a reduzir a intensidade para o relaxamento aeróbico ou a suavizar e relaxar os músculos para o alongamento final.

Às vezes, o estímulo da energia oferecido pela música é mais importante que o fato de o ritmo ser acompanhado. Alguns adultos mais velhos e indivíduos com limitações dos movimentos precisam se mover em um ritmo que seja mais confortável no momento. Nesse caso, deixe que a música o entretenha, em vez de ditar o ritmo dos movimentos. Música relaxante não-rítmica ou gravações de cantos de pássaros, grilos, vento, chuva ou cachoeiras podem servir como um fundo estimulante e agradável para movimentos não-rítmicos.

Descobrindo um Compasso

Você pode usar as batidas por minuto de um trecho musical para determinar o compasso do exercício. Um modo simples de determinar as batidas por minuto em sua música favorita é seguindo estas etapas:

1. Use um relógio digital que mostre os segundos, coloque a música para tocar e bata os pés no chão de acordo com a cadência do som.
2. Conte o número de batidas que seu pé faz em 15 segundos.
3. Multiplique esse número por 4.

O resultado é o número de batidas por minuto na canção. A Tabela 2.1 indica como combinar a energia apropriada, as batidas por minuto e a duração com cada sessão. Observe que o compasso aumenta gradualmente, depois diminui durante a sessão aeróbica e finalmente mantém uma batida constante durante a ginástica. Se você começou recentemente a fazer exercícios na água, tem artrite, excesso de peso ou recuperou-se há pouco tempo de uma lesão, use compassos mais lentos.

Use uma cadência que aumente aos poucos e, em seguida, diminua também aos poucos, ao longo de uma curva em sino, para uma resposta mais segura do coração, dos pulmões e do sistema circulatório. Para obter variação, pratique o treinamento intervalado, no qual você alterna o ritmo entre mais rápido e mais lento. Faça esse treinamento a cada 4 ou 5 semanas: aplique os seus princípios para melhorar a condição física desafiando o sistema cardiovascular a trabalhar mais por alguns segundos ou minutos e, então, retorne a um ritmo mais moderado por vários minutos. Escute o seu corpo: repita tantas vezes quanto ele puder suportar.

TABELA 2.1 Ajuste a Rotina de Exercícios de Acordo com a Música

Sessão	Batidas por minuto	Minutos	Energia
Aquecimento térmico	125-135	3-5	Estimulante
Alongamento de aquecimento	100-135	3-5	Fluida, mas estimulante
Pré-aeróbica (ginástica opcional)	115-130	3-5	Revigorante
FASE DE EXERCÍCIOS AERÓBICOS			
Use uma cadência que aumente gradualmente e, depois, diminua aos poucos para uma resposta mais segura do coração, dos pulmões e do sistema circulatório. O treinamento intervalado, no qual você alterna o ritmo entre mais rápido e mais lento, é um método usado por atletas com alto condicionamento físico para variar os exercícios.			
Aeróbica de aquecimento	120-135	3-5	Revigorante
Aeróbica intermediária	130-145	3-5	Revigorante
Intensidade máxima	145-155	3-10	Alta energia
Aeróbica intermediária	130-145	3-5	Revigorante
Resfriamento aeróbico	120-135	3-5	Estimulante e calmante
Ginástica (exercícios de fortalecimento e tonificação musculares)	115-135	10-20	Rítmica e estimulante
Alongamento final de resfriamento	90-110	5-10	Relaxante

Considerações sobre Segurança

Evite usar aparelhos conectados à rede elétrica perto da piscina. Aparelhos musicais eletrônicos, portáteis e à bateria são mais seguros, e diversos fabricantes produzem tocadores recarregáveis. Se você usar um aparelho conectado à rede elétrica, garanta que ele esteja a 1,5 m ou mais distante da piscina e sobre uma mesa ou *rack* não-metálico, e que o cabo de força não esteja descapado ou com partes expostas. Não ligue, desligue ou use aparelhos elétricos ao pisar em superfícies molhadas.

Se um aparelho ligado à energia elétrica for utilizado próximo à piscina, compre um interruptor de circuito para falha em terra, um dispositivo projetado para impedir a eletrocução, que pode ser adquirido em lojas de equipamentos elétricos ou em ferragens por um custo muito baixo. Ele vem como um adaptador portátil para plugar em uma tomada elétrica ou como uma peça que substitui a tomada elétrica.

Equipamentos Adicionais

Ao recorrer a equipamentos de exercícios aquáticos, as sessões poderão ser modificadas para acrescentar variedade, aumentar a intensidade ou recuperar-se de lesões. Todos eles usam a propriedade de flutuação, peso ou resistência (ou uma combinação desses princípios). Aqueles com resistência e flutuação – como garrafas de água, luvas de hidroginástica, pranchas, placas de plástico, bóias, botas ou halteres – permitem que você aumente a carga de trabalho enquanto se torna mais apto ou que reduza o impacto para prevenir ou reabilitar-se de lesões. Diversos dispositivos comerciais estão disponíveis, no entanto, há alternativas como reciclar objetos domésticos e transformá-los em equipamentos úteis para exercícios na água. A especialista em exercícios aquáticos, Ruth Sova, desenvolveu orientações para adicionar equipamentos a programas de exercícios para a Aquatic Exercise Association. As diretrizes a seguir baseiam-se em suas recomendações.

Antes de usar equipamentos para exercícios na água a fim de melhorar o seu treinamento, certifique-se de estar totalmente familiarizado com a forma como o seu corpo se move na água. A falta de peso dos exercícios realizados nesse meio exige um novo conjunto de "recordações" dos músculos (reflexos e respostas automáticas) para que os movimentos sejam controlados de forma adequada e a resposta do seu corpo prognosticada no ambiente aquático. Depois de se adaptar ao ambiente sem peso, pense cuidadosamente no tipo de equipamento mais apropriado para as suas necessidades e objetivos.

Para prevenir lesões durante a atividade aeróbica em água profunda, selecione o tipo de dispositivo de flutuação mais apropriado para você. Por exemplo, use garrafões de plástico vazios ou colares de flutuação vendidos comercialmente, se não sentir dor no pescoço ou no ombro; coletes flutuantes ou boias usadas na parte superior do braço, se não desenvolveu músculos hábeis no tronco; um cinturão de flutuação, se o seu tronco é relativamente forte e deseja incluir movimentos aeróbicos na parte superior do corpo; dispositivos de flutuação para pés ou tornozelos com halteres de flutuação, se tem tronco muito forte e busca um desafio sem impacto; ou coletes flutuantes, se precisa de máximo conforto e estabilidade.

Para força e tonificação musculares, as opções em equipamento de resistência vão de luvas de hidroginástica (com "membranas" entre os dedos) e pesos para exercícios na água até resistores aquáticos e acessórios para a parte inferior da perna. Uma vez que a inclusão de equipamentos para exercícios aquáticos em seu treinamento introduz preocupações especiais de segurança, tome as seguintes precauções para aumentar a força e tonificar os músculos com esses equipamentos, além de seguir as diretrizes propostas na "Lista de Conferência de Prevenção de Lesões", apresentada anteriormente neste capítulo, para prevenir lesões e maximizar seu sucesso:

1. Adicione equipamentos de resistência para hidroginástica de forma gradual, após estabelecer um nível básico de força sem equipamento e quando puder executar o exercício, com todos os músculos de estabilização da postura mantidos em posição apropriada, sem oscilações, durante 12 a 15 repetições antes de alcançar o ponto de fadiga do grupo muscular. Ir além e rápido demais pode resultar em desconforto ou em lesão, fazendo-o regredir ao invés de acelerar seu progresso.
2. Sempre se aqueça e se alongue antes da atividade física e siga cada exercício de fortalecimento com alongamentos no resfriamento visando à flexibilidade a fim de evitar dores e lesões que podem ocorrer devido a músculos muito rígidos.
3. O alinhamento corporal apropriado é sempre importante, mas o uso de equipamentos aumenta as chances de que um erro no posicionamento e

na técnica resulte em lesão. Veja as orientações de posicionamento descritas na "Lista de Conferência de Prevenção de Lesões", nas páginas 21-24.
4. A velocidade do movimento com equipamentos de resistência determina o nível de intensidade: quanto mais rapidamente você empurra ou puxa, mais pesada é a resistência. Sempre que um equipamento for utilizado, comece lentamente e adicione movimentos mais vigorosos de forma progressiva. Se não puder manter controle completo sobre os movimentos e o alinhamento do corpo, significa que excedeu sua velocidade máxima apropriada. Sempre maneje o equipamento com cuidado; nunca o arremesse aleatoriamente.
5. Para proteger as articulações, faça movimentos mais lentos quando os membros estiverem estendidos e movimentos mais rápidos quando estiverem flexionados. Certifique-se de manter os cotovelos e os joelhos flexionados levemente para evitar hiperextensão da articulação (quando os membros são estendidos demais).
6. Mantenha o equipamento na água. Movimentos que começam ou terminam fora dela aumentam imensamente o risco de lesão nas articulações.
7. Iniciantes devem evitar exercícios que exigem que os braços ou as pernas sejam mantidos afastados do corpo enquanto se executam círculos repetitivos. Em vez disso, reduza a tensão sobre os ligamentos e tendões dos ombros, dos joelhos, do quadril, das costas e dos cotovelos executando repetições que levem os membros *na direção* do corpo, ao invés de mantê-los *afastados* dele.
8. Movimentos curtos e com amplitude limitada podem causar lesões. Movimentos "picados" encurtam os músculos e apenas aumentam a força em faixas limitadas de movimento. Concentre-se em usar toda a amplitude de movimentos em torno de uma articulação, mantendo o alinhamento corporal adequado e aumentado assim a força.
9. Nunca exercite-se na piscina sem a presença de alguém, pois afogamentos acidentais são imprevisíveis. Evite esse risco garantindo sempre a presença de outra pessoa na piscina.

Produzindo Equipamentos com Artigos Domésticos

Muitos artigos domésticos servem como equipamentos excelentes e baratos para exercícios na água. Os exemplos a seguir podem ser produzidos sem muito custo a partir de objetos comuns encontrados em casa.

- **Pranchas infantis.** Use pranchas infantis para trabalhar a parte superior do corpo em exercícios com movimentos de puxar e empurrar. Pranchas pequenas oferecem maior área de superfície e flutuação do que pranchas comuns para hidroginástica; assim, comece sem equipamento e, posteriormente, as adicione; utilize as pranchas infantis se precisar de mais resistência. Sente-se sobre ela para "passear" pela piscina enquanto agita as pernas e pressiona a água para trás com os bra-

ços. Sente-se ereto, com os músculos abdominais contraídos e os ombros relaxados.
- **Tênis velhos de lona.** Calce seus velhos tênis de lona, limpos, em lugar dos calçados aquáticos para tração e estabilidade. Lave-os para remover qualquer sujeira.
- **Garrafões plásticos.** Um método de baixo custo é o uso de garrafões plásticos vazios para flutuação utilizados sob as axilas, que servem para exercícios em água profunda. São usados também para aumentar a resistência em exercícios abdominais (pessoas com problemas no pescoço não devem usar essa forma de flutuação). Para trabalho abdominal, mantenha os garrafões junto ao peito com o nível da água até o tórax, mantendo os pés alinhados com os ombros, em posição estável; contraia os abdominais para encurtar levemente a distância entre a caixa torácica e a pelve. A propriedade de flutuação dos garrafões resiste aos movimentos oferecendo um desafio maior para fortalecer os músculos abdominais. Antes de usá-los, remova os rótulos para proteger o filtro da piscina. Se usar garrafões de leite, lave-os com água quente e detergente, deixe-os secar sem as tampas e depois torne a fechá-los.
- **Pratos plásticos ou** *frisbees*. Lave os pratos de plástico descartáveis e os use para adquirir maior resistência na parte superior do corpo durante os exercícios. *Frisbees* também funcionam bem. Certifique-se de iniciar com os tamanhos menores; os pratos maiores poderão ser usados quando mais força for desenvolvida. Os dois discos devem ser idênticos em tamanho e densidade para garantir condicionamento muscular equilibrado e prevenir lesões. Para que isso funcione, mantenha a pressão da água constantemente contra os pratos enquanto os empurra, virando os punhos com cuidado e lentamente para manter a pressão enquanto a direção em que os pratos estão sendo empurrados é mudada. Se você parar, eles cairão. O movimento fica mais fácil se os dois pratos são empurrados na mesma direção. Não leve isso muito a sério e tente se divertir, porque os pratos *irão cair* nas primeiras vezes!

Equipamentos Mais Usados

A lista a seguir aborda as melhores opções de modelos disponíveis nesta ampla área. Use esse guia para aprender mais sobre como escolher os equipamentos comerciais de hidroginástica mais usados e para obter informações sobre os principais modelos de equipamentos aquáticos existentes. As recomendações de cada tipo de equipamento e sugestões sobre como obtê-los têm como referência a lista de distribuidores e fabricantes apresentada nas páginas 40 e 41.

- **Calçados aquáticos.** Compre calçados que se ajustem confortavelmente, que não apertem ou machuquem o pé. Certifique-se do tamanho certo para não escorregarem quando você saltar na água. Calçados leves com boa tração adicionam alguma resistência e muita estabilidade. Alguns são feitos de material impermeável e mantêm os pés e os tornozelos aquecidos. A empresa AQx Sports fabrica calçados aquáticos com uma série de pequenos orifícios laterais para capturar água e aumentar a resistência enquanto se pressiona o pé para trás. Entre em contato com os distribuidores 2, 7, 8, 13, 14, 16, 17 ou com qualquer das diversas empresas de calçados esportivos.

- **Roupas de *lycra* resistentes ao cloro e para aquecimento corporal.** Se você sente frio com facilidade, use um traje de natação com mangas e pernas longas, disponíveis nos distribuidores e fabricantes 1, 7, 10, 12, 13, 14 e 16. Esses revendedores dispõem de tamanhos e estilos para homens e mulheres e oferecem *shorts*, *leggings*, *tops* e malhas de natação resistentes ao cloro com *leggings* de pernas mais longas ou mais curtas, biquínis de natação com *shorts* combinado e jaquetas e calças de neoprene com mangas longas. Para manter-se aquecido antes e após os exercícios, cubra-se com um roupão aquático do distribuidor 13.
- **Coletes, cintos e braçadeiras de flutuação.** Dispositivos de flutuação para exercícios em água profunda variam desde simples cinturões e flutuadores para braços e pés a braçadeiras conversíveis e coletes para exercícios. Dois dos melhores em relação a conforto, preço e função são o HYDRO-FIT Wave Belt (cinturão ondulado, distribuidor 8) e o Water Gym Flotation Belt (cinturão de flutuação para hidroginástica, distribuidores 7 e 17). O HYDRO-FIT Wave Belt molda-se ao formato natural do seu corpo e tem um contorno único que distribui a flutuação de modo uniforme em torno do tronco, melhorando a postura correta e o alinhamento corporal e reduzindo a sensação de oscilar ou de estar em posição instável. O Wet Vest (colete aquático, ver Figura 2.4), um produto de custo mais elevado, serve como uma opção durável e confortável, que exige menos força no tronco para o equilíbrio vertical bem-sucedido. O Wet Vest AT, uma versão mais econômica, ajusta-se em torno do quadril, não da cintura, e vem acompanhado de calças que o mantêm confortavelmente no lugar, evitando que ele deslize para cima. O *design* das calças inclui bordas de contorno macio, que colocam pouca ou nenhuma pressão nas costelas e permitem movimentos fáceis. O produto Free Floaters, uma alternativa de baixo custo, usada na parte superior dos braços, também exige menos força no tronco e funciona bem para exercícios abdominais. O fabricante Sprint oferece cinturões de flutuação de baixo custo e "asas" aquáticas de tamanho adulto, usadas na parte superior dos braços. A AQx produz um traje de flutuação semelhante a um traje de mergulho sem

Figura 2.4 HYDRO-FIT Wet Vest. Imagens do HYDRO-FIT fornecidas por RIC-FRAZIER Productions.

mangas, que facilita a flutuação. Entre em contato com os distribuidores 2, 5, 6, 7, 8, 9, 10, 11, 12, 13, 14, 15, 16, 17 ou 19.
- **Rolos de flutuação (espaguete).** Os espaguetes, de preço bastante baixo, podem ser comprados em diversos locais. Esses rolos flexíveis de espuma, de 90 a 150 cm de comprimento, servem como opções de flutuação versáteis e de baixo custo (ver Figura 2.5). Adicione alças aos espaguetes para poder segurar melhor e para usá-los em exercícios de resistência muscular e no condicionamento aeróbico com flutuação. Entre em contato com seu revendedor de artigos esportivos ou com os distribuidores 6, 8, 10, 13, 14 ou 19.
- **Halteres, braçadeiras, tornozeleiras (caneleiras) e bolas de flutuação.** Os halteres são uma boa opção de flutuação se você não sentir dor na mão, no ombro, no pescoço ou nas costas. Use-os para boiar em exercícios para a parte inferior do corpo, em aeróbica em água profunda ou em exercícios abdominais ou pressione-os contra a água em locais rasos para aumentar a resistência na parte superior do corpo e melhorar a aptidão muscular. As tornozeleiras (caneleiras) têm ajuste confortável e oferecem maior resistência para a parte inferior do corpo; alguns modelos podem ser usados para exercícios avançados em água profunda e em combinação com halteres de flutuação. Barras de natação e de hidroterapia, uma versão de aproximadamente 76 cm das barras de mão com flutuadores duplos em cada ponta, proporcionam flutuação estável e segura para maior apoio. Bolas de flutuação adicionam resistência ao treinamento e possuem diversos tamanhos. São especialmente eficientes para acrescentar resistência de flutuação a exercícios abdominais. O fabricante HYDRO-FIT oferece braçadeiras conversíveis para a parte superior do braço, que podem ser facilmente transformadas em um cinturão de flutuação ou em tornozeleiras (caneleiras). A Figura 2.6 ilustra halteres e tornozeleiras de flutuação (caneleiras). Entre em contato com os distribuidores 1, 2, 5, 6, 7, 8, 10, 11, 12, 13, 14, 15, 16, 17 ou 19.

Figura 2.5 Rolos aquáticos de flutuação (espaguetes) são uma opção versátil e de baixo custo. Imagens do HYDRO-FIT fornecidas por RIC-FRAZIER Productions.

- **Barbatanas de resistência e halteres flutuantes.** O fabricante Hydro-Tone oferece um sistema garantido que amplia imensamente a resistência do movimento na água. O equipamento melhora os exercícios em todos os músculos principais do corpo, incluindo o coração. O grau de resistência muda automaticamente com o grau de esforço ou força aplicado. Para comprar esse equipamento altamente eficaz de exercícios aquáticos, entre em contato com os distribuidores 10, 11 ou 14. Para botas com barbatanas, com resistência mais leve e menor a um custo mais baixo, considere as marcas Aquafins ou Mini Fins. Entre em contato com os distribuidores 1, 9, 10, 11, 14, 15, 16 ou 19.

Figura 2.6 Halteres e tornozeleiras (caneleiras). Imagens do HYDRO-FIT fornecidas por RIC-FRAZIER Productions.

- **Luvas de hidroginástica.** As luvas de hidroginástica criam uma mão com "membranas entre os dedos", que aumenta a resistência da água para os movimentos na parte superior do corpo. Use-as para aumentar a força e a resistência muscular na parte superior do corpo, assim como para intensificar a sessão aeróbica. Entre em contato com os distribuidores 6, 7, 8, 9, 10, 11, 12, 13, 14, 16, 17, 18 ou 19.
- *Step* **aquático.** O *step* aquático combina a intensidade e a versatilidade de subir escadas com a proteção necessária em um ambiente aquático. As plataformas a prova d'água e afundáveis vêm em diversas alturas, proporcionando uma alternativa para aparelhos de *step* ou para a prática aeróbica com *step* feita em terra. A plataforma também pode ser usada para alterar profundidades em piscinas com uma só profundidade, de modo que pessoas de menor estatura possam executar Agachamentos com Apoio ou Alongamento Muscular Profundo para Quadril, Coxas e Nádegas. A Speedo AquaStep fabrica uma plataforma leve para *step* aeróbico à prova d'água que permanece no fundo da piscina e oferece ajustes de altura. Entre em contato com os distribuidores 3, 6, 11, 12, 13 ou 14.
- **Pranchas.** Sprint, Zura e Burdenko fabricam pranchas subaquáticas flutuantes para movimentos dinâmicos nas quais você pode se sentar, se ajoelhar ou ficar em pé. As pranchas têm formatos exclusivos para desafiar e reforçar a estabilidade e o equilíbrio na água. Uma das versões da prancha Burdenko tem tiras de segurança e é usada em água rasa ou profunda para desenvolver a boa forma nas partes superior e inferior do corpo em cada área essencial: equilíbrio, coordenação,

flexibilidade, resistência, velocidade e força. Além disso, muitos distribuidores oferecem uma variedade de pranchas de espuma que representam uma opção de baixo custo e versatilidade para resistência, equilíbrio e treinamento cardiorrespiratório. Entre em contato com os distribuidores 5, 6, 11, 12, 13, 14, 15, 16 ou 19.

- **Colete** *fitness*. O colete com pesos em X auxilia no fortalecimento dos músculos centrais, melhora a densidade óssea espinhal, ajuda no emagrecimento de forma segura e eficaz e na manutenção de um peso saudável. O seu *design* permite treinar o corpo com o alinhamento e o equilíbrio corporal apropriados. Para melhorar os resultados, use-o durante exercícios aquáticos (ioga aquático, treinamento avançado de força e pliométricos) na parte mais rasa da piscina, com movimentos aeróbicos de fortalecimento básico. Ao usar um colete *fitness*, como o X2, o seu corpo recebe um desafio maior. Por estar acostumado com o seu peso, ele queima calorias com base no peso, no exercício, na duração e na intensidade do exercício. Ao ser adicionado peso, mais músculos são recrutados para auxiliar a função do movimento; logo, mais calorias são queimadas em apoio à ação muscular, aumentando a sua taxa metabólica para que mais calorias sejam queimadas ao mesmo tempo, tornando os exercícios mais eficientes. Entre em contato com o distribuidor 18.
- **Cinturão de exercícios Burdenko.** O Cinturão Burdenko é uma invenção "tudo em um" para resistência, criado para uso em terra ou na água. Use essa ferramenta "anfíbio" para uma sessão corporal completa, que proporcionará condicionamento aeróbico, equilíbrio, coordenação, flexibilidade e força. Tubos cirúrgicos estendem-se a partir do cinto para trabalhar os braços, as pernas e o tronco. O cinturão é fácil de ajustar e serve como suporte lombar. Esse equipamento altamente versátil para exercícios é ideal para uso em casa e conveniente para viagens. Entre em contato com o distribuidor 5.
- **Andadores aquáticos.** Usando pás flexíveis nos pés, chamadas de andadores aquáticos alados, é possível queimar duas ou três vezes mais calorias por minuto do que no *jogging* aquático normal ou no *jogging* realizado em terra (andar com andadores aquáticos queima de 20 a 22 calorias por minuto, comparado com 11 calorias por minuto para *jogging* aquático normal ou 8 calorias por minuto no *jogging* em terra). As pás flexíveis são presas aos pés por tiras. As "asas" em suas laterais desdobram-se para formar uma superfície mais ampla para maior resistência durante o movimento para baixo e, então, se dobram novamente para que se obtenha resistência mínima durante o movimento para cima. Use esses andadores com um cinturão ou colete de flutuação para fortalecer grupos musculares centrais, abdominais, glúteos (nádegas) e flexores do quadril. Andadores aquáticos alados proporcionam um método desafiador de condicionamento fí-

sico para atletas e um exercício eficiente para pessoas que se recuperam de cirurgias ou lesões, que estão acima do peso ou são obesas, estão na terceira idade ou apresentam problemas crônicos, como artrite, asma e fibromialgia. Entre em contato com os distribuidores 5, 14 ou 17.
- **Pesos aquáticos.** Você pode escolher os pesos à prova d'água que mais lhe convêm, já que existem inúmeras opções. Alguns são presos aos punhos ou tornozelos, e outros são pesos de mão. Use-os para aumentar a tonificação na parte superior do corpo. Use um colete ou cinto de flutuação e prenda os pesos aos tornozelos para proporcionar resistência na parte inferior do corpo ou para permanecer suspenso, sem movimento, a fim de liberar a pressão na região lombar, abrir as articulações da coluna e alongá-la. Pesos não são recomendados para uso durante exercícios aeróbicos ou outros movimentos rápidos. Entre em contato com os distribuidores 1, 7, 9, 10, 11, 12, 13 ou 14.
- **Protetores para gesso e talas.** Protetores para gesso mantêm gesso e curativos secos enquanto você está na água. Eles estão disponíveis em formatos que se encaixam nos braços, nas pernas, nas mãos e nos pés e em tamanhos para homens, mulheres e crianças. O látex usado em sua fabricação proporciona um ajuste forte, durável e resistente à abertura de ferimentos, a cortes e a todos os tipos de gessos. Talas para os membros mantêm as articulações imobilizadas, de forma que a resistência da água não dobra articulações doloridas ou machucadas (p. ex., o cotovelo ou o joelho) que precisam permanecer imobilizadas enquanto os músculos de uma articulação próxima (p. ex., do ombro ou do quadril) movem o membro pela água. Entre em contato com o distribuidor 5 para saber mais sobre os protetores de gesso e com o distribuidor 14 para saber mais sobre as talas aquáticas.
- **AquaTunes.** Esses cinturões aquáticos esportivos servem para guardar e proteger aparelhos de CD ou MP3 player, permitindo que se ouça música ao se exercitar na água. Para usá-lo, insira os aparelhos na bolsa à prova d'água, feche-a e execute os exercícios. O AquaTunes vem com um sistema de fones de ouvido que são presos na orelha e impedem a entrada de água. O material, de PVC transparente, proporciona melhor visibilidade e operação dos controles. Para saber mais sobre o cinto esportivo aquático AquaTunes, entre em contato com o distribuidor 17.

Equipamentos Especializados

A popularidade dos exercícios aquáticos trouxe novas invenções ao mercado. Diversos fabricantes produzem estações especializadas de força e máquinas de treinamento cardiorrespiratório ou aeróbico que obtêm benefícios das propriedades do ambiente aquático. Existem também equipamentos que podem melhorar a sessão aquática, incluindo os que auxiliam o equilíbrio durante caminhadas na água.

- **Estações de exercícios na água.** A estação de exercícios na água Aquatrend é um equipamento para treinamento de resistência na piscina que trabalha a massa do corpo e a densidade da água para melhorar a força funcional de um modo que não é possível em terra (Figura 2.7). Equipamentos comuns para exercícios em terra exigem que sejam feitos ajustes no aparelho, de acordo com as características do nosso corpo; a capacidade de ajuste de muitos deles pode oferecer boa adaptação apenas para um pequeno segmento de pessoas que se encaixa em certa faixa de tamanho e geometria das articulações. O *design* da estação Aquatrend permite que se fortaleça, tonifique e melhore a mobilidade articular adaptando os movimentos funcionais naturais de cada pessoa, não importando seu tamanho ou forma do corpo. A estação pode ser usada com sucesso em casa ou em programas de reabilitação, condicionamento e treinamento. Os seus programas de exercícios alcançam mais de 600 músculos do corpo humano e isentam os usuários das limitações da gravidade. Para exercícios de flexão na barra, por exemplo, esse equipamento faz com que o corpo flutue apenas o suficiente para auxiliar no movimento de modo que possa ser executado com a técnica apropriada, com conforto e sem tensão. Uma ampla variedade de usos inclui alongamento muscular, trabalho com a estabilidade pélvica e conquista do alinhamento corporal. Entre em contato com os distribuidores 1, 4 ou 6.

Figura 2.7 A estação de treinamento de resistência Aquatrend expande as opções de treinamento funcional, de força e de flexibilidade na piscina. Foto por cortesia de Aquatic Trends.

- **Bicicleta aquática.** Bicicletas estacionárias aquáticas submergíveis permitem que pedalemos contra a resistência suave e natural da água. Ajustes para cinco níveis de intensidade de exercícios permitem que o usuário aumente a dificuldade dos programas de treinamento ou personalize para níveis iniciante, intermediário e avançado. Ao escolher uma bicicleta aquática, certifique-se de que ela tem selim e guidão ajustáveis, de modo que possam ser adaptados com a forma corporal de cada usuário, prevenindo lesões causadas por posicionamento impróprio no assento. Para saber mais sobre bicicletas aquáticas, entre em contato com os distribuidores 3, 6, 14 ou 15.

- **Esteira aquática.** Existem muitas opções de esteiras aquáticas. As do fabricante Aquatic Therapy Source (ATS) usam uma base plana não-motorizada e uma esteira de caminhada praticamente sem fricção. O usuário determina a velocidade caminhando ou correndo no ritmo desejado, e a esteira de caminhada reage para combinar-se com o impacto recebido dos seus pés. A resistência é produzida pela área de superfície do corpo do usuário enquanto ele se move pela água e aumenta drasticamente com a elevação mais leve no ritmo das passadas. Essa esteira, em particular, não tem componentes eletromecânicos ou eletrônicos que possam quebrar rapidamente no ambiente de uma piscina, roletes que possam causar lesões nas solas dos pés, nem ajustes ou mecanismos na esteira (o sistema é autoajustável). Ela apresenta uma plataforma para passadas, próxima ao piso da piscina, que permite a submersão com água até o peito em piscina com apenas 1,20 m de profundidade. Para saber mais sobre esteiras submergíveis, entre em contato com os distribuidores 1, 3, 11, 14 ou 15.
- **Assistente para caminhada na água.** O assistente para caminhada na água da Sprint representa um instrumento de baixo custo que pode melhorar o equilíbrio e a marcha ao aumentar a força nas pernas e no tronco. A sua estrutura de flutuação oferece apoio para os braços e para a parte superior do corpo e tem pegadores acolchoados para maior conforto. Para saber mais sobre o assistente de caminhada na água, entre em contato com o distribuidor 14.

Distribuidores e Fabricantes de Equipamentos

1. ActiveForever	Site na internet: www.activeforever.com/Products
	Ligação gratuita (EUA): 800-377-8033
2. AQX Sports	Site na internet: www.aqxsports.com
	Ligação gratuita (EUA): 800-203-1276
3. Aquatic Therapy Source	Site na internet: www.pooltherapy.com
	(número telefônico não disponível)
4. Aquatic Trends Inc.	Site na internet: www.aquatictrends.com
	Ligação gratuita (EUA): 800-775-9588
5. Burdenko Water and Sports Therapy Institute	Site na internet: www.burdenko.com
	Telefone (EUA): 781-862-3727
6. Excel Sports Science	Site na internet: www.aquajogger.com
	Ligação gratuita (EUA): 800-922-9544
7. H_2O Wear	Site na internet: www.h2owear.com
	Ligação gratuita (EUA): 800-321-7848
8. HYDRO-FIT	Site na internet: www.hydrofit.com
	Ligação gratuita (EUA): 800-346-7295

9. Hydro-Tone	Site na internet: www.hydro-tone.com/
	Ligação gratuita (EUA): 800-622-8663
10. Jun Konno-Aqua	Site na internet: www.aqua-adi.co.jp
Dynamics Institute	Telefone: +81-45-544-9098 (Japão)
11. Recreonics	Site na internet: www.recreonics.com
	Ligação gratuita (EUA): 800-428-3254
12. Speedo	Site na internet: www.speedousa.com
	Ligação gratuita (EUA): 888-477-3336
13. Splash International	Site na internet: www.splashinternational.com
	Ligação gratuita (EUA): 888-775-2744
14. Sprint-Rothhammer International	Site na Internet: www.sprintaquatics.com
	Ligação gratuita (EUA): 800-235-2156
15. Thera-Band	Site na internet: www.thera-band.com
	Ligação gratuita (EUA): 800-321-2135 (somente para a região)
	Telefone: 330-633-8460 (fora dos Estados Unidos)
16. Tyr Sport Inc.	Site na internet: www.tyr.com
	Telefone (EUA): 714-897-0799
17. WaterWorkOut	Site na internet: www.waterworkout.com
	Ligação gratuita (EUA): 800-566-2182
18. The X Vest	Site na internet: www.thexvest.com
	Ligação gratuita (EUA): 800-697-5658
19. Zura Sports	Site na internet: www.zura.com
	Ligação gratuita (EUA): 800-890-3009

N.R.: Os endereços dos distribuidores e fabricantes dos equipamentos acima são norte-americanos, sendo apenas um japonês. Portanto, acesse os *sites* somente para visualização e conhecimento dos produtos. A compra não será possível, pois os equipamentos não são enviados a outros países. Produtos similares podem ser encontrados em lojas de equipamentos esportivos no Brasil.

Entendendo as Fases de uma Rotina Aquática

É sempre importante entender mais sobre os princípios básicos que influenciam a capacidade do corpo para tornar-se mais condicionado e aumentar a sua capacidade funcional. Os princípios do condicionamento físico oferecem as ferramentas fundamentais para o aperfeiçoamento do nível de aptidão. Use essas ferramentas para tomar decisões sensatas e fazer planos eficazes de exercícios, não importando se os introduziu recentemente em seu estilo de vida ou se está adicionando-os em um programa já existente para o condicionamento físico.

Princípios da Aptidão Física

Os tecidos adaptam-se à carga a qual são expostos. Assim, para tornar-se mais forte e aumentar a capacidade funcional, use o *princípio da sobrecarga*. Os músculos, incluindo o coração, tornam-se mais fortes quando colocamos demandas cada vez maiores sobre eles do que estão acostumados a suportar. O conceito de sobrecarga vem da mitologia grega antiga com a história de Milo de Crotona, que desejava tornar-se o homem mais forte da Grécia. Quando jovem, começou a levantar um jovem touro todos os dias; à medida que o animal crescia, a força de Milo aumentava. No fim, desenvolveu força suficiente para erguer o touro já adulto. Esse método é chamado de *exercício de resistência progressiva.*

O princípio da sobrecarga refere-se a esta característica dinâmica das criaturas vivas: se um tecido ou sistema orgânico é desafiado a trabalhar contra uma carga maior que a de hábito, ele se torna mais apto e capacitado (desde que o desafio não seja excessivo o suficiente para causar lesão e a técnica seja segura e apropriada). Por exemplo, se um músculo é alongado um pouco mais do que o habitual, ele se tornará mais flexível. Ao exercitar-se um pouco mais ou com mais intensidade do que está acostumado, a resistência cardiorrespiratória e muscular aumentará. Mais repetição ou maior resistência desafia os músculos, tornando-os mais fortes e mais firmes. A lesão ocorre quando o princípio da sobrecarga ultrapassa os limites.

As variáveis que contribuem para a sobrecarga incluem frequência, intensidade, tipo e tempo (duração) dos exercícios, às vezes denominado *princípio FITT*. O segredo para o sucesso é aumentar apenas uma dimensão (frequência, intensidade ou duração) por vez em uma pequena margem, como 5 a 10% do nível anterior. Se um novo tipo de exercício estiver sendo experimentado, comece com intensidade mais baixa, menos tempo e talvez menor frequência do que faria com uma forma de exercício já realizada regularmente há algum tempo. As pessoas em geral se lesionam quando aumentam a carga de forma demasiada, cedo demais ou em muitas dimensões de uma só vez.

O *princípio da reversibilidade* dita que o nível de aptidão declina gradualmente se o praticante se torna inativo. Se um sistema, músculo ou órgão não é suficientemente exercitado com regularidade, nossos ganhos em condicionamento físico são perdidos. Em outras palavras, "se não usamos, perdemos". Se o indivíduo passa alguns dias ou semanas sem se exercitar, ele não precisa se preocupar – é possível retornar ao programa original, porém é importante reiniciá-lo gradualmente. Voltar direto para o programa no nível anterior de exercício pode ocasionar lesões, e é o que ocorre com frequência.

Especificidade do exercício significa executar um exercício que trabalhe especificamente o componente do condicionamento físico, o sistema corporal e os músculos que deseja aperfeiçoar. Por exemplo, é preciso realizar atividade aeróbica para fortalecer o sistema de energia aeróbica, queimar gordura ou aumentar a resistência do sistema cardiovascular; exercícios de flexibilidade para os isquiotibiais são realizados a fim de aumentar a flexibilidade desses músculos. Quando sobrecarregamos os músculos abdominais para aumentar a força, não há produção de qualquer benefício na forma de maior aptidão aeróbia para o sistema cardiovascular. A razão é que o tipo de treinamento determina o efeito e os músculos que serão usados. Os músculos usados para correr tornam-se mais resistentes à fadiga com corridas, não com treinamento de força.

Estrutura de uma Sessão de Exercícios

Os exercícios na água visam melhorar a aptidão física, elevar a capacidade física, melhorar a saúde e a qualidade geral de vida. Para conquistar os ganhos potenciais com a sessão – incluindo resistência cardiorrespiratória, composição corporal, flexibilidade, resistência muscular e força muscular –, você deve construir seu programa de acordo com um padrão fisiologicamente determinado, que levará os sistemas musculoesquelético e cardiovascular, de forma gradual, a um desafio maior, reduzindo assim o risco de dor, lesão ou doença.

1. **Aquecimento térmico.** Sempre que se exercitar, comece com movimentos de aquecimento com velocidade e amplitude de baixas a moderadas. Os movimentos ajudam na sintonia com o corpo e aumentam o fluxo sanguíneo nos músculos.
2. **Alongamento do aquecimento.** Músculos aquecidos alongam-se com mais facilidade. Siga o Aquecimento Térmico com uma sequência de alongamento para preparar os músculos para exercícios mais intensos e prevenir lesões.
3. **Exercícios aeróbicos.** Exercícios aeróbicos melhoram a resistência cardiorrespiratória e a composição corporal. O componente aeróbico consiste em movimentos amplos executados continuamente, que mantêm a frequência cardíaca elevada dentro da zona-alvo aeróbica. Comece com um aquecimento aeróbico de intensidade leve para permitir que o corpo se adapte à demanda do esforço cardiorrespiratório e para prevenir resposta adversa ao choque da atividade súbita de alta intensidade. Uma atividade de resfriamento gradual no fim dos exercícios aeróbicos é essencial, porque reduz gradualmente a frequência cardíaca e previne acúmulo excessivo de sangue nos braços e nas pernas.
4. **Fortalecimento e tonificação muscular.** Ao realizar a sessão aeróbica de exercícios antes do fortalecimento e da tonificação muscular, os músculos estabilizadores estarão prontos e aptos para executar adequadamente a sua ação durante os exercícios aeróbicos, em vez de já estarem cansados, pois os exercícios de fortalecimento levam os músculos ao ponto de fadiga. Esses exercícios aumentam a força muscular, a resistência em grupos musculares específicos e a massa magra de tecido muscular, melhoram a composição corporal e elevam a taxa metabólica.
5. **Alongamento final de resfriamento.** A sequência de exercícios aquáticos termina com um resfriamento final, consistindo em exercícios de alongamento e relaxamento para a redução da frequência cardíaca adicional, a prevenção de dor muscular, o aumento da flexibilidade e o restabelecimento do equilíbrio corporal.

MITOS E ENGANOS

Mito: Pensava-se que era arriscada a participação de pessoas com pressão arterial alta em treinamento de força.

Falso: Estudos demonstraram claramente que o treinamento de força não aumenta a pressão arterial e pode, na verdade, reduzir os níveis da pressão sanguínea com o tempo, já que os tecidos se tornam mais magros e o metabolismo melhora. Entretanto, certifique-se de estar *respirando* ao executar o treinamento de resistência. Prender a respiração causa a *manobra de Valsalva*, que eleva a pressão sanguínea e pode ser perigosa, ou mesmo fatal. Portanto, inspire e expire profunda e suavemente durante a sessão inteira, em especial durante a sequência de fortalecimento e tonificação. Quando a pressão arterial elevada for um problema, use resistência mais baixa, diminua o ritmo e aumente o número de repetições para reduzir a tensão e evitar a pressão sanguínea potencialmente alta. Consulte sempre um médico antes de iniciar qualquer programa de exercícios, sobretudo se você tiver histórico pessoal ou familiar de hipertensão.

Técnica apropriada, alinhamento corporal, proteção das articulações, aquecimento adequado, resfriamento, alongamento e progressão gradual contribuem significativamente para a execução de um condicionamento físico produtivo e livre de lesões. As seções a seguir explicam como incorporar cada um desses fatores em um treinamento aquático completo. O Treinamento Aquático Básico consiste em uma sessão de 45 a 60 minutos planejada para exercitar cada parte do corpo. Ela segue a sequência prescrita na Tabela 3.1.

TABELA 3.1 Rotina aquática básica

Componente do exercício	Duração
Aquecimento térmico	3-5 minutos
Alongamento do aquecimento para prevenir lesões	3-5 minutos
Exercício aeróbico – Aquecimento, nível moderado, intensidade máxima, moderada e resfriamento	15-30 minutos
Fortalecimento e tonificação muscular	5-15 minutos
Alongamentos finais de resfriamento	5-10 minutos

Aquecimento Térmico

Um programa se inicia com aquecimento térmico e rítmico para preparar o corpo para os exercícios. Durante o Aquecimento Térmico, há uma pequena elevação na temperatura dos músculos, tornando-os mais elásticos em consequência do maior fluxo sanguíneo ocorrido quando estão em ação. As articulações se lubrificam de forma gradual, o que proporciona mais conforto em uma amplitude maior de movimentos. O aquecimento ajuda na preparação do corpo para o desafio de aumento na intensidade e torna os músculos mais maleáveis para o alongamento estático. O aquecimento antes dos exercícios geralmente começa com movimentos de velocidade baixa a moderada na piscina para elevar a temperatura do corpo. Há muitos movimentos de aquecimento, com ilustrações, no Capítulo 5, Benefícios dos Movimentos Aeróbicos (ver os movimentos 1-11 e 31-35). O Aquecimento Térmico eleva a taxa de produção de energia do corpo, aumenta o fluxo sanguíneo e o oxigênio para os músculos em funcionamento e melhora a resposta dos músculos antes do alongamento.

O aquecimento também melhora as reações dos sistemas nervoso e cardiopulmonar (coração, pulmões e sistema circulatório), dos tendões e dos ligamentos. Esses efeitos reduzem o risco de lesão, pois melhoram a coordenação, adiam a fadiga e tornam os tecidos corporais menos suscetíveis a danos.

Alongamento do Aquecimento

Alongar músculos aquecidos proporciona uma sensação melhor do que alongar músculos frios. Além disso, o alongamento reduz o risco de lesões. Mantenha um alongamento firme, estático e sem balanços do corpo alongando os músculos até onde haja resistência confortável, mais do que isso não é recomendável; a dor é sinal de estiramento. Nesse caso, alivie o alongamento ou reveja a descrição e ilustração do exercício, examinando seu posicionamento, para ver se precisa ser ajustado. Consulte o Capítulo 4, Aquecimento e Resfriamento, para toda a sequência de alongamentos de aquecimento. Execute cada alongamento durante cada rotina de exercício, para garantir a flexibilidade geral.

Limite seus alongamentos a cada 10 segundos para evitar superestiramento. As lesões ocorrem quando nos alongamos além da amplitude normal de movimentos, balançamos o corpo durante o alongamento ou ficamos em uma posição que coloca estresse indevido sobre as costas ou as articulações. Se você estiver se condicionando para um esporte, pode preparar seu corpo ensaiando os movimentos relativos a ele após alongar-se estaticamente e antes de chegar à intensidade aeróbica. Durante o alongamento de resfriamento, trabalhe sobre a flexibilidade, mantendo o alongamento por mais tempo, aproximadamente 20 segundos. Alongue-se até um ponto de resistência confortável, respire profundamente e siga com atenção as instruções referentes às posições.

Exercícios Aeróbicos

A finalidade do segmento aeróbico é melhorar a resistência cardiorrespiratória e treinar o corpo para queimar gordura, desafiando o coração, os pulmões e o sistema de envio de oxigênio para os músculos em funcionamento. Para atingir esse objetivo, esforce-se para manter a frequência cardíaca contínua ou descontinuamente em uma intensidade aeróbica moderada, por 30 minutos, 5 dias por semana, com um mínimo de 10 minutos por turno. Ou então faça uma atividade aeróbica rigorosa durante 20 minutos por dia, 3 dias por semana. Movimentos que envolvem os grupos musculares maiores do corpo e que são mantidos ritmicamente ao longo do tempo produzem condicionamento aeróbico. Natação, esqui *cross-country*, caminhadas, trilhas, corridas e ciclismo se caracterizam como exercícios aeróbicos.

Seu corpo apontará o nível de esforço a ser empregado. Use os métodos de automonitoramento descritos em Resistência Cardiorrespiratória e Aeróbica, nas páginas 8-13 do Capítulo 1, Melhorando a Aptidão Física com Exercícios na Água, para garantir que esteja trabalhando em uma taxa apropriada de intensidade aeróbica. Exercite-se em uma taxa moderada se desejar perder peso ou voltar à forma física. Busque executar níveis moderados de exercícios aeróbicos para evitar a fadiga, que resulta no envolvimento do sistema de queima anaeróbica de açúcar, e para prevenir lesões por estresse e uso excessivo. Exercícios moderados conquistaram o entusiasmo e o apoio da comunidade médica e profissional da saúde. A atividade aeróbica de alta intensidade está associada com benefícios cardiovasculares um pouco maiores, mas também com aumento de lesões relacionadas aos exercícios. Estudos extensos têm demonstrado que níveis moderados de exercícios aeróbicos produzem de forma clara excelentes resultados para o aumento da longevidade e previnem doenças.

Variação da Intensidade

Varie a intensidade dos exercícios aeróbicos para desafiar os sistemas corporais de forma gradual, permitindo assim que esfriem aos poucos. Comece com um aquecimento aeróbico realizando os movimentos de aquecimento apresentados no Capítulo 4, Aquecimento e Resfriamento, e no Capítulo 5, Benefícios dos Movimentos Aeróbicos. Avance lentamente para movimentos intermediários e, depois, de forma gradual, execute-os até a intensidade máxima, reduzindo aos poucos para aeróbica intermediária e terminando com resfriamento aeróbico. Essa sequência – aumento gradual da intensidade, seguido por redução gradual – é muito importante para proteger o sistema cardiovascular de mudanças abruptas, que podem ser acionadas em um evento cardiovascular adverso, e para prevenir dores e lesões. A parada repentina do esforço aeróbico pode causar acúmulo de sangue nos membros, o que coloca tensão desnecessária no coração, enquanto o corpo se esforça para levá-lo de volta ao tronco. Parar a atividade aeróbica enquanto ainda está em intensidade máxima também impede que o corpo elimine um subproduto da atividade aeróbica intensa, o *ácido lático*, que se aloja nos músculos e causa dor no dia seguinte caso não seja feita uma redução gradual da intensidade durante alguns minutos para esgotá-lo. Aumente a intensidade acelerando aos poucos o ritmo dos movimentos usando o arrasto (empurrando uma área maior pela água) ou com alavancas maiores (as mais longas produzem mais resistência). A Tabela 3.2 oferece uma recomendação de progressão aeróbica.

Altere os Movimentos Gradualmente

Troque um movimento por outro de forma gradual para que o corpo possa se ajustar com segurança. Transições suaves reduzem o risco de lesão. Deslizar facilmente de um movimento para outro requer prática, mas o esforço vale a pena e é realizado de forma natural após um curto tempo. Transições podem ser feitas com mais facilidade quando um movimento simples entre duas ações complexas é usado. Em outras palavras, alterne entre exercícios simples (Trote com Pedalada, Polichinelos Aquáticos, Marcha ou Corrida com Elevação dos Joelhos, Elevação dos Calcanhares) e movimentos mais complexos (Passada Ampla Lateral, Cavalo de Balanço, Esqui *Cross-Country*). Consulte o

Capítulo 5, Benefícios dos Movimentos Aeróbicos, e o Capítulo 7, Intensificando os Exercícios, para instruções e fotografias dos exercícios.

TABELA 3.2 Sugestão de Progressão Aeróbica

Aquecimento aeróbico e aeróbica intermediária	Comece com movimentos contínuos e fáceis, que trabalhem os grandes músculos. O aumento progressivo na atividade permite que os sistemas cardiovascular e musculoesquelético se ajustem gradualmente a crescentes demandas do exercício. Execute movimentos menores e mais lentos no começo; depois, acelere o ritmo aos poucos, use movimentos maiores cobrindo uma área mais ampla enquanto se move pela piscina.
Aeróbica máxima	Agora que sua intensidade foi aumentada, continue exercitando-se nessa frequência cardíaca elevada. Faça movimentos amplos e controlados, mude de direção, ande pela piscina, varie passos altos e baixos, salte e chute e mantenha uma intensidade alta dentro de sua faixa de trabalho.
Aeróbica intermediária e resfriamento aeróbico	Muitas pessoas se esquecem de resfriar o corpo de forma gradual, alterando movimentos maiores para menores de forma progressiva, reduzindo o percurso na piscina e diminuindo o impacto pela eliminação de movimentos com saltos. O resfriamento aeróbico permite que o corpo se reabilite gradualmente a uma intensidade menor, reduzindo o risco de dano ao sistema cardiovascular. Complicações cardíacas ocorrem com maior frequência quando os exercícios cessam repentinamente; assim, continue baixando sua frequência cardíaca aos poucos para 120 batimentos por minuto ou para a faixa mais baixa da sua zona-alvo, o que for menor. O resfriamento gradual ajuda a prevenir acúmulo excessivo de sangue nas extremidades, previne tonturas e reduz a dor muscular. Evite dor nas panturrilhas mantendo os calcanhares totalmente apoiados no piso da piscina cada vez que baixá-los, sempre que a posição corporal permitir. Além disso, beber bastante água ajuda a prevenir cãibras musculares.

Algumas transições são chamadas de *progressões,* porque são acrescentadas ao exercício mudando apenas um aspecto do movimento de cada vez. Por exemplo, inicie um movimento dos braços sem mudar o movimento das pernas e depois mude a direção ou altura do exercício.

O importante é evitar mudar muitos aspectos de uma só vez. Adicionar mudanças uma a uma é mais confortável e permite que o exercício seja realizado com suavidade e continuamente. Os vários tipos de mudanças feitas durante transições incluem:

- mudanças de ação na região superior do corpo;
- mudanças de ação na região inferior do corpo;
- atividade estacionária *versus* movimentos de um lugar para outro;
- mudanças de direção (virar ou caminhar para a esquerda, direita, para a frente ou para trás);
- movimentos para a frente ou para trás *versus* movimentos laterais (lado a lado);
- mudanças na altura dos movimentos (alta, baixa e média);
- flutuação vertical *versus* horizontal.

Você pode criar um aumento gradativo das suas mudanças, adicionando uma ação simples, passo a passo, e transformando-a em um movimento mais complexo. Para criar esse aumento, acrescente novas transições, uma de cada vez, ao movimento inicial mais simples. Ou, ainda, mude continuamente vários aspectos dos movimentos para progredir por uma variedade de movimentos. Essa variedade o mantém motivado, faz com que os músculos sejam trabalhados de forma homogênea e impede o uso excessivo de um grupo muscular em detrimento de outro.

Precauções para o Exercício

Distribua os exercícios dos vários grupos musculares por igual usando movimentos para a frente, para trás e para os lados, assim como diversos exercícios em diagonal. Frequentemente nos esquecemos de trabalhar os músculos das laterais e posteriores do corpo. Lembre-se com frequência de exercitar a parte posterior do corpo, com chutes para os lados e elevação dos calcanhares (Flexão Posterior dos Joelhos). A Figura 3.1 ilustra exemplos de movimentos para a frente, para o lado e para trás para o condicionamento equilibrado. Varie o estresse sobre as articulações alternando movimentos com frequência, como a cada 8 ou 16 contagens. O objetivo durante a sessão aeróbica é escolher exercícios que desafiem diferentes grupos musculares, ao invés de trabalhar o mesmo grupo muscular repetidamente, da mesma forma. Concentre-se em manter a posição neutra protegida durante todos os exercícios aeróbicos, particularmente quando estiver saltando, retornando ao solo ou levantando os braços.

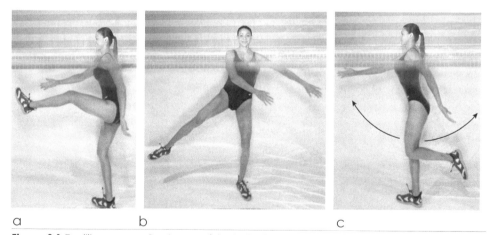

Figura 3.1 Equilibre sua sessão de exercícios trabalhando (a) os músculos frontais, (b) os laterais e (c) os posteriores.

Fortalecimento e Tonificação Muscular

A tonificação é o principal objetivo para muitas pessoas que se exercitam. Entretanto, o fortalecimento muscular uniforme também pode melhorar a resistência a lesões, aumentar a resistência muscular e auxiliar no controle do peso, melhorando a razão de tecido magro para tecido adiposo (a gordura não pode se tornar músculo, nem o músculo, gordura. Esta deve ser queimada aerobicamente, e o tecido muscular é desenvolvido pela execução de exercícios de fortalecimento e resistência).

Se for preciso proteger uma área que sofreu lesão ou se mostra sensível, execute mais repetições com resistência baixa para incentivar os benefícios sem dor. Para conquistar força máxima, trabalhe com maior resistência e faça menos repetições. Adicione resistência empregando o próprio peso corporal ou usando equipamentos para resistência. Coordene o treinamento de flexibilidade, a progressão gradual e o aquecimento apropriado com treinamento de força, a fim de garantir a prevenção adequada de lesões.

MITOS E ENGANOS

Mito: Mulheres devem evitar o treinamento de força para não ganhar músculos grandes e volumosos.

Falso: Em virtude das diferenças nos níveis hormonais entre homens e mulheres, apenas eles desenvolvem músculos muito protuberantes. Para terem músculos grandes, as mulheres precisam tomar hormônios masculinos (esteroides); entretanto, o seu uso é ilegal para ambos os gêneros, em razão dos numerosos efeitos graves provocados pelo abuso de esteroides anabólicos.

Força central é o termo usado para descrever o aspecto do condicionamento físico que desenvolvemos, melhorando as funções estabilizadoras da cintura pélvica (músculos, tendões e ligamentos do abdome, costas, nádegas, quadril e coxas) e as articulações de todo o sistema musculoesquelético. A força central é particularmente importante para a prevenção e recuperação de lesões e ajuda a manter uma funcionalidade adequada na vida diária, mesmo em idade avançada. A melhora na força central traz benefícios ao desempenho esportivo e previne quedas. Cada um dos segmentos de fortalecimento descritos contém importantes dicas de estabilização para a sua melhora.

Abdominais

Exercícios abdominais e dorsais representam uma das atividades mais benéficas e universais que podem ser realizadas para a boa forma física. Embora os exercícios abdominais não favoreçam uma cintura mais delineada (obtida apenas com exercícios aeróbicos regulares e uma dieta nutritiva e equilibrada em termos de energia, com alto consumo de vegetais e frutas e baixo teor em gorduras), eles são essenciais para a boa postura, previnem lesão na região lombar e proporcionam apoio adequado para o estômago e o intestino. O grupo muscular abdominal (Figura 3.2) flexiona, gira e contrai o tronco. O corpo está habituado a usar esse grupo para proteger as articulações pélvicas e vertebrais, enquanto se executa tarefas cotidianas; daí o seu papel tão importante na força central. Músculos abdominais fortes contribuem para a estabilidade do tronco e da pelve, o que é crucial para a prevenção de lesões em longo prazo, para a mobilidade física e a independência na idade mais avançada.

A água é o ambiente ideal para exercícios abdominais, por proteger as costas de lesões durante os desafios em que se pretende obter músculos abdominais fortes e definidos. Nesse meio, a flutuabilidade permite o desafio à gravidade, principal responsável pelo início das dores lombares. Os longos períodos na posição sentada e a pressão para baixo, exercida pela gravidade, criam os mecanismos mais comuns para a origem da dor lombar. A flutuabilidade retira o estresse das articulações envolvidas na maioria dos movimentos realizados na água e, no caso de exercícios abdominais, ela retira o estresse das articulações vertebrais.

Muitas pessoas consideram exercícios abdominais realizados em terra difíceis e ineficazes. Para iniciantes, o seu domínio é difícil, e até mesmo aqueles com experiência na prática de exercícios podem se expor a lesões ao forçarem o pescoço para a frente ou ao arquearem as costas enquanto se esforçam para adquirir resultados. Exercícios abdominais realizados na água permitem usar a resistência da água em seu ambiente protetor de flutuação. Com as técnicas apropriadas, você pode aumentar sua força trabalhando os músculos abdominais sozinhos ou em coordenação com as costas e o quadril. Aprenda sobre controle muscular, posicionamento e respiração executando os exercícios abdominais descritos no Capítulo 6, Fortalecimento e Tonificação.

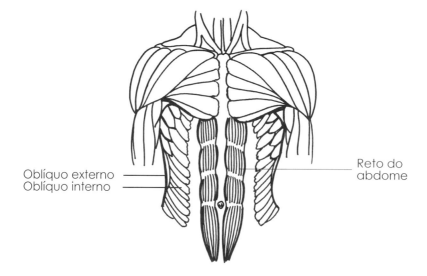

Figura 3.2 Os músculos abdominais incluem o reto do abdome e os oblíquos externo e interno.

Precauções para o exercício. Evite exercícios que forcem as costas em uma hiperextensão sem proteção (arqueamento da região lombar) durante o movimento. A menos que você esteja em um nível avançado de condicionamento, evite exercícios que seja preciso segurar um halter flutuante ou outros dispositivos de flutuação com os braços estendidos (o que pode colocar tensão nas articulações das costas, dos ombros, do pescoço e do cotovelo). Ao usar halteres flutuantes, segure-os com firmeza sob os braços com as palmas abertas em torno das alças. Segurar as alças com muita força pode elevar a pressão arterial ou agravar a artrite nas mãos. Pessoas que não se sentem confortáveis ao segurá-los (por terem lesões nos ombros, artrite, bursite ou limitações nas mãos) devem usar equipamentos alternativos de flutuação, como cinturões, boias, coletes, braçadeiras ou outros dispositivos apropriados que não forcem uma posição para a frente, para trás ou instável.

Quando se cansam, os músculos abdominais não conseguem mais proteger a coluna da hiperextensão que produz dor. Exercícios lentos e contínuos em um ritmo moderado finalizados antes do ponto de fadiga podem evitar o desenvolvimento de lesão na região lombar causada por exercícios abdominais em excesso. Na água, muitas pessoas conseguem executar mais exercícios com melhor controle, manter uma posição corporal mais confortável e ganhar mais força com risco reduzido de lesão.

Costas

Além do fortalecimento dos músculos abdominais e do condicionamento de flexibilidade para as costas e a parte inferior do corpo, as recomendações médicas incluem a manutenção dos fortes músculos extensores das costas para prevenir a dor na região lombar causada por fraqueza muscular. Para fortalecer suavemente esses músculos enquanto se está em pé na piscina, comece posicionando-se com as costas retas, como mostrado na Figura 3.3a, coloque as mãos no meio das coxas e então arqueie as costas para o alto, formando uma "corcova" (ver Figura 3.3b). Depois, volte à posição com as costas retas, apoiando continuamente seu peso com as mãos nas coxas. Para melhor flexibilidade e força nas costas, repita lentamente o exercício ilustrado nas Figuras 3.3a e b diversas vezes e finalize com um alongamento estático por 20 segundos na posição mostrada na Figura 3.3b.

a b

Figura 3.3 Extensões das costas: comece em (a) posição plana e (b) encurve as costas em forma de corcova.

Precauções para o exercício. Cada corpo é único, assim como a região das costas. Quando forçamos demais ou muito cedo uma posição em um exercício, as costas geralmente são a primeira área a ser atingida. Nos exercícios para essa região, como ocorre com todos os exercícios, trabalhe dentro da sua amplitude de movimentos controláveis e nunca force ao sentir dor. A dor é um sinal para interromper ou mudar o que você está fazendo para adequar o seu nível de aptidão atual, aperfeiçoar a biomecânica ou ajustar a postura de estabilização.

Região Superior do Corpo

A força estável nos músculos da parte superior do tronco (Figura 3.4) pode ajudar a prevenir ou corrigir problemas de postura, como ombros encurvados ou dor no pescoço. Exercícios aquáticos equilibram e fortalecem os ombros, o peitoral e a região superior das costas (coluna cervical e torácica), trabalhando o corpo contra a resistência em ambas as direções, durante o mesmo exercício. O programa completo de exercícios, ilustrado no Capítulo 6, Fortalecimento e Tonificação, oferece uma sequência que condiciona os músculos da parte superior do corpo para o desenvolvimento de uma musculatura saudável e equilibrada.

Inicie sem discos ou resistência e então eleve aos poucos o nível de intensidade, adicionando equipamento de resistência; comece em um ritmo mais baixo, aumentando-o à medida que a força aumentar.

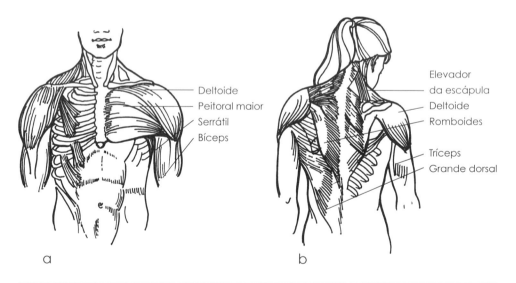

Figura 3.4 Músculos da parte superior do corpo, (a) frontais e das (b) costas.

Precauções para o exercício. Mantenha uma posição estável, apoiando os pés com firmeza no fundo da piscina e alinhando o corpo na posição neutra (Figura 3.5a). Certifique-se de manter as escápula abaixadas e para trás;

essa posição estimula e condiciona os músculos estabilizadores a fazer um trabalho melhor e representa um elemento essencial para o aumento da força central. Os músculos do tronco trabalham como estabilizadores para a parte superior do corpo durante os exercícios e a maioria das tarefas diárias. À medida que ganhar mais força, poderá marchar no lugar para permanecer aquecido. Evite hiperestender a região lombar (Figura 3.5b).

Parte Inferior do Corpo

Familiarize-se com a anatomia da parte inferior do seu corpo (Figura 3.6). Embora melhoras na aparência ajudem a aumentar a motivação, o objetivo real é ganhar força nos joelhos, no quadril e na região lombar. Exercícios aeróbicos reduzem os depósitos de gordura no corpo. Aparência saudável, postura atraente e melhor prevenção de lesões se tornam possíveis com músculos equilibrados e condicionados. Exercite coxas, nádegas e quadril em todas as direções – para a frente, para trás e para os lados – realizando o Chute para a Frente, a Flexão Posterior dos Joelhos e a Passada Lateral com Avanço. Fortaleça e tonifique coxas, quadril, nádegas e costas com Elevação dos Joelhos, Elevação dos Calcanhares e Elevação Lateral de Perna. Execute o Agachamento Aquático para fortalecer tronco, joelhos, costas, nádegas e coxas e o inclua em combinações de movimentos para trabalhar toda a parte inferior do corpo ao mesmo tempo com eficácia.

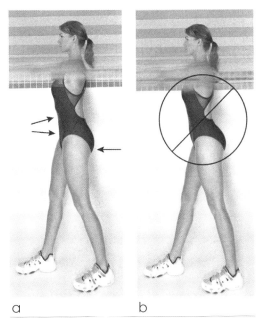

Figura 3.5 Comece em (a) posição neutra protegida com uma perna na frente e a outra atrás, contraindo os abdominais e as nádegas. Evite hiperextensão da coluna vertebral (b).

Para melhorar a força nas canelas, ande sobre os calcanhares ou dê batidinhas no solo com os dedos dos pés, para trabalhar a parte frontal inferior das pernas. A maior parte dos exercícios aeróbicos executados em água rasa trabalha a panturrilha, de modo que as canelas precisam ser fortalecidas para manter os músculos em harmonia e prevenir lesões.

Consulte o Capítulo 6, Fortalecimento e Tonificação, para visualizar exercícios específicos de fortalecimento e tonificação da parte inferior do corpo.

Precauções para o exercício. Concentre-se em proteger as costas durante os exercícios para a parte inferior do corpo usando forte controle dos músculos abdominais e mantendo postura pélvica neutra firme. Para garantir a segurança na região

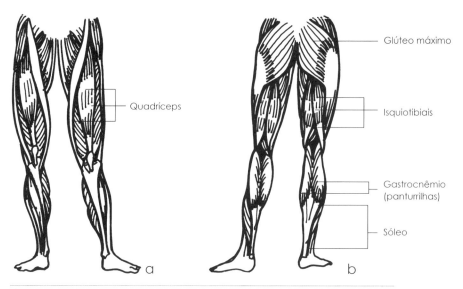

Figura 3.6 Músculos da parte inferior do corpo, frontais (a) e das costas (b).

lombar e melhorar a força central, mantenha a pelve na posição neutra e contraia os músculos do abdome e das nádegas durante todo o tempo, em cada exercício. Evite hiperestender a região lombar projetando o abdome e curvando as costas. Para proteger a coluna cervical e o pescoço, mantenha as escápulas abaixadas e para trás. Mova-se em um ritmo que permita executar cada exercício com controle completo, sem perder a posição estável.

Resfriamento e Alongamento

Músculos aquecidos respondem bem a exercícios de flexibilidade. Os alongamentos realizados no fim da rotina de exercícios visam manter ou aumentar a flexibilidade em torno das articulações. Durante o alongamento final, mantenha posições estáticas e estáveis por 10 a 20 segundos em cada alongamento, para permitir que o músculo relaxe por completo e resfrie na posição totalmente estendida. A flexibilidade adequada é o segredo para a prevenção de lesões. Entretanto, respeite seus limites; o alongamento nunca deve causar dor.

Precauções para o exercício. Mantenha-se posicionado e se alongue enquanto sentir uma resistência confortável, sem dor. A instabilidade durante o alongamento produz lacerações microscópicas no músculo, que podem, na verdade, encurtá-lo. Siga as instruções de alongamento com atenção para garantir que esteja na posição adequada, com todas as articulações protegidas. Os graus de flexibilidade são diferentes em cada indivíduo; assim, evite comparar-se com outra pessoa. Faça o que for mais confortável. Você pode estar mais flexível em alguns dias do que em outros; assim, preste atenção ao seu corpo e ajuste o grau de alongamento de acordo com a forma como se sente em determinado dia.

CAPÍTULO 4

Aquecimento e Resfriamento

Aqueça e resfrie seu corpo para melhorar a flexibilidade. Músculos e tendões flexíveis e ágeis são extremamente importantes na prevenção de lesões, o que permite mover-se e executar tarefas sem estiramentos indevidos. Entretanto, se eles estão rígidos e tensos, é possível levá-los facilmente além da amplitude normal de movimentos. Quando isso acontece, entorses, contorções e distensões musculares podem ocorrer. Portanto, para mantê-los flexíveis e ágeis, é importante realizar uma rotina estruturada de alongamento e mantê-la com regularidade, na maior parte dos dias da semana.

Aquecimento Térmico e Alongamento

Prepare o corpo para exercícios mais difíceis iniciando com um aquecimento leve e rítmico que progrida aos poucos, a fim de aumentar o fluxo sanguíneo e aquecer os músculos antes de alongá-los. Realize movimentos rítmicos de aquecimento e deixe que o ambiente refrescante da piscina desperte seus sentidos e estimule seu entusiasmo. Depois, complete a rotina de alongamento de forma correta para alongar os músculos e preparar os tendões antes de começar a atividade aeróbica e de tonificação muscular. Esse aquecimento pode prevenir lesões e reduzir a incidência ou o grau de dor. Sem uma sequência adequada de aquecimento e alongamento, os músculos e os tendões ficam tensos e rígidos. Além disso, o fluxo sanguíneo nas áreas em torno das articulações e das costas pode ser limitado, o que resulta em falta de oxigênio e nutrientes para os músculos – uma receita para lesão muscular ou dos tendões.

Antes de qualquer atividade, não se esqueça de aquecer-se totalmente e alongar todos os músculos e tendões que usará durante a atividade. Após o treino, o repouso e a recuperação são extremamente importantes, especialmente para atletas ou para qualquer pessoa cujo estilo de vida envolva atividade física cansativa. Garanta que os músculos repousem e se recuperem após sessões vigorosas.

Execute os exercícios de aquecimento térmico e alongamento em ordem numérica no começo de cada sessão de exercícios. Para melhores resultados, inclua todos os alongamentos listados, embora seja possível aquecer-se com qualquer movimento rítmico leve que não aumente a frequência cardíaca para a zona-alvo aeróbica máxima. A sequência de aquecimento e alongamento consome cerca de 10 minutos. Comece com água na altura da cintura ao peito. Durante todo o aquecimento e ao longo de toda a rotina aquática, concentre-se em estabilizar ou proteger a coluna na posição neutra, contraindo os abdominais e os glúteos. Nos casos em que a estabilização da coluna é particularmente importante, o aviso é repetido. A maioria das pessoas deve evitar o uso de equipamentos de resistência durante o aquecimento térmico. Para mais dicas sobre segurança e sucesso nos exercícios, consulte a Lista de Conferência de Prevenção de Lesões, no Capítulo 2, Preparando-se para os Exercícios Aquáticos.

Movimentos do Aquecimento Térmico (5 minutos)

Para iniciar o aquecimento térmico, entre na água e comece a movimentar-se. Quanto antes começar, mais rapidamente se sentirá confortável nesse ambiente. Quando estiver na água, poderá haver sensação de frio, porque ela dissipa o calor da pele, e o movimento aquece o sangue e os tecidos. Realize movimentos suaves e fluidos para aquecer-se; faça com que o corpo se acostume ao ambiente aquático para que sangue, fluidos, oxigênio e nutrientes sejam enviados para os músculos em funcionamento e para que as articulações sejam lubrificadas. Execute cada movimento rítmico por ordem ou alternadamente, repetindo durante todo o aquecimento térmico para maior variedade. Certifique-se de começar com passadas largas; dê ao seu corpo ampla oportunidade para aclimatar-se ao movimento no ambiente viscoso (mais resistente) da água e, em seguida, mude de forma contínua de um movimento para outro. Depois de aquecer-se ritmicamente por 5 a 10 minutos, os músculos e as articulações estão preparados para os alongamentos do aquecimento.

CAMINHADA NA ÁGUA — MOVIMENTO 1

Posição Inicial: em pé, com a coluna ereta, os músculos abdominais firmes e os glúteos contraídos para manter a pelve em posição neutra. Mantenha as escápulas abaixadas e para trás e o peito projetado para a frente.

Ação:
1. Dê passadas largas ou corra devagar 8 passos para a frente, depois volte 4 passos.
2. Permaneça em pé, ereto, e mantenha a posição pélvica neutra estabilizada ao longo de todo o exercício.
3. Deslize os braços relativamente estendidos para a frente e para trás nas laterais do corpo enquanto caminha.
4. Use os braços em oposição às pernas, isto é, quando der um passo à frente com a perna direita, deslize o braço esquerdo para a frente e vice-versa, com as palmas voltadas para as coxas. A maioria das pessoas precisa praticar esse movimento por algum tempo antes de ele se tornar natural. Essa técnica não apenas fortalece e tonifica os músculos, pois a sua ação de sincronizar alternadamente os braços e as pernas mantém o tronco ereto, enquanto aperfeiçoa a postura, o equilíbrio e a coordenação.
5. Continue dando passadas por alguns minutos até se sentir pronto para trocar de movimento.

Variações:
- Ande para a frente e para trás com passos curtos, longos, médios ou caminhando e chutando.
- Mova-se formando um círculo ou quadrado.

Quando estiver pronto para aumentar a intensidade,
- dê passadas amplas e controladas e
- salte elevando os calcanhares entre as passadas.

Dicas de Segurança: ao fazer círculos, certifique-se, na metade do movimento, de virar-se para a outra direção, para equilibrar as demandas físicas do corpo. Mesmo no aquecimento, o alinhamento postural é muito importante. Erga-se mantendo a cabeça ereta e leve as escápulas abaixadas e para trás. Mantenha o quadril e a pelve em posição neutra contraindo os músculos abdominais e os glúteos. Enquanto dá passadas, concentre-se em manter esse alinhamento corporal para a proteção e o fortalecimento dos músculos que protegem a coluna e previnem dor nas costas e no pescoço.

MOVIMENTO 2 — CORRIDA COM PEDALADA

Posição Inicial: coloque-se em posição para correr. Fique em pé, com os músculos abdominais firmes e os glúteos contraídos, para manter a pelve em posição neutra. Mantenha as escápulas abaixadas e para trás e o peito projetado para a frente.

Ação:
1. Em vez de levantar todo o pé do chão, como faria ao correr, levante alternadamente um calcanhar e depois o outro.
2. Empurre a água com os braços para cima e para baixo ou para trás e para a frente, em oposição às pernas.
3. Continue correndo e pedalando até sentir-se pronto para mudar para outra ação de aquecimento.

Dicas de Segurança: erga-se mantendo a cabeça ereta e leve as escápulas para trás e para baixo. Mantenha o quadril e a pelve em posição neutra, contraindo os músculos abdominais e os glúteos.

MOVIMENTO 3 — POMPA E CIRCUNSTÂNCIA

Posição Inicial: em pé, com a coluna ereta, os músculos abdominais firmes e os glúteos contraídos para manter a pelve em posição neutra. Mantenha as escápulas abaixadas e para trás e o peito projetado para a frente.

Ação:
1. Ande como faria durante uma caminhada normal, mas com passos exagerados. Com a perna direita, dê uma passada longa para a frente e, na mesma direção, balance o braço oposto a partir do ombro, cortando a água com a mão, com a palma voltada para a lateral do corpo ou em forma de concha para pegar a água. Mantenha as mãos sob a superfície da água durante os movimentos.
2. Passo unido: leve o pé esquerdo para a frente para encontrar o pé direito. Traga o braço de volta para a lateral do corpo.

3. Dê uma passada longa para a frente com a perna esquerda. Balance o braço oposto para a frente a partir do ombro, com a palma voltada para a lateral do corpo ou em forma de concha.
4. Passo unido: leve o pé direito para a frente para encontrar o pé esquerdo. Traga o braço de volta para a lateral do corpo.
5. Execute o mesmo exercício de costas para cruzar a piscina na direção oposta. Repita, movendo-se 8 passos para a frente e, em seguida, 8 passos para trás.

CORRIDA OU MARCHA COM ELEVAÇÃO DOS JOELHOS — MOVIMENTO 4

Posição Inicial: em pé, com a coluna ereta, os músculos abdominais firmes e os glúteos contraídos, para manter a pelve em posição neutra. Mantenha as escápulas abaixadas e para trás e o peito projetado para a frente.

Ação: eleve alternadamente um joelho e depois o outro, movendo os braços e as pernas em oposição um ao outro para elevar a resposta do corpo e aumentar a temperatura corporal.

1. Eleve o joelho direito enquanto pressiona o braço oposto para a frente a partir do ombro; mantenha o cotovelo levemente flexionado, cortando a água com a mão, com a palma voltada para a lateral do corpo ou em forma de concha para pegar água.
2. Baixe o pé e leve o braço de volta para a lateral do corpo.
3. Levante o joelho esquerdo enquanto pressiona o braço oposto para a frente a partir do ombro; mantenha o cotovelo levemente flexionado, cortando a água com a mão, com a palma voltada para a lateral do corpo ou em forma de concha para pegar água.
4. Baixe o pé e leve o braço de volta para a lateral do corpo.

Variações:
- Corrida: corra sem sair do lugar, saltando de um pé para o outro enquanto eleva os joelhos.
- Marcha: impulsione o pé contra o fundo da piscina para aumentar a intensidade. Evite o salto com impulsão se o objetivo é reduzir a intensidade ou o choque do impacto. À medida que o condicionamento melhorar, aumente a intensidade aos poucos, iniciando com baixa ou lenta elevação alternada dos joelhos e aumentando para "o dobro do tempo", levantando-os até onde seja confortável e controlável.

Dicas de Segurança: para proteger a região lombar, mantenha a postura pélvica alinhada em posição neutra mantendo a coluna firme e contraindo os abdominais e os glúteos. Evite elevar os joelhos além da altura do quadril. Inicie com as pernas e, depois, acrescente os braços, quando tiver dominado o movimento das pernas.

MOVIMENTO 5 — MARCHA DO SOLDADO

Posição Inicial: em pé, com a coluna ereta, os músculos abdominais firmes e os glúteos contraídos para manter a pelve em posição neutra. Mantenha as escápulas abaixadas e para trás e o peito projetado para a frente.

Ação:
1. Firme a contração do músculo abdominal. Eleve a perna direita a partir do quadril; mantenha o joelho estendido. Ao mesmo tempo, estenda o braço esquerdo à frente a partir do ombro com leve flexão do cotovelo, cortando a água com a mão. Eleve a perna até onde for confortável mantendo a estabilidade postural. Baixe a perna enquanto traz o braço de volta para a lateral do corpo.
2. Eleve a perna esquerda a partir do quadril; mantenha o joelho estendido. Ao mesmo tempo, estenda o braço direito à frente a partir do ombro com leve flexão do cotovelo. Baixe a perna (movimentando-se a partir do quadril) enquanto traz o braço de volta para a lateral do corpo.
3. Marche com as pernas estendidas.

Dicas de Segurança: inicie com as pernas e, depois, acrescente os braços quando tiver dominado o movimento das pernas. Para proteger a coluna, mantenha a pelve alinhada e contraia os músculos dos glúteos e do abdome. Evite hiperestender o joelho.

MOVIMENTO 6 — CHUTE DO CAN-CAN

Posição Inicial: fique em pé, ereto. Mantenha a coluna em posição neutra alinhada à pelve contraindo os músculos abdominais e os glúteos. Mantenha o peito projetado para a frente e aberto, mantendo os ombros abaixados e para trás e os músculos abdominais firmes. Contraia os glúteos para manter a pelve em posição neutra.

Ação:
1. Chute para a frente com a perna direita, contraindo os músculos abdominais enquanto a eleva a partir do quadril, como um jogador de futebol. Ao mesmo tempo, balance o braço oposto para a frente a partir do ombro. Mantenha leve flexão no joelho.
2. Ao abaixar a perna direita, salte sobre o pé direito e, com a perna esquerda, chute para a frente elevando a perna a partir do quadril. Enquanto balança o braço direito para a frente a partir do ombro, baixe o braço esquerdo até a lateral do corpo. Mantenha leve flexão no joelho. Determine a altura do chute com base no que for mais confortável. Chute tão alto quanto puder, porém mantendo o alinhamento corporal apropriado. Mantenha todos os chutes abaixo da altura do quadril.
3. Alterne chutes com 8 a 16 repetições.

Dica de Segurança: se você já sentiu dor crônica nas costas, mantenha os chutes muito baixos.

CHUTE PARA CIMA COM CALCANHARES — MOVIMENTO 7

Posição Inicial: fique em pé com os pés afastados na largura dos ombros.

Ação:
1. Contraia (aperte) os músculos abdominais para proteger a coluna. Abra o tórax mantendo as escápulas abaixadas e para trás. Mantenha essa estabilização ao longo de todo o exercício.
2. Sob a água, leve a mão esquerda em forma de concha para a frente enquanto eleva o calcanhar direito na direção dos glúteos, mantendo as coxas paralelas uma a outra e perpendiculares ao chão.
3. Retorne o braço e a perna à posição inicial.
4. Ajuste a posição do tronco. Sob a água, leve a mão esquerda em forma de concha para a frente enquanto eleva o calcanhar direito na direção dos glúteos, mantendo as coxas paralelas uma a outra e perpendiculares ao chão.
5. Retorne os braços e as pernas à posição inicial.
6. Repita 16 vezes.

Variação: para aumentar a intensidade, execute o exercício sem colocar um pé no chão antes de levantar o outro ao invés de saltar de um pé para o outro enquanto eleva cada calcanhar ao chutar.

MOVIMENTO 8 — SALTO LATERAL PARA JOELHO

Posição Inicial: fique em pé com os pés afastados na largura dos ombros e os braços estendidos à frente na altura do peito, as palmas voltadas para fora e os polegares para baixo. Estabilize o tronco contraindo os músculos abdominais e os glúteos, mantendo as escápulas abaixadas e para trás.

Ação:

1. Salte e eleve o joelho direito levando-o para o lado direito enquanto pressiona as mãos para fora e para os dois lados.
2. Salte e una os pés, trazendo o pé de volta ao chão. Ao mesmo tempo, pressione as mãos uma contra a outra, com os braços estendidos em frente ao tórax.
3. Salte e eleve o joelho esquerdo, afastando-o para o lado, enquanto pressiona as palmas para fora para cada lado.
4. Salte e una os pés, trazendo o pé de volta ao piso. Ao mesmo tempo, pressione as mãos uma contra a outra, com os braços estendidos em frente ao tórax.
5. Repita de 8 a 16 vezes.

Variação: elimine o pequeno salto entre os movimentos para reduzir a intensidade ou o impacto do exercício.

Dicas de Segurança: esforce-se para manter os ombros abaixados e para trás, para prevenir dor no pescoço. Para proteger e fortalecer as costas, certifique-se de manter a pelve em posição neutra contraindo os músculos abdominais e os glúteos.

POLICHINELOS COM FLEXÃO DOS CALCANHARES   MOVIMENTO 9

Posição Inicial: comece com as mãos nas laterais do corpo e os pés unidos. Estabilize o tronco contraindo os músculos abdominais e os glúteos e mantenha as escápulas abaixadas e para trás. Os polichinelos para calcanhares são semelhantes aos polichinelos normais.

Ação:
1. Encolha-se levemente, dê impulso a partir do piso da piscina e então salte pressionando o calcanhar direito para o lado a uma distância que possibilite o seu posicionamento no piso da piscina. Ao mesmo tempo, pressione as mãos afastando-as das laterais do corpo, com as palmas voltadas para fora. Mantenha leve flexão no joelho.
2. Encolha-se levemente, salte e una os pés, pressionando as mãos e afastando-as das laterais do corpo, com as palmas voltadas para dentro.
3. Salte e pressione o calcanhar esquerdo para fora e para o lado, pousando-o no chão da piscina. Pressione as mãos afastando-as das laterais do corpo, com as palmas voltadas para fora. Mantenha leve flexão no joelho.
4. Salte e una os pés novamente, pressionando as mãos contra as laterais do corpo, com as palmas voltadas para dentro.
5. Repita de 8 a 16 vezes.

Variação: adicione um pequeno salto com ambos os pés entre cada movimento para aumentar a intensidade e a diversão do exercício.

Dicas de Segurança: volte ao chão com os joelhos levemente flexionados. Atenção especial à contração dos abdominais em cada salto protege e fortalece as costas.

PRESSÃO POSTERIOR DAS PERNAS   MOVIMENTO 10

Posição Inicial: comece com os pés juntos e as mãos nas laterais do corpo. Contraia (aperte) os músculos abdominais e os glúteos para evitar hiperestender (curvar) a região lombar enquanto pressiona a perna para trás. O movimento executado na pressão posterior das pernas é similar a um avanço.

Ação:

1. Pressione ambos os braços estendidos à frente do corpo, movendo-os para a frente pelas palmas. Ao mesmo tempo, eleve o joelho esquerdo; depois, a partir do quadril, pressione o pé esquerdo totalmente para trás, tocando o piso da piscina com os dedos. Flexione o joelho direito.
2. Una os pés e então leve as mãos em forma de concha de volta às laterais do corpo.
3. Novamente, pressione ambos os braços estendidos à frente do corpo, movendo-os para a frente com as mãos em forma de concha enquanto eleva o joelho direito; depois, a partir do quadril, pressione o pé direito totalmente para trás, tocando o piso da piscina com os dedos. Flexione o joelho esquerdo.
4. Una os pés novamente e então traga as mãos em forma de concha de volta às laterais do corpo. Respire profundamente.
5. Repita a sequência de 8 a 16 vezes.

Variação: adicione um pequeno salto entre os movimentos para aumentar a intensidade do exercício. Se for propenso à dor no joelho ou nas costas ou estiver buscando maior estabilidade, elimine o salto e execute o exercício de frente para a parede ou a escada da piscina segurando com as duas mãos. Execute esse exercício para proporcionar mais força ao tronco e maior estabilidade ao joelho enquanto estiver apoiado.

Dicas de Segurança: concentre-se em manter o joelho que está à frente em direção ao calcanhar, e não aos dedos dos pés. Firmar a pelve em posição neutra contraindo os músculos do abdome e os glúteos ajuda a prevenir dor nas costas e fortalece os músculos posturais.

MOVIMENTO 11 — CHUTE COM ELEVAÇÃO DE JOELHO

Posição Inicial: inicie com os pés afastados na largura dos ombros e as mãos nas laterais do corpo. Contraia os músculos abdominais e os glúteos para firmar a coluna.

Ação:

1. Eleve o joelho esquerdo em direção ao tórax, não ultrapassando a altura do quadril. Ao mesmo tempo, eleve o braço oposto para a frente a partir do ombro (Figura a).
2. Em seguida, chute com a perna esquerda para a frente a partir do joelho. Chute apenas em uma altura que seja confortável, que não desvie a pelve da posição neutra (Figura b).
3. Flexione o joelho, depois retorne o pé ao piso da piscina e leve o braço até a lateral do corpo.
4. Repita a sequência com a perna direita e o braço esquerdo.
5. Repita a sequência 8 vezes.

a b

Variação: adicione um pequeno salto entre os movimentos para aumentar a intensidade do exercício.

Dicas de Segurança: enquanto chuta para a frente, não se esqueça de flexionar levemente o joelho para impedir a hiperextensão. Mantenha os músculos abdominais contraídos, a fim de evitar desviar a pelve para a frente e para baixo durante a fase do chute. Em outras palavras, mantenha o tronco erguido, reto e firme.

Alongamentos para Aquecimento Térmico (5 minutos)

Técnica de Alongamento: alongue os grande grupos musculares com cuidado para preparar o corpo para os exercícios e prevenir lesões. O objetivo das instruções é levá-lo, de forma suave e contínua, de um alongamento para outro, na ordem mencionada. À medida que se familiarizar mais com os alongamentos, a sequência poderá ser modificada para adicionar variedade, mas não se esqueça de alongar o grupo muscular próximo àquele que acabou de ser alongado para ajudar na prevenção de lacerações musculares.

Durante os alongamentos de aquecimento, mantenha cada posição de alongamento estático por 10 segundos (evite balanços do corpo, que causam encurtamento reflexivo do músculo). No fim da sessão, mantenha cada alongamento final de resfriamento por 20 segundos. Lembre-se de se alongar até onde haja um grau confortável de resistência. Se houver dor ou desconforto, significa que você está se alongando demais (alivie o alongamento e relaxe os músculos) ou o seu posicionamento está incorreto (confira novamente as instruções e as ilustrações).

Uma vez que a água esfria o corpo rapidamente, os braços podem ser movimentados de forma contínua nesse meio enquanto a parte inferior do corpo é alongada, o que mantém os músculos ágeis e o corpo confortavelmente aquecido. Contudo, se as articulações dos ombros são sensíveis ou vulneráveis, talvez seja melhor minimizar esses movimentos de braço durante o alongamento. Você também pode marchar ou pedalar sem sair do lugar para permanecer aquecido enquanto alonga a parte superior do corpo se conseguir manter a posição de alongamento e o tronco estável para isso.

Parte Inferior do Corpo

Execute os nove primeiros alongamentos na borda da piscina (do Alongamento para Região Externa da Coxa e até o Alongamento dos Isquiotibiais). Complete-os enquanto segura na borda da piscina ou na escada com a mão esquerda, a menos que instruído de outra forma. Depois, vire-se e complete os mesmos alongamentos no outro lado do corpo com a mão direita.

ALONGAMENTO 1 **ALONGAMENTO PARA REGIÃO EXTERNA DA COXA**

Posição Inicial: fique em pé, com o lado direito do corpo voltado para a parede da piscina, segurando em sua borda com a mão direita.

Ação:
1. Fique em pé, ereto, e cruze a perna próxima à lateral da piscina sobre outra.
2. Estenda o braço de forma livre para cima e afaste o quadril da borda da piscina.

Variação: com o braço livre, mova a palma da mão em forma de concha em direção à parede da piscina. Em seguida, vire a palma e faça pressão para longe da parede. Repita essa ação com o braço lentamente, no ritmo da música, se estiver usando-a.

Relaxe os músculos da região externa da coxa esquerda mantendo a posição de alongamento, sem balançar o corpo, por aproximadamente 10 segundos ou por cerca de 16 batidas da música (10 segundos para Alongamentos de Aquecimento; 20 segundos para Alongamentos de Resfriamento).

Dicas de Segurança: mantenha os ombros relaxados. Certifique-se de contrair os músculos abdominais com firmeza e de manter o quadril voltado para a frente (evite retorcê-lo) para que a posição não coloque estresse sobre a região lombar. Respire profundamente para incentivar o relaxamento dos músculos.

ALONGAMENTO PARA REGIÃO LOMBAR COM ROTAÇÃO DO TORNOZELO — ALONGAMENTO 2

Posição Inicial: segure-se na borda da piscina. Fique em pé, ereto, e contraia os músculos abdominais com firmeza.

Ação:
1. Eleve a perna esquerda. Coloque a mão embaixo da coxa enquanto eleva o joelho na direção do peito e relaxe a região lombar.
2. Gire lentamente o pé formando um círculo no sentido anti-horário por várias vezes. Depois, gire-o no sentido horário. Faça a rotação do tornozelo em toda a amplitude de movimento (realize o movimento da forma mais ampla possível, sem causar dor).
3. Repita o procedimento com a perna direita.

Dica de Segurança: fique em pé, ereto, com o peito projetado para a frente e os ombros abaixados e para trás.

ALONGAMENTO PARA REGIÃO ANTERIOR DA COXA — ALONGAMENTO 3

Posição Inicial: posicione-se de costas para a parede da piscina e permaneça em pé cerca de 50 cm dela. Estenda a mão para trás e segure na borda da piscina com o braço direito estendido e o pé esquerdo na parede atrás de você.

Ação:
1. Em pé e ereto, contraia os músculos abdominais e empurre o quadril para longe da parede, de modo que a articulação do joelho forme um ângulo reto.
2. Respire profundamente e relaxe a região anterior da coxa.

Variação: se for confortável e você puder executar esse alongamento sem arquear as costas, pegue o seu pé e mova-o na direção dos glúteos enquanto aponta o joelho para baixo. As duas coxas devem estar paralelas e perpendiculares ao chão.

Dica de Segurança: certifique-se de contrair os abdominais e os glúteos levemente para manter a coluna alinhada na posição pélvica neutra.

ALONGAMENTO 4 — ALONGAMENTO PARA CANELA E ENCOLHIMENTO DO OMBRO

Posição Inicial: em pé, mantenha o lado direito do corpo voltado para a parede da piscina.

Ação:
1. Cruze a perna de fora sobre a perna de dentro. Fique na ponta do pé, com as pontas dos dedos no piso da piscina. Respire profundamente e relaxe a canela.
2. Enquanto alonga a canela, eleve lentamente os ombros em direção às orelhas; depois, descontraia-os lentamente. Mantenha o peito aberto e os ombros para trás. Repita o movimento lentamente, no ritmo da música.

Dica de Segurança: coordenar o Alongamento para Canela e o Encolhimento de Ombro ao mesmo tempo pode desequilibrá-lo, portanto, execute cada movimento separadamente.

ALONGAMENTO PARA REGIÃO INTERNA DA COXA ALONGAMENTO 5

Posição Inicial: fique em pé com os dois pés no chão, com o lado direito do corpo voltado para a parede da piscina.

Ação: dê um passo para o lado, flexionando o joelho direito e movendo a perna esquerda para longe do tronco, até onde for confortável. Relaxe a área interna das coxas, mantenha o alongamento firme, sem balançar o corpo, e respire profundamente.

Variação: para permanecer aquecido, pressione a palma da mão em direção à parede da piscina e depois para longe dela, no ritmo da música.

Dicas de Segurança: mantenha o joelho flexionado na direção do calcanhar, para prevenir pressão indevida na articulação do joelho. Se o joelho estiver ultrapassando os dedos dos pés, afaste mais um pé do outro.

ALONGAMENTO PARA FLEXORES DO QUADRIL ALONGAMENTO 6

Posição Inicial: segure-se na borda da piscina. Fique em pé, com um pé na frente e o outro atrás, a uma distância confortável.

Ação:
1. Com o joelho da frente flexionado, endireite a perna de trás e eleve o calcanhar (fique na ponta dos dedos do pé que está atrás).
2. Contraia os músculos abdominais e pressione suavemente o quadril para baixo e para a frente, para alongar os músculos flexores do quadril que se estendem do tronco até a região anterior da coxa.

Variação: com a mão livre (aquela que não está apoiada na borda da piscina), pressione a palma em direção à parede da piscina e depois para longe dela, no ritmo da música.

Dicas de Segurança: mantenha o joelho flexionado na direção do calcanhar para prevenir pressão indevida na articulação do joelho. Se não sentir alongar os flexores ou se o joelho que está na frente estiver ultrapassando os dedos do pé, afaste mais os pés um do outro.

ALONGAMENTO 7 — ALONGAMENTO DE PANTURRILHA COM PERNA RETA

Posição Inicial: após o Alongamento para Flexores do Quadril, coloque-se em pé, com um pé na frente do outro. Mova o pé de trás um pouco mais para perto do pé frontal. A distância é determinada por seu grau de flexibilidade. Observe o pé posterior: os dedos dos pés devem ser apontados para a frente. Se não puder fazer isso, encurte a distância entre o pé frontal e o posterior.

Ação:
1. Pressione o calcanhar para baixo contra o piso. Certifique-se de que o pé de trás aponta para a frente e o joelho frontal está rente ao calcanhar, não sobre os dedos do pé.
2. Relaxe o músculo da panturrilha da perna de trás.

Variação: pressione o braço livre em direção à parede da piscina e depois para longe dela, no ritmo da música.

Dicas de Segurança: se sente o músculo da panturrilha rígido e desconfortável ou se tem dificuldade para relaxá-lo, leve o pé de trás um pouco mais para perto do pé à frente, até que possa pressionar o calcanhar contra o piso com conforto. Olhe para trás, para garantir que o pé de trás esteja apontando para a frente, e não para o lado de fora. Quando os músculos da panturrilha estão tensos, pode haver tendência de se jogar o pé para o lado. A fim de executar adequadamente esse alongamento, garanta que o quadril esteja a uma distância equivalente à da parede da piscina e que o pé de trás esteja apontado para a frente.

ALONGAMENTO DA PANTURRILHA COM JOELHO FLEXIONADO   ALONGAMENTO 8

Posição Inicial: fique em pé, com um pé na frente do outro, na posição para o Alongamento de Panturrilha com Perna Reta.

Ação:
1. Leve o pé de trás mais um passo para perto do pé à frente.
2. Flexione os joelhos.
3. Continue apoiando seu peso sobre a perna à frente. Relaxe o músculo da panturrilha e o tendão do calcâneo.

Variação: pressione uma palma da mão na direção da parede da piscina e depois para longe dela, no ritmo da música.

Dicas de Segurança: certifique-se de completar tanto o Alongamento de Panturrilha com Perna Reta quanto o Alongamento da Panturrilha com Joelho Flexionado. Eles são necessários em razão da constituição estrutural da parte inferior da perna. O segundo alongamento ajuda a prevenir tendinite no tendão do calcâneo, e os dois alongamentos ajudam a manter os pés e as panturrilhas flexíveis. Mantenha os músculos abdominais e os glúteos contraídos firmemente para estabilizar a posição da coluna.

ALONGAMENTO DOS ISQUIOTIBIAIS   ALONGAMENTO 9

Posição Inicial: coloque-se em frente à parede da piscina.

Ação:
1. Coloque o pé direito contra a parede, em uma altura que permita estender a perna confortavelmente, sem travar ou estender demais o joelho.
2. Contraia os músculos abdominais, mantenha as costas retas e incline-se para a frente a partir do quadril. Relaxe e libere os músculos da parte posterior da coxa.
3. Segure-se na borda da piscina para ter estabilidade.

Dicas de Segurança: mantenha uma flexão muito leve no joelho da perna que estiver sendo alongada. Evite estender demais (hiperextensão). Mantenha as costas retas, ao invés de curvá-las, para garantir que os isquiotibiais sejam alongados adequadamente.

Costas

Músculos flexíveis na parte inferior do corpo ajudam a prevenir, aliviar ou eliminar a dor na região lombar.

A seguir mais três alongamentos para a região das costas.

ALONGAMENTO 10 — ALONGAMENTO PROFUNDO DOS MÚSCULOS DO QUADRIL, DAS COXAS E DAS NÁDEGAS

Posição Inicial: coloque-se em frente à parede da piscina, com as duas mãos na borda.

Ação:
1. Apoie o tornozelo direito sobre o joelho esquerdo e baixe o corpo lentamente, como se estivesse sentando em uma cadeira.
2. Relaxe os glúteos, o quadril e a região lateral das coxas; contraia os músculos abdominais respirando profundamente.
3. Mantenha o alongamento por 10 segundos (aquecimento) ou 20 segundos (resfriamento).
4. Posicione os dois pés no chão e fique em pé; depois repita o alongamento com o tornozelo esquerdo sobre o joelho direito.

Dicas de Segurança: certifique-se de manter as costas retas enquanto se inclina para a frente a partir do quadril. Alongue-se até onde haja uma resistência confortável; depois, concentre-se em relaxar os músculos dos glúteos, da região lombar e das coxas. Para melhorar o alongamento, respire profundamente liberando a tensão muscular ao expirar.

ALONGAMENTO TOTAL PARA AS COSTAS — ALONGAMENTO 11

Posição Inicial: continue em frente à parede da piscina, com as duas mãos em sua borda.

Ação:
1. Baixe o corpo e coloque os pés contra a parede a uma distância maior que a largura dos ombros. A água faz o corpo flutuar.
2. Relaxe e libere os músculos das costas.

Dicas de Segurança: incline-se para a frente a partir do quadril com as costas retas para melhorar o alongamento. Se não conseguir segurar-se com conforto sem escorregar, execute esse alongamento na escada da piscina.

ALONGAMENTO PARA REGIÃO MÉDIA DA COLUNA — ALONGAMENTO 12

Posição Inicial: fique em pé com água até a altura da cintura até o peito, com os pés separados ultrapassando a distância dos ombros e os joelhos flexionados rentes aos calcanhares. Fique próximo à borda da piscina, com a lateral do corpo voltada para a parede da piscina.

Ação:
1. Para apoiar o peso corporal, coloque as duas mãos no alto das coxas, entre o quadril e o joelho. Incline-se para a frente e olhe para o fundo da piscina (Figura a). Inspire profundamente e expire; então arqueie as costas para cima enquanto contrai os abdominais e os glúteos. Respirando profundamente, mantenha a posição por 10 segundos e relaxe as costas (20 segundos para o resfriamento). Depois, faça pressão para cima lentamente, com as mãos nas coxas, para prevenir estresse na região lombar, elevando uma vértebra por vez.
2. Mantenha os joelhos flexionados. Estenda as duas mãos em direção à parede da piscina segurando levemente em sua borda (ou pouse uma delas sobre o braço mais próximo da parede, se o alcance for impossível para o alongamento) (Figura b). Respire profundamente, de modo uniforme, mantendo a posição por 10 segundos e relaxando as costas (20 segundos para o resfriamento). Certifique-se de manter o quadril reto e direcionado para a frente, e não para a parede da piscina.

3. Deixe os pés mais próximos um do outro, mais ou menos na distância dos ombros. Estenda as duas mãos em direção à parede da piscina segurando levemente em sua borda com as duas mãos (ou pouse uma delas sobre o braço mais próximo da parede, se o alcance for impossível para o alongamento). Respire profundamente, de modo uniforme, mantendo a posição por 10 segundos e relaxando as costas (20 segundos para o resfriamento). Certifique-se de manter o quadril reto e direcionado para a frente, e não para a parede da piscina.
4. Vire-se e repita as etapas de 1 a 3.

a

b

Dicas de Segurança: nunca leve o alongamento além da amplitude de movimentos confortável. Isso é particularmente importante para o Alongamento para Região Média da Coluna, que exige um leve giro. Escute o seu corpo para saber até onde pode alongar-se.

Parte Superior do Corpo

Afaste-se da parede da piscina e execute os alongamentos adicionais para a parte superior do corpo a seguir.

ALONGAMENTO PARA ÁREA POSTERIOR DO COTOVELO — ALONGAMENTO 13

Posição Inicial: fique em pé na posição neutra com os pés afastados na largura dos ombros. Posicione as mãos atrás da cabeça, com as pontas dos dedos apoiadas levemente na base do crânio e os cotovelos apontados para as laterais.

Ação:
1. Execute o exercício muito lentamente: pressione os dois cotovelos para trás enquanto contrai os músculos das escápulas, juntando-as e baixando-as, e inspire profundamente.
2. Expire lentamente enquanto leva os cotovelos para a posição inicial.
3. Repita de 4 a 8 vezes.

Dicas de Segurança: evite inclinar a cabeça para a frente enquanto pressiona os cotovelos para trás. Em cada repetição, contraia os músculos abdominais com mais firmeza para proteger a região lombar.

ROLAMENTO DE OMBRO E ALONGAMENTO DO TÓRAX — ALONGAMENTO 14

Posição Inicial: fique em pé na posição neutra com os pés afastados na largura dos ombros.

Ação:
1. Eleve os ombros em direção às orelhas e movimente-os para trás enquanto une as escápulas. Depois, baixe os ombros e movimente-os para a frente. Repita de 8 a 16 vezes.
2. Contraia o abdome e movimente os ombros para trás. Leve as duas mãos para trás, cruze-as nas costas e abra e alongue suavemente o tórax. Respire profundamente mantendo o alongamento por 10 segundos (20 segundos para o resfriamento).

Dica de Segurança: mantenha os ombros para baixo enquanto une as mãos nas costas.

ALONGAMENTO 15 — ALONGAMENTO PARA PEITORAL

Posição Inicial: fique em pé, voltado para a parede da piscina, preferivelmente com água na altura do ombro.

Ação:
1. Eleve o braço direito para a direita colocando a palma sobre a parede da piscina, na altura do ombro ou tão alto quanto você possa permanecer na profundidade disponível.
2. Vire o tronco para a esquerda lentamente até sentir uma resistência confortável nos músculos do peitoral. Mantenha a posição por 10 segundos para aquecimento e 20 segundos para resfriamento.
3. Repita com o braço esquerdo.
4. Esse alongamento pode ser executado com a palma da mão posicionada na parede em alturas variadas, a fim de obter um alongamento um pouco diferenciado para os músculos do peitoral.

Dicas de Segurança: para evitar arquear as costas, mantenha os músculos abdominais contraídos. Certifique-se de não girar o tronco; vire todo o corpo de uma só vez, não apenas a parte superior.

ALONGAMENTO 16 — ALONGAMENTO DA REGIÃO POSTERIOR SUPERIOR DA COLUNA

Posição Inicial: fique em pé na posição neutra com os pés afastados na largura dos ombros.

Ação:
1. Leve os braços à frente, estenda-os em frente ao tórax e entrelace os polegares.
2. Enquanto permanece em pé e ereto, contraia os músculos abdominais, encurve a região torácica e olhe para o piso da piscina.
3. Relaxe os músculos das regiões torácica, cervical e dos ombros.
4. Mantenha a posição por 10 segundos (20 segundos para o resfriamento).

Dicas de Segurança: mantenha o tronco ereto na região da cintura e concentre o alongamento na região torácica. Mantenha os ombros abaixados.

ALONGAMENTO PARA TRONCO E OMBRO — ALONGAMENTO 17

Posição Inicial: fique em pé na posição neutra com os pés afastados na largura dos ombros.

Ação:
1. Contraia os músculos abdominais e os glúteos para estabilizar a coluna.
2. Leve os braços para os lados.
3. Eleve os braços sobre a cabeça e entrelace os polegares.
4. Eleve o peito enquanto ergue os braços.
5. Flexione os joelhos levemente; erga-se a partir do tronco enquanto traz os braços próximos às orelhas, tendo cuidado para não arquear as costas ou baixar a cabeça.
6. Respire profundamente e mantenha o alongamento por 16 segundos.

Dicas de Segurança: mantenha os cotovelos levemente flexionados, para evitar colocar estresse na articulação do cotovelo. Mantenha as escápulas abaixadas e para trás. Se o ombro parecer tenso, baixe as mãos em frente ao rosto até sentir que a tensão desapareceu. Procure manter as orelhas alinhadas com os ombros e os ombros alinhados com o quadril.

ALONGAMENTO DE OMBRO E REGIÃO SUPERIOR DO BRAÇO — ALONGAMENTO 18

Posição Inicial: fique em pé na posição neutra com os pés afastados na largura dos ombros.

Ação:
1. Leve a mão esquerda para trás do pescoço.
2. Segure o cotovelo esquerdo com a mão direita puxando-o na direção da cabeça até onde sentir uma resistência confortável. Relaxe os ombros e o tríceps. Mantenha a cabeça ereta para proteger o pescoço.
3. Estenda o braço esquerdo.
4. Repita a sequência com o braço direito para alongar o outro lado.

Dicas de Segurança: evite pender a cabeça para a frente. Mude a posição do braço de apoio (leve-o para a frente do seu rosto) se a cabeça estiver sendo forçada para a frente.

ALONGAMENTO 19 — ALONGAMENTO SEGURO PARA O PESCOÇO

Posição Inicial: fique em pé na posição neutra com os pés afastados na largura dos ombros.

Ação:
1. Leve a mão às costas e o braço direito em direção ao quadril esquerdo. Segure suavemente o punho direito com a mão esquerda. Baixe a orelha esquerda sem esforço em direção ao ombro esquerdo. Mantenha o alongamento por 20 segundos; depois, volte a cabeça à posição ereta. Repita o alongamento no lado oposto.
2. Leve a mão às costas e o braço direito em direção ao quadril esquerdo. Segure de forma suave o punho direito com a mão esquerda. Gire levemente o pescoço e olhe para o ombro esquerdo. Mantenha o alongamento por 10 a 20 segundos, depois vire a cabeça vagarosamente para a frente. Repita o alongamento no lado oposto.

Dicas de Segurança: lembre-se de alongar-se até onde exista um grau confortável de resistência. Se sentir um puxão ou dor, o alongamento foi longe demais. Reduza-o devagar. Mova-se bem lentamente de uma posição para outra para evitar lesões.

Resfriamento Final e Sequência de Alongamento para Resfriamento

No fim da sessão, execute todos os alongamentos especificados para resfriar os músculos. Faça todos aqueles que foram executados durante o aquecimento, mantendo cada alongamento estático durante o dobro do tempo (20 segundos). Alongamentos nunca devem causar dor; alongue-se até onde haja resistência confortável relaxando os músculos enquanto mantém a posição. Aumente o alongamento um pouco mais quando possível, à medida que os músculos relaxarem, e se sentir desconforto, verifique sua posição ou elimine-o temporariamente. Se sentir frio por estar relativamente imóvel na água, é possível permanecer aquecido ao mover continuamente os membros não envolvidos no alongamento.

Alongamentos para resfriamento são um método excelente para aumentar e manter a flexibilidade. Após um período extenso de movimento contínuo, os músculos estão mais receptivos e respondem melhor ao treinamento de flexibilidade. Uma boa flexibilidade reduz a incidência de muitos tipos de lesões. A maior parte das pessoas sente dores nas costas em um ou outro momento; em geral, a dor crônica na região lombar surge em virtude de músculos abdominais fracos, combinada com alongamento inadequado dos músculos da parte inferior do corpo, incluindo costas, glúteos, coxas, virilhas, flexores do quadril e área inferior das pernas. A causa mais comum de dor na região lombar é decorrente de um trabalho ou estilo de vida que envolve longos períodos na posição sentada, sem se mover ou alongar os músculos, o que pode produzir músculos encurtados no tronco e nas pernas e músculos abdominais enfraquecidos.

A flexibilidade é determinada pela hereditariedade e pela atividade física, podendo variar de uma parte do corpo para outra. O alongamento no resfriamento dos músculos após os exercícios ajuda a prevenir encurtamento, rigidez e dor musculares. As suas técnicas e posicionamento executados podem proporcionar ou impedir o sucesso dos esforços em relação à flexibilidade. Por exemplo, pesquisas sugerem que as pessoas fazem um progresso maior e mais seguro quando alongam músculos aquecidos. Se preferir, poderá alongar um grupo muscular específico imediatamente após exercitá-lo, durante a sessão de fortalecimento e tonificação. Use esse método durante um segmento que combine todos os alongamentos no fim da sessão, para evitar a sensação de frio. Por outro lado, alongar-se no fim do programa pode ajudá-lo a relaxar e a reduzir o estresse, porque permite que o corpo retorne gradualmente ao estado de repouso.

A água melhora a mobilidade sem causar dor em toda a amplitude de movimentos, necessária para o treinamento adequado de flexibilidade. Entretanto, tenha cuidado para não exagerar em seu treinamento de flexibilidade. Evite esforçar-se demais, manter as posições por muito tempo ou posicionar-se de forma que cause dor. Siga cautelosamente as instruções para evitar uma técnica inadequada. Seguir com atenção as orientações contidas nos diagramas de alongamento minimiza as chances de lesões. Alongue-se todos os dias da semana como parte da rotina regular de atividade física.

CAPÍTULO 5

Benefícios dos Movimentos Aeróbicos

Anime-se e desfrute da sensação única de movimentar-se com energia no ambiente aquático. Lembre-se de seguir uma progressão aeróbica, como aquela mostrada na Tabela 3.2. Aumente aos poucos o esforço do coração, dos pulmões e do sistema circulatório com um aquecimento aeróbico que dê ênfase ao movimento contínuo pelo uso dos grandes grupos musculares e eleve a frequência cardíaca aos poucos. Comece com atividade aeróbica de baixa intensidade (esforço percebido: razoavelmente leve). À medida que há progressão no segmento aeróbico, a atividade e a frequência cardíaca devem aumentar de modo gradual até a intensidade máxima (esforço percebido: razoavelmente intenso a intenso). Para prevenir lesão e complicações cardíacas, o resfriamento aeróbico reduz a intensidade de forma gradual, permitindo que o sistema cardiovascular se reequilibre aos poucos, ao estado em que funcionava antes de o esforço aeróbico ser iniciado. Ao término da sessão aeróbica, a frequência cardíaca deve estar no extremo mais baixo da zona-alvo e o esforço percebido deve ser razoavelmente leve. Não faça pausas durante a progressão entre vários segmentos e exercícios. Na água, essas interrupções resfriam o corpo, e a intensidade deve ser controlada com o ritmo e com o ajuste da resistência ou arrasto.

Lembre-se, é possível mudar o nível de intensidade de várias maneiras.

- Varie a amplitude dos movimentos: quanto maior o movimento, maior a resistência da água e mais alta a intensidade. Dê passos mais largos para aumentar a intensidade, ou menores, para reduzi-la.
- Aumente os movimentos na piscina (de um lado para outro, em círculo, para trás e para a frente) para elevar a frequência cardíaca. Pare quando quiser baixar a intensidade.
- Aumente ou reduza a velocidade do movimento para aumentar ou reduzir a força necessária para impulsionar o corpo pela água.
- Aumente ou reduza a área de superfície que é impulsionada ao se mover pela água. Por exemplo, mãos em forma de concha resistem mais à água que punhos cerrados ou mãos fechadas, no sentido vertical. A Figura 5.1 mostra as três opções para o posicionamento das mãos, usadas para variar a intensidade. Mantenha as mãos sob a água durante todos os exercícios (a menos que indicado de outro modo) para executar movimentos contra a água e prevenir lesão causada por mudanças abruptas na resistência.

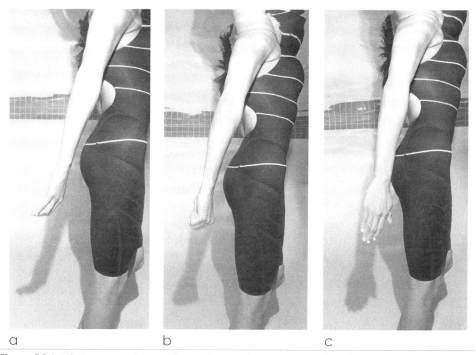

Figura 5.1 (a) Coloque as mãos em forma de concha para aumentar a intensidade da resistência na parte superior do corpo. (b) Flexione a mão em punho para reduzir a intensidade. (c) Corte a água com a palma da mão voltada para a lateral do corpo a fim de minimizar a resistência.

A sequência aeróbica começa essencialmente com o aquecimento e repete os mesmos exercícios do Aquecimento Térmico, mas com a diferença de que essa sessão leva ao aumento da intensidade de forma gradual. Depois, ela conduz a uma sequência progressiva até a intensidade máxima e, consequentemente, ao resfriamento do corpo ao retornar àqueles exercícios executados na sessão de aquecimento. Selecione vários movimentos de sua preferência e acrescente outros para maior variedade. Neste capítulo, serão mostrados exercícios que devem ser realizados em água rasa ou profunda, com equipamento de flutuação. Para maior variedade, inclua alguns movimentos do Capítulo 9, Um Estímulo à sua Rotina. O Capítulo 7, Intensificando os Exercícios, oferece maneiras excelentes de melhorar sua forma física e intensificar as sessões. Você pode adaptar a sessão às suas necessidades específicas consultando o Capítulo 8, Criação de uma Rotina Aquática Pessoal, e o Capítulo 10, Rotinas Específicas para Necessidades Especiais. Adultos mais velhos ou indivíduos que estiveram inativos por algum tempo talvez considerem mais apropriada a sequência "Exercícios Aquáticos para Adultos Mais Velhos" ou outras sequências de exercícios para necessidades especiais descritas no Capítulo 10. Para todas as rotinas, primeiro pratique os movimentos de perna e, depois, adicione os movimentos de braço quando estiver preparado. Novamente, evite qualquer movimento que pareça desconfortável. Quando o condicionamento físico melhora, obtém-se mais proficiência e adaptabilidade com a maioria dos exercícios.

Aeróbica de Aquecimento

Execute primeiro os mesmos movimentos mostrados no Aquecimento Térmico (Capítulo 4, Aquecimento e Resfriamento), aumentando-os aos poucos para uma intensidade mais vigorosa. É possível aquecer-se simplesmente andando para a frente e para trás, de lado e em círculo, ou adicionando tantos movimentos aeróbicos de baixa intensidade quantos quiser, sempre que desejar. Não se esqueça de incluir uma sequência de aquecimento aeróbico que dure mais ou menos 5 a 10 minutos antes de avançar para a intensidade intermediária ou máxima. Comece com os Movimentos 1 a 11 e depois continue com os exercícios de aquecimento aeróbico adicionais a seguir (Movimentos 12 a 16). Escolha os exercícios de sua preferência, adicionando-os ao seu repertório enquanto se prepara para aprender outros movimentos. Certifique-se de aquecer-se por completo, movimentando-se em múltiplas direções.

RASTEJAR DA COBRA — MOVIMENTO 12

Posição Inicial: entre na água na altura entre a cintura e o peito. Contraia os abdominais e os glúteos com firmeza para manter a coluna na posição neutra.

Ação:
1. Impulsione o corpo pela água enquanto dá passadas amplas. Leve a perna esquerda para a frente enquanto move o braço direito nessa mesma direção (Figura a). Logo no início, é importante deixar que o movi-

mento do braço seja confortável. O posicionamento exato não é uma prioridade. Leve a perna direita para a frente enquanto move o braço esquerdo nessa mesma direção (Figura b).
2. Mova-se em um padrão de movimento em "s" para desafiar o corpo em várias direções e contra a turbulência e o arrasto criados pelos movimentos. Movimente-se pela borda mais rasa da piscina, em padrões curvos ou sinuosos.

a b

Dicas de Segurança: impulsione o corpo com firmeza, e mova-se rapidamente somente se puder manter o controle total, sem retorcer-se ou perder a estabilidade da postura. Mantenha a cabeça levantada, o peito aberto, as escápulas abaixadas e para trás, os músculos abdominais contraídos e os glúteos firmes para manter a coluna na posição neutra.

MOVIMENTO 13 — PASSADA AMPLA LATERAL

Posição Inicial: comece com os pés unidos, os braços nas laterais do corpo, com água na altura entre a cintura e o peito.

Ação:
1. Com a coluna ereta, dê um passo largo para o lado com a perna direita. Ao mesmo tempo, pressione as mãos abertas para os dois lados.
2. Depois una os pés novamente: leve a perna esquerda junto à perna direita. Traga as palmas de volta para as laterais do corpo. Repita a sequência, movendo-se em toda a largura da piscina e, depois, começando com a perna esquerda para cruzar a piscina na direção oposta.

Variação: enquanto volta a perna à posição inicial, leve as palmas, uma contra a outra, às costas, ao invés de direcioná-las às laterais do corpo. Permaneça com o tronco ereto; evite curvar-se para a frente. Esse movimento trabalha o ombro de um modo diferente e também proporciona aos músculos abdominais e do centro do corpo um desafio a mais.

Dicas de Segurança: enquanto dá um passo para o lado, contraia os abdominais com firmeza para proteger as costas e fortalecer os estabilizadores posturais centrais. Mantenha o joelho atrás dos dedos dos pés e rente ao calcanhar enquanto dá a passada, a fim de proteger a articulação do joelho.

POLICHINELOS AQUÁTICOS
MOVIMENTO 14

Posição Inicial: comece com os pés afastados na largura dos ombros, mãos nas laterais do corpo, com água na altura entre a cintura e o peito.

Ação:
1. Eleve o peito e mantenha a coluna na posição neutra (Figura a); depois salte voltando com as pernas afastadas, com os joelhos flexionados e os calcanhares apoiados sobre o piso da piscina, com a ponta do pé direito elevada. Os dedos dos pés devem apontar ligeiramente para os lados. Ao mesmo tempo, pressione as mãos abertas para os dois lados. Mantenha-as sob a água (Figura b).
2. Salte e una os pés, voltando ao chão com os joelhos flexionados. Ao mesmo tempo, pressione as mãos uma contra a outra nas costas, atrás dos glúteos.
3. Repita a sequência completa 8 vezes, nos dois lados.

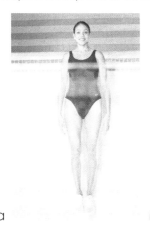 

a	b

Variação: para um condicionamento aeróbico mais intensificado, dê passadas ou ande para a frente alguns passos e execute Polichinelos Aquáticos ao mover-se para trás a cada salto.

Dicas de Segurança: mantenha os abdominais contraídos com firmeza e respire profundamente.

MOVIMENTO 15

ESQUI *CROSS-COUNTRY*

Posição Inicial: fique em pé, com água na altura entre a cintura e o peito. Inicie com o pé direito projetado à frente do corpo e o pé esquerdo, atrás; estenda o braço esquerdo para a frente (sob a água) e o braço direito para trás. Determine a distância entre o pé dianteiro e o posterior com base no seu conforto e, para aumentar a intensidade, tente distanciá-los o máximo que puder.

Ação:
1. Eleve o peito e mantenha a coluna na posição neutra. Salte e leve a perna direita para a frente enquanto flexiona a esquerda para trás em um movimento de esqui *cross-country*. Ao mesmo tempo, leve a mão esquerda em forma de concha para a frente e faça pressão com a direita em forma de concha para trás.
2. Salte e troque de perna e de braço. Leve a perna esquerda para a frente enquanto empurra a perna direita para trás. Leve a mão direita em forma de concha para a frente enquanto faz pressão com a mão esquerda em forma de concha para trás.
3. Faça 16 repetições.

Variações:
- Para aumentar a intensidade, em vez de esquiar no lugar, impulsione o corpo para a frente e para trás com o movimento de esqui *cross-country*.
- Para diminuir a intensidade, encurte a distância entre o pé dianteiro e o posterior.

Dicas de Segurança: mantenha o joelho dianteiro posicionado atrás dos dedos dos pés, rente ao calcanhar enquanto volta ao solo. Mantenha os abdominais e os glúteos contraídos para manter a coluna ereta, protegendo-a.

BALANÇO DO MARINHEIRO

MOVIMENTO 16

Posição Inicial: coloque-se com o pé esquerdo apoiado e a perna direita levantada para o lado, os músculos abdominais contraídos, as costas eretas e ambas as mãos abertas pressionadas para as laterais, em direção ao joelho esquerdo. Comece com água na altura entre a cintura e o peito.

Ação:
Salte de um pé para o outro:
1. Enquanto eleva a perna direita para o lado, salte sobre a perna esquerda. Empurre as duas mãos abertas, com os braços estendidos para baixo, em direção ao joelho esquerdo (na direção do pé sobre o qual você está prestes a pousar).
2. Salte sobre o pé direito enquanto eleva a perna esquerda para o lado. Empurre ambas as mãos abertas, com os braços estendidos para baixo, em direção ao joelho direito.
3. Faça 8 repetições.

Variação: para o Balanço de Joelho, salte de um pé para o outro enquanto levanta o joelho esquerdo e, em seguida, o direito para o lado.

Dicas de Segurança: certifique-se de manter os ombros abaixados, o peito expandido e as escápulas para trás, a fim de proteger o pescoço e os ombros. Como ocorre com qualquer movimento que desafia o centro de equilíbrio do corpo, esse movimento lateral exige firme contração abdominal, para proteger as costas e fortalecer os músculos do centro do corpo.

Aeróbica com Intensidade Máxima

Agora que seu nível de esforço aeróbico foi aumentado de forma gradual, começando com movimentos de aquecimento e aumentando aos poucos a intensidade, mantenha o nível aeróbico máximo executando os exercícios com intensidade máxima. Para elevar o nível de intensidade, aumente a amplitude do movimento, percorra pela piscina, reduza o tempo do percurso de uma à outra ponta da piscina ou aumente a área de superfície de contato com a água. Quanto mais rápido e com mais vigor você se mover nesse meio e quanto maior for a área de superfície (p. ex., quanto mais viscosidade é encontrada pelo corpo), maior será a resistência oferecida pela água, o que aumenta a intensidade aeróbica. Use os principais grupos musculares de movimentação para impelir o corpo (nos glúteos, nas pernas, nos ombros e no quadril), e os músculos estabilizadores, para proteger as articulações e as costas (músculos da postura, estabilizadores das costas, pescoço, laterais e abdome, especialmente). Nas instruções para cada movimento, preste atenção especial às dicas sobre como elevar ou baixar a intensidade para adequá-las às suas necessidades e objetivos.

Observação importante: ao elevar o nível de desafio do preparo físico, aumente apenas em 5 a 10% por vez. Se 10 repetições foram executadas com facilidade, por exemplo, adicione mais uma repetição apenas quando for o momento apropriado. Além disso, evite ampliar a duração ao mesmo tempo em que aumenta qualquer outro aspecto do princípio FITT (Frequência, Intensidade, Tipo ou Tempo).

MOVIMENTO 17	SALTO PARA A FRENTE, SALTO PARA TRÁS

Posição Inicial: fique em pé com água entre a caixa torácica e o peito. Comece na posição neutra, com a coluna ereta; estenda os braços para a frente, com as palmas para baixo (Figura a).

Ação:
1. Salto com Encolhimento do Abdome: salte elevando os dois joelhos e contraindo o tronco e os abdominais firmemente enquanto pressiona as palmas para trás para movê-las para a frente (Figura b).
2. Pouse pressionando os calcanhares contra o solo e flexionando os joelhos ligeiramente.
3. Balance os braços para a frente, com as palmas para cima, e repita a contração abdominal enquanto salta para trás.

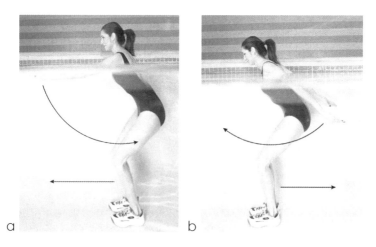

Variação: depois de desenvolver força abdominal suficiente e nível correspondente de aptidão para executar o Salto para a Frente, Salto para Trás sem risco de ter uma lesão, comece com 4 repetições em ritmo moderado (p. ex., com música a 130 batidas por minuto). Para maior variedade, salte para a frente 4 a 8 vezes e, depois, para trás 4 a 8 vezes.

Dicas de Segurança: o salto exige uma contração firme dos abdominais e dos glúteos, assim como uma potência que incorpore o princípio do treinamento pliométrico. Portanto, o Salto com Encolhimento do Abdome deve ser realizado depois que o nível básico de aptidão física for adquirido e o exercício puder ser controlado. Durante esses exercícios, os músculos abdominais trabalham em conjunto com as costas, os glúteos e o quadril para uma força coordenada. Mantenha os abdominais contraídos com firmeza, mesmo durante a descida do salto, para evitar hiperestender a região lombar e prevenir lesão.

ESCALADA DE MONTANHA — MOVIMENTO 18

Posição Inicial: de frente para a parede da piscina, com água na altura do peito, segure-se em sua borda com as duas mãos.

Ação:
1. Eleve o pé esquerdo e coloque-o na parede da piscina em uma altura confortável enquanto mantém o pé direito no chão.
2. Salte e troque a posição das pernas.
3. Continue por 16 a 32 repetições.

Dicas de Segurança: mantenha os joelhos levemente flexionados e os abdominais contraídos com firmeza. Evite esse exercício se você sente dor no pescoço.

ESQUI E POLICHINELO COMBINADOS — MOVIMENTO 19

Posição Inicial: fique em pé com água na altura entre a cintura e o peito. Inicie com o pé direito projetado para a frente do corpo e o pé esquerdo para trás; estenda o braço esquerdo para a frente (sob a água) e o braço direito para trás (Figura a).

Ação:
1. Salte e leve a perna direita para a frente enquanto posiciona a perna esquerda totalmente para trás. Ao mesmo tempo, traga a mão esquerda em forma de concha para a frente e faça pressão com a mão direita em forma de concha para trás.

2. Salte e troque de perna e de braço. Leve a perna esquerda para a frente enquanto empurra a perna direita para trás. Ao mesmo tempo, leve a mão direita em forma de concha para a frente e faça pressão com a mão esquerda em forma de concha para trás.
3. Salte e volte com as pernas afastadas, os joelhos flexionados e os calcanhares firmes no piso da piscina, com a ponta do pé direito elevada. Os dedos dos pés devem apontar ligeiramente para os lados. Ao mesmo tempo, pressione as mãos abertas para os dois lados, mantendo-as sob a água (Figura b).
4. Salte e una os pés. Volte ao chão com os joelhos flexionados. Ao mesmo tempo, pressione as mãos, uma contra a outra, nas costas, atrás dos glúteos.
5. Repita a sequência completa 8 vezes, nos dois lados.

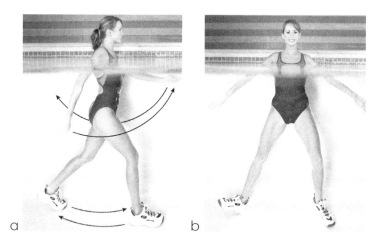

Dicas de Segurança: mantenha os abdominais e os glúteos contraídos para manter a coluna em alinhamento neutro. Mantenha o peito projetado para a frente e as escápulas abaixadas e para trás.

| MOVIMENTO 20 | **SALTO DO MOGUL** |

Posição Inicial: fique em pé com água até a caixa torácica ou até o peito. Comece na posição neutra, com a coluna ereta; mantenha os braços flexionados e os cotovelos nas laterais do corpo. Imagine uma rampa de esqui com obstáculos.

Ação:
1. Salte estabilizando o tronco, levantando os dois joelhos e contraindo os abdominais firmemente enquanto pressiona as mãos para a direita, a fim de saltar para a esquerda (Figura a).

2. Pouse pressionando os calcanhares contra o chão e flexionando os joelhos.
3. Salte estabilizando o tronco, elevando os dois joelhos e contraindo os abdominais firmemente enquanto pressiona as mãos para a esquerda, a fim de saltar para a direita (Figura b).
4. Pouse pressionando os calcanhares contra o chão e flexionando os joelhos.

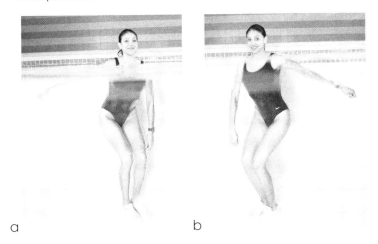

a   b

Variação: depois de desenvolver força abdominal suficiente e nível correspondente de aptidão para executar o Salto do Mogul sem risco de lesão, comece com 4 repetições em ritmo moderado (p. ex., com música a 130 batidas por minuto). Para maior variedade, salte para a frente 4 a 8 vezes e, depois, para trás 4 a 8 vezes.

Dicas de Segurança: o salto exige uma contração firme dos abdominais e dos glúteos, assim como uma potência que incorpore o princípio de treinamento pliométrico. Portanto, ele deve ser realizado depois que o nível básico de aptidão física for adquirido e o exercício puder ser controlado. Durante esses exercícios, os músculos abdominais trabalham em conjunto com as costas, os glúteos e o quadril para uma força coordenada. Mantenha os abdominais contraídos com firmeza, mesmo durante a descida do salto, para evitar hiperestender a região lombar e prevenir lesão.

ELEVAÇÃO DOS JOELHOS COM EXTENSÃO DO QUADRIL — MOVIMENTO 21

Posição Inicial: em pé, com água na altura entre a cintura e o tórax, os pés afastados na largura dos ombros e as mãos nas laterais do corpo.

Ação:
1. Leve as mãos abertas para trás enquanto eleva o joelho esquerdo em direção ao peito (Figura a).

2. Leve as mãos para a frente enquanto pressiona a perna esquerda para trás, estendendo o quadril (Figura b). Repita as etapas 1 e 2 quatro vezes; depois una os pés.
3. Leve as mãos abertas para trás enquanto levanta o joelho direito em direção ao peito.
4. Leve as mãos para a frente enquanto pressiona a perna direita para trás, estendendo o quadril.
5. Repita as etapas 3 e 4 quatro vezes.

a   b

Variação: ao invés de levar os dois braços para a frente, alterne-os como mostrado.

Dicas de Segurança: ao elevar o joelho, evite curvar as costas ou fazer a retroversão da pelve. Enquanto pressiona a perna para trás, mantenha os abdominais contraídos com firmeza para evitar hiperestender a região lombar e prevenir lesão.

MOVIMENTO 22 — CAVALO DE BALANÇO

Posição Inicial: posicione o pé direito à frente do pé esquerdo. Adote a posição neutra.

Ação:
1. Com o pé esquerdo apoiado, eleve o joelho direito em direção ao tórax e pressione as duas mãos para baixo passando do quadril, mantendo os braços relativamente estendidos (Figura a).
2. Salte para a frente com a perna direita enquanto leva o calcanhar esquerdo para cima e para trás em um chute em direção aos glúteos. Ao

mesmo tempo, balance os dois braços para a frente, com as palmas voltadas para cima (Figura b).
3. Repita 8 vezes as etapas 1 e 2.
4. Com o pé direito apoiado, eleve o joelho esquerdo em direção ao tórax e pressione as duas mãos para baixo passando do quadril.
5. Salte para a frente com a perna esquerda enquanto leva o calcanhar direito para cima e para trás em um chute em direção aos glúteos. Ao mesmo tempo, pressione as duas mãos para a frente.
6. Repita 8 vezes as etapas 3 e 4.

a

b

Dicas de Segurança: no exercício Cavalo de Balanço, é especialmente importante proteger a coluna para evitar curvar demais a região lombar. Mantenha os abdominais e os glúteos firmemente contraídos. Mantenha o tronco ereto, o tórax expandido e as escápulas abaixadas e para trás; respire profundamente. Evite arquear a região lombar, especialmente enquanto chuta para cima com o calcanhar, e não se incline para a frente e para trás.

AVANÇAR E VOLTAR AO CENTRO — MOVIMENTO 23

Posição Inicial: comece com suas mãos nas laterais do corpo, este na posição neutra.

Ação:
1. Salte e vire todo o tronco para a direita enquanto balança os dois braços nessa mesma direção, com as palmas das mãos para cima. Ao mesmo tempo, contraia os músculos abdominais e impulsione a perna esquerda para trás (Figura a).

2. Salte, vire o tronco para trás até a posição inicial unindo os pés no centro. Leve os braços para as laterais do corpo (Figura b).
3. Salte e vire todo o tronco para a esquerda enquanto balança os dois braços nessa mesma direção, com as palmas das mãos para cima. Ao mesmo tempo, impulsione a perna direita para trás (Figura c).
4. Salte, vire o tronco para trás, até a posição inicial unindo os pés no centro. Leve os braços para as laterais do corpo.
5. Repita de 8 a 16 vezes.

a b c

Variações:
- Para reduzir a intensidade, execute os movimentos sem saltar; em vez disso, gire sobre os dedos dos pés enquanto pressiona a perna para trás e vira todo o tronco. Dê um passo para unir os pés novamente ao centro.
- Para aumentar a intensidade, faça o seguinte entre os movimentos de avanço: contraia os abdominais com firmeza, estabilize o tronco e leve os dois joelhos em direção ao tórax antes de unir os pés ao centro. Ou, ainda, pule para a frente por 4 repetições, execute Avançar e Voltar ao Centro uma vez em cada lado, depois pule para trás por 4 repetições e execute Avançar e Voltar ao Centro uma vez em cada lado.

Dicas de Segurança: a cada projeção da perna para trás, contraia com firmeza os abdominais para proteger a coluna. Concentre-se em manter o peito projetado para a frente e as escápulas abaixadas e para trás.

 QUADRADO DE CHUTES COM AVANÇO

Posição Inicial: comece com as mãos nas laterais do corpo, este na posição neutra.

Ação:

1. Avance para a direita (Figura a) e depois para a esquerda (Figura b) como em Avançar e Voltar ao Centro (Movimento 23). Impulsione o corpo para cima, adicionando um salto entre o movimento. Depois do avanço à esquerda, permaneça voltado para o mesmo lado.
2. Dê um chute com a perna direita para a frente (Figura c) a partir do quadril e depois com a perna esquerda (Figura d).
3. Repita a sequência até ter avançado e chutado enquanto vira o corpo para todas as quatro direções. Em seguida, repita na direção oposta, avançando para a esquerda e depois para a direita.

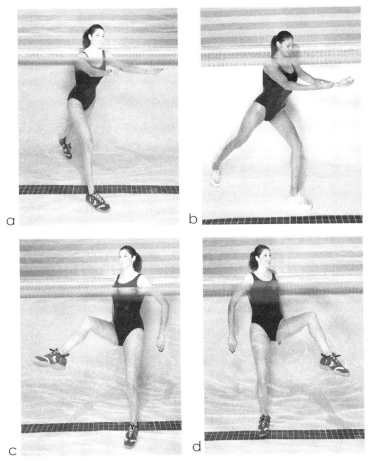

Dicas de Segurança: ao chutar, eleve a perna o mais alto que conseguir, sem curvar as costas, sem promover a retroversão da pelve. Se isso ocorrer, mantenha a perna mais baixa e o tronco ereto contraindo os abdominais com firmeza. Sempre que projetar a perna para trás para o avanço, contraia com firmeza os abdominais para proteger a coluna. Concentre-se em manter o peito projetado para a frente e as escápulas abaixadas e para trás.

MOVIMENTO 25 — SALTO COM GIRO (SALTO DO *TWIST*)

Posição Inicial: comece na posição neutra, com os cotovelos flexionados, as mãos para a frente e as palmas planas ou em forma de concha com os polegares para cima.

Ação:
1. Estabilize o tronco, agache-se ligeiramente e impulsione-se para cima. Enquanto sobe, vire todo o corpo meia volta para a direita, empurrando com as duas mãos para a esquerda, e mantenha os cotovelos próximos à cintura (Figura a).
2. Encolha-se novamente e impulsione o corpo para cima enquanto empurra as duas mãos para a direita, mantendo os cotovelos próximos à cintura. Ao mesmo tempo, vire o corpo meia volta para a esquerda (Figura b).
3. Repita 8 vezes as etapas 1 e 2.

a   b

Variação: para aumentar a intensidade e reduzir o estresse na região lombar, primeiro salte 4 vezes para a frente e depois execute o Salto com Giro uma vez em cada direção; salte 4 vezes para trás e faça o Salto com Giro uma vez em cada direção. Isso permite realinhar a coluna entre os Saltos com Giro.

Dica de Segurança: mantenha o corpo estabilizado e alinhado na posição neutra. Os braços impelem o movimento de giro e o tronco e as pernas viram-se juntos.

Aeróbica com Flutuação

O equipamento de flutuação ajuda no treinamento com os exercícios a seguir. Escolha dentre esses equipamentos: cinturão de flutuação, colete para exercícios aquáticos, espaguetes ou braçadeiras. Aqui estão algumas dicas úteis:

- Use os braços em oposição às pernas: quando a perna direita chutar para a frente, leve o braço esquerdo para a frente e vice-versa.
- Se estiver usando um cinturão de flutuação, ajuste-o bem para evitar que ele suba enquanto se movimenta na água profunda, mas deixe-o frouxo o bastante para permitir que respire com conforto. Coletes aquáticos específicos (*wet vest*) são projetados especialmente para impedir que o equipamento de flutuação suba, e proporcionam uma sensação maior de equilíbrio.
- Braçadeiras de flutuação para a parte superior do braço têm custo baixo e oferecem maior confiabilidade em relação aos cinturões de flutuação, que podem causar sensação de desequilíbrio. Em caso de dor nas costas, talvez considere essas braçadeiras particularmente confortáveis. Em caso de dor no pescoço, opte por um cinturão de flutuação ou um colete aquático.
- Os espaguetes têm baixo custo, são versáteis e divertidos de usar.

ESQUI AQUÁTICO

MOVIMENTO 26

Equipamento: use cinturão de flutuação, colete para exercícios aquáticos ou braçadeiras.

Posição Inicial: vá até um ponto com água suficientemente profunda para retirar os pés do piso da piscina. Contraia os abdominais e os glúteos e pressione os pés para baixo até que as pernas apontem diretamente para baixo. Leve a perna direita para a frente e a esquerda para trás, e o braço esquerdo para a frente e o direito para trás.

Ação:

1. Com um movimento de deslizamento, simule ações de esqui *cross-country*. Leve a perna direita para a frente enquanto impulsiona a perna esquerda para trás. Ao mesmo tempo, leve o braço esquerdo para a frente e empurre o braço direito para trás. Tente alcançar toda a amplitude de movimentos que possa controlar e que seja confortável; evite fazer repetições curtas, rápidas e entrecortadas. Pressione a perna direita para a frente o máximo que conseguir, e a esquerda para trás, da mesma forma.
2. Alterne pernas e braços com um movimento deslizante.
3. Repita de 8 a 16 vezes.

Variações:
- Para reduzir a intensidade, mantenha os joelhos flexionados.
- Para maior intensidade, impulsione o corpo através da piscina. Use mãos em forma de concha para empurrar a água para trás e corte a água com o dorso da mão ao levá-la para a frente.

Dicas de Segurança: contraia firmemente os abdominais e estabilize a coluna com os músculos dos glúteos para proteger a região lombar. Mantenha o peito projetado para a frente e as escápulas abaixadas e para trás.

MOVIMENTO 27   **TESOURAS LATERAIS FLUTUANTES**

Equipamento: use cinturão de flutuação, colete para exercícios aquáticos ou braçadeiras.

Posição Inicial: vá até um ponto com água suficientemente profunda para retirar os pés do piso da piscina. Contraia os abdominais e os glúteos e pressione os pés para baixo até que as pernas apontem diretamente para o chão (Figura a).

Ação:
1. Afaste as pernas em uma distância confortável (Figura b) e os braços para os lados, ao mesmo tempo.
2. Una as pernas e as mãos nas laterais do corpo.
3. Repita de 8 a 16 vezes.

a

b

Variação: flexione levemente os joelhos para aumentar a turbulência da água e a intensidade do movimento ao puxar e empurrar as pernas pela água.

Dicas de Segurança: contraia firmemente os abdominais e estabilize a coluna com os músculos dos glúteos para proteger a região lombar. Mantenha o peito projetado para a frente e as escápulas abaixadas e para trás.

CHUTE PARA TRÁS COM FLUTUAÇÃO E AGITAÇÃO DOS BRAÇOS — MOVIMENTO 28

Equipamento: use cinturão de flutuação, colete para exercícios aquáticos ou braçadeiras.

Posição Inicial: vá até um ponto com água suficientemente profunda para retirar os pés do piso da piscina. Deite-se com a coluna estabilizada na posição neutra e os abdominais e glúteos contraídos.

Ação:
1. Dê pequenos chutes movendo as pernas a partir do quadril e impulsione o corpo em todo o comprimento da piscina. Mantenha os pés sob a água.
2. Agite os braços em forma de "S" nas laterais do corpo. Repita quantas vezes quiser.

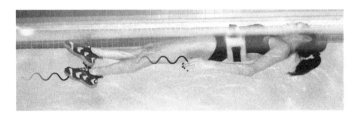

Variação: se não se importar de molhar os cabelos, será possível simular o nado de costas para aumentar a intensidade.

Dicas de Segurança: olhe sobre o ombro periodicamente para evitar a colisão com outros nadadores. Para apoio do pescoço, adicione um colar cervical de flutuação.

SALTO VERTICAL DO SAPO — MOVIMENTO 29

Equipamento: use cinturão de flutuação, espaguete, colete para exercícios aquáticos ou braçadeiras.

Posição Inicial: vá até um ponto com água suficientemente profunda para retirar os pés do piso da piscina. Pressione os pés para baixo, de modo que as pernas apontem diretamente para o piso.

Ação:

1. Contraia firmemente os músculos abdominais e os glúteos e, a partir do quadril, leve os dois joelhos com vigor em direção ao tórax. Pressione as mãos abertas, uma contra a outra, à sua frente enquanto contrai os músculos (Figura a).
2. Afaste bem os pés enquanto estende as pernas em direção ao fundo da piscina (Figura b). Mantenha as mãos abertas para fora e para baixo das laterais do corpo enquanto afasta bem os pés e estende as pernas.
3. Deslize rapidamente unindo as pernas.
4. Repita a sequência 8 vezes.

a

b

Variação: para maior intensidade, execute o mesmo exercício horizontalmente, de costas, enquanto cruza a piscina.

Dica de Segurança: mantenha o controle dos músculos estabilizadores do pescoço e do tronco para permanecer na posição neutra durante todo o exercício, obtendo assim benefícios desse movimento, em vez de colocar tensão nas costas e no pescoço.

| MOVIMENTO 30 | **TREMULAÇÃO VERTICAL COM CHUTE** |

Equipamento: use cinturão de flutuação, espaguete, colete para exercícios aquáticos ou braçadeiras.

Posição Inicial: vá até um ponto com água suficientemente profunda para retirar os pés do piso da piscina. Leve os pés para baixo, de modo que as pernas apontem diretamente para o piso. À frente do tórax, faça círculos com as mãos em torno uma da outra com movimentos variados.

Ação:
1. Agite as pernas com movimentos de chutes breves e curtos a partir do quadril.
2. Continue com os chutes pelo tempo que conseguir manter a estabilização neutra. Ao adquirir mais prática, aumente o tempo de forma gradual ou intercale 10 segundos de Tremulação Vertical com Chute durante toda a sequência de exercícios aeróbicos com flutuação.

Variação:
Tremulação Vertical com Giro: gire em um pequeno círculo enquanto dá chutes tremulantes, como os descritos acima.

Dica de Segurança: mantenha os músculos de estabilização do tronco e do pescoço na posição neutra durante todo o exercício. Se você continuar além do ponto de fadiga dos estabilizadores, poderá colocar tensão nas costas e no pescoço.

ESCALADA DE MONTANHA COM FLUTUAÇÃO — MOVIMENTO 31

Equipamento: use cinturão de flutuação, espaguete, colete para exercícios aquáticos ou braçadeiras.

Posição Inicial: vá até um ponto com água suficientemente profunda para retirar os pés do piso da piscina. Leve os pés para baixo, de modo que as pernas apontem diretamente para o piso.

Ação:
1. Leve o joelho direito para a frente e para cima. Estenda a perna à frente o máximo que puder como se estivesse escalando um pico íngreme. Ao mesmo tempo, estenda a perna posterior para trás. Bombeie simultaneamente os braços, com as mãos abertas contra a água, em oposição ao movimento das pernas.
2. Troque de perna e repita, alternando pernas e braços, enquanto cruza a piscina.
3. Execute 16 repetições.

Dica de Segurança: mantenha os músculos abdominais e os glúteos contraídos com firmeza e o tronco em posição mais ou menos vertical para proteger a região lombar.

MOVIMENTO 32   **BOMBEAMENTO NA BICICLETA**

Equipamento: use cinturão de flutuação, colete para exercícios aquáticos, espaguetes ou braçadeiras.

Posição Inicial: vá até um ponto com água suficientemente profunda para retirar os pés do piso da piscina. Leve os pés para baixo, de modo que as pernas apontem diretamente para o piso. Posicione o corpo ereto e na posição vertical.

Ação:
1. Contraia os músculos abdominais e os glúteos.
2. Traga um joelho em direção ao tórax, mantendo as costas planas e retas, enquanto estende a outra perna para o fundo da piscina.
3. Alterne as pernas.
4. Repita a sequência rapidamente 16 vezes.

Variação: para aumentar a intensidade, aumente a resistência da área de superfície flexionando o pé em vez de realizar o movimento com a ponta do pé, de modo que o tornozelo forme um ângulo reto.

Dica de Segurança: mantenha a postura neutra, com os músculos abdominais contraídos, o peito projetado para a frente e expandido, as escápulas abaixadas e para trás e as costas planas, para proteger a coluna.

MOVIMENTO 33   **CHUTE DE FUTEBOL E CAN-CAN**

Equipamento: use cinturão de flutuação, macarrão, colete para exercícios aquáticos ou braçadeiras.

Posição Inicial: vá até um ponto com água suficientemente profunda para retirar os pés do piso da piscina. Imagine-se sentado em uma cadeira; adote essa posição. Afaste os joelhos cerca de 15 cm e flexione as duas pernas aproximadamente em 90 graus. Contraia os músculos abdominais e os glúteos com firmeza.

Ação:
1. Mantenha os pés e os joelhos sob a água e o quadril estabilizado. Em vez de chutar a partir do quadril, estenda a perna a partir do joelho, chutando para estendê-la.
2. Flexione a perna direita em 90 graus. Ao mesmo tempo, chute com a perna esquerda.
3. De forma alternada, chute e flexione cada perna e faça 16 repetições.

Variações:
- Para elevar a intensidade, aumentando também a resistência da área de superfície, aponte os dedos para a frente.
- Para menor intensidade, flexione o tornozelo.

Dica de Segurança: evite hiperestender o joelho. Interrompa o chute no ponto em que a perna estiver estendida e antes de o joelho começar a ser flexionado em direção contrária à flexão normal da articulação.

Técnicas Avançadas de Condicionamento

Pratique as variações avançadas de condicionamento para aumentar o desafio, enquanto você adquire melhor forma física. Veja o Capítulo 7, Intensificando os Exercícios, e confira uma amostra da ação eficaz dos exercícios pliométricos aeróbicos de intensidade máxima para o condicionamento cardiovascular e a potência neuromuscular. Adicione movimentos avançados e explosivos, como Polichinelos Pliométricos e Salto do Golfinho, quando estiver preparado para obter um nível superior de condicionamento físico. Os exercícios pliométricos empregam potentes arranques a partir do piso da piscina para elevar a intensidade cardiorrespiratória e aumentar o equilíbrio e as habilidades de coordenação.

Resfriamento Aeróbico

Execute os mesmos exercícios descritos no título Aquecimento Aeróbico, no começo deste capítulo. Encurte progressivamente a amplitude de movimentos, reduza o percurso e minimize os saltos, enquanto baixa gradualmente a intensidade dos movimentos aeróbicos. O resfriamento é um componente essencial da sequência de exercícios aeróbicos, que permite ao corpo se adaptar gradualmente à redução da demanda cardiorrespiratória. Negligenciar o resfriamento pode aumentar as chances de eventos cardiovasculares ou lesões em qualquer idade. Finalize cada sessão de exercícios aquáticos com uma sequência final de alongamento de resfriamento, como descrito no Capítulo 4, Aquecimento e Resfriamento. Sem esses alongamentos finais, o risco de dor ou lesão aumenta significativamente.

Fortalecimento e Tonificação

O fortalecimento e a tonificação muscular não são importantes apenas por razões estéticas. Estudos mostram que além de as atividades regulares e consistentes para o condicionamento físico melhorarem e manterem a força muscular, elas podem prevenir lesões e aumentar as chances de manter a independência e a mobilidade física com o passar do tempo. Exercícios que incorporam maior resistência e menos repetições aumentam a força e produzem benefícios de resistência muscular. Mais repetições com menor resistência melhoram principalmente a resistência muscular, isto é, o número de repetições que podem ser completadas antes do ponto de fadiga muscular.

Os exercícios de fortalecimento e tonificação muscular também aumentam a massa corporal magra total e melhoram a proporção de tecido magro para adiposo (gordo). Portanto, à medida que se desenvolve uma porcentagem maior de tecido muscular, o corpo metaboliza mais calorias em repouso ou em exercício. Por essa razão, o fortalecimento e a tonificação muscular são componentes importantes para qualquer plano de controle de peso. Estudos demonstram que pessoas que se engajam em atividades de fortalecimento e tonificação muscular duas ou três vezes por semana têm mais sucesso para emagrecer e manter-se magras em longo prazo.

O treinamento muscular na água aumenta a força, a resistência e o tônus muscular. Se você deseja acentuar mais a força muscular do que a resistência, depois de ter dominado o nível básico, adicione equipamento de resistência, como descrito no Capítulo 2, Preparando-se para os Exercícios Aquáticos. Concentre a atenção no posicionamento do corpo e trabalhe os músculos específicos para cada exercício. Cada instrução de exercício especifica o grupo muscular usado e explica as opções de equipamento, a posição corporal, a ação do músculo, a respiração apropriada e as variações. O correto é que se execute exercícios de fortalecimento e tonificação dia sim, dia não. Salte um dia entre as sessões de fortalecimento para permitir o descanso e a recuperação dos músculos trabalhados. Esse período é essencial para que o corpo complete os processos necessários para construir músculos e tecidos de tendões mais firmes, fortes e capazes. Se exercícios de resistência ou fortalecimento forem executados com o mesmo grupo muscular dois dias seguidos, não haverá tempo suficiente para o processo de adaptação do corpo, que provavelmente sofrerá lesão. Antes de iniciá-los, familiarize-se com as definições a seguir usadas para o condicionamento físico.

Contrair - Comprimir, firmar ou apertar o músculo que está sendo exercitado a fim de mobilizar as fibras musculares para a ação.
Isolar – Concentrar a energia no músculo que está sendo exercitado e minimizar o movimento no restante do corpo.
Flexionar – Diminuir o ângulo entre duas extremidades de uma articulação, por exemplo, flexionando o joelho.
Estender – Aumentar o ângulo da articulação, por exemplo, estendendo o cotovelo.
Abduzir – Mover um membro afastando-o da linha mediana do corpo.
Aduzir – Mover um membro em direção à linha mediana do corpo.
Força central – A força central é o desenvolvimento *balanceado* dos músculos que estabilizam e movem o tronco, incluindo os abdominais e os músculos das costas. O objetivo é desenvolver os músculos internos profundos do tronco, de modo que todos se movimentem de forma mais eficiente um com o outro. O desenvolvimento da força central exige treinamento dos músculos abdominais, pélvicos, dos glúteos, pescoço e costas, os quais envolvem a área central do corpo, para que todas as articulações do tronco, incluindo a coluna vertebral, sejam cercadas por uma estrutura de sustentação de feixes musculares que partem em diferentes direções. Os músculos centrais agem como amortecedores de choque para saltos, pulos ou exercícios pliométricos; eles estabilizam o corpo e representam uma ligação, ou um transmissor, entre as pernas e os braços.

Parte Inferior do Corpo

Exercícios para a parte inferior do corpo tonificam e fortalecem quadril, coxas, glúteos e parte inferior das pernas (rever diagramas dos músculos na Figura 3.6), produzindo uma aparência mais delgada e forte e, quando executados de forma correta, ajudam a prevenir dor nos joelhos e nas costas. Concentre-se em aprender a posição corporal adequada para melhorar os resultados e prevenir lesões dolorosas associadas com uma técnica deficiente. Se você se concentrar em contrair os músculos indicados "focando o músculo" para cada exercício, poderá conquistar melhoras com mais facilidade.

TÉCNICAS AVANÇADAS DE CONDICIONAMENTO

Depois que dominar os exercícios de condicionamento para a parte inferior do corpo, mais séries poderão ser acrescentadas ao treino. Adicione potência à sessão avançada. Veja Conquistando a Boa Forma, no Capítulo 7, Intensificando os Exercícios, para excelentes movimentos de potência para tonificação avançada da parte inferior do corpo – como Passada com Agachamento e Elevação de Joelho com Agachamento. Você pode empregar movimentos de potência após os exercícios aeróbicos a fim de tonificar e resfriar o corpo, enquanto mantém a frequência cardíaca no extremo inferior da zona-alvo aeróbica.

TESOURAS PARA REGIÕES INTERNA E EXTERNA DAS COXAS — MOVIMENTO 34

Equipamento: se os músculos do tronco e da parte inferior do corpo estiverem basicamente fortalecidos, talvez você deseje usar caneleiras de resistência, barbatanas ou botas para aumentar a intensidade.

Músculo Visado: este movimento exercita os músculos do quadril e as regiões interna e externa das coxas.

Posição Inicial: execute o exercício com água na altura entre a cintura e o tórax. Coloque-se em pé, de lado para a parede da piscina, e segurando em sua borda com uma das mãos para ter equilíbrio. Execute uma série com os dedos dos pés estendidos para a frente e uma série com os dedos apontando para fora. Mantenha os ossos do quadril posicionados reto e para a frente, na mesma direção do solo. Certifique-se de contrair os músculos abdominais durante todo o movimento, a fim de manter a posição. Adote a posição neutra protegida.

Ação:
1. Execute abdução do quadril: eleve a perna oposta à lateral da piscina para o lado. Não se incline em direção à parede da piscina, nem se afaste dela (Figura a).
2. Execute adução do quadril: contraia os músculos da região interna das coxas para unir novamente os pés (Figura b).
3. Repita de 8 a 16 vezes.
4. Mude de lado e repita o exercício o mesmo número de vezes realizado com a outra perna.

Variações:
- Leve a mão oposta à parede da piscina em forma de concha em direção ao corpo enquanto empurra a perna. Depois, eleve a mão em forma de concha para o lado, enquanto trás a perna de volta à posição inicial.
- Se você tem músculos fortes e estáveis no tronco e não sente dor na região lombar, varie o trabalho de força cruzando a perna na frente do pé estacionado 4 vezes e leve-a para trás 4 vezes.

a

b

Dicas de Segurança: mantenha o peito projetado para a frente, as escápulas abaixadas e para trás e o tronco ereto e equilibrado de maneira uniforme da frente para trás e da esquerda para a direita. Eleve apenas até onde for possível sem se inclinar para um lado ou girar o tronco. Eleve somente a perna, evitando mover o quadril. Coloque a outra mão sobre ele para ajudar a mantê-lo estável, sem que haja nenhum movimento na cintura ou no pescoço. Contraia os abdominais e os glúteos para proteger a região lombar. Em caso de dores nas costas, mantenha a perna mais baixa em cada elevação.

MOVIMENTO 35 — DESLIZAMENTO DE PERNA PARA A FRENTE E PARA TRÁS

Equipamento: se os músculos do tronco e da parte inferior do corpo estiverem fortalecidos, talvez você deseje usar caneleiras de resistência, barbatanas ou botas para aumentar a intensidade.

Músculo Visado: este movimento exercita os músculos do quadril, dos glúteos e da parte frontal e posterior das coxas.

Posição Inicial: execute o exercício com água na altura entre a cintura e o tórax. Coloque-se em pé, de lado para a parede da piscina, segurando em sua borda com uma das mãos para ter equilíbrio. Contraia os músculos abdominais e os glúteos para firmar-se na posição neutra.

Ação:

1. Flexão do quadril: eleve a perna próxima à parede da piscina para a frente a partir do quadril em uma altura confortável (Figura a).
2. Extensão do quadril: inverta a direção do movimento flexionando a perna para trás até onde for possível, sem arquear a região lombar. Coloque a mão na região lombar para monitorar a posição (Figura b).
3. Repita a sequência de 8 a 16 vezes. Vire-se e repita as etapas 1 e 2 com o mesmo número de repetições na outra perna.

Variações:

- Se deseja reduzir a intensidade do exercício, flexione o joelho ou torne o movimento mais lento.
- Para adicionar atividade na parte superior do corpo, leve a mão em forma de concha para trás ao elevar a perna para a frente e leve-a em forma de concha para a frente enquanto movimenta a perna para trás.

a

b

Dicas de Segurança: contraia os músculos abdominais com firmeza enquanto faz pressão com a perna para trás. Mantenha o peito projetado para a frente, as escápulas abaixadas e para trás e o tronco ereto. Limite a altura do chute para trás até o ponto em que seja possível manter a posição sem arquear as costas. Não deve haver nenhum movimento no tronco, na cintura ou no pescoço.

CHUTE A PARTIR DO JOELHO

MOVIMENTO 36

Equipamento: se os músculos do tronco e da parte inferior do corpo estiverem fortalecidos, talvez você deseje usar caneleiras de resistência, barbatanas ou botas para aumentar a intensidade.

Músculo Visado: este movimento exercita os músculos da parte frontal e posterior das coxas.

Posição Inicial: execute o exercício com água na altura entre a cintura e o tórax. Coloque-se em pé, de lado para a parede da piscina, segurando em sua borda com uma das mãos para ter equilíbrio. Contraia os músculos abdominais e os glúteos para firmar-se na posição neutra. Mantenha o peito projetado para a frente e as escápulas abaixadas e para trás. Eleve a perna formando um ângulo reto entre o quadril e o joelho.

Ação:
1. Contraia a parte anterior da coxa elevando a perna em direção à superfície, empurrando-a contra a resistência da água.
2. Contraia a parte posterior da coxa e os glúteos enquanto flexiona (dobra) o joelho.
3. Repita de 8 a 16 vezes. Vire-se e repita o mesmo número de vezes com a outra perna.

Variações:
- Se achar difícil manter a perna elevada, use a perna oposta à lateral da piscina, segure atrás da coxa para apoiá-la enquanto é elevada. Não se esqueça de ficar ereto, com os abdominais contraídos, o peito projetado para a frente e as escápulas abaixadas e para trás.
- Aumente a intensidade apontando os dedos dos pés da perna em movimento para baixo. Reduza a intensidade chutando com o pé flexionado (mantenha o tornozelo em ângulo reto).

Dicas de Segurança: evite travar o joelho ao estender a perna. Elimine este exercício se sentir dor no joelho; adicione-o à sua rotina quando ele estiver recuperado e sem dor.

MOVIMENTO 37 — PASSADA DO CORREDOR

Equipamento: se os músculos do tronco e da parte inferior do corpo estiverem fortalecidos e não havendo dor no joelho, talvez deseje usar caneleiras de resistência, barbatanas ou botas para aumentar a intensidade.

Músculo Visado: este movimento exercita os músculos do quadril, os glúteos e das partes anterior e posterior das coxas.

Posição Inicial: execute este exercício com água na altura entre a cintura e o tórax. Coloque-se em pé, de lado para a parede da piscina, segurando em sua borda com uma das mãos para ter equilíbrio. Contraia os músculos abdominais e os glúteos para firmar a coluna na posição neutra.

Ação:
1. Eleve a perna em ângulo reto a partir do quadril e do joelho (Figura a).
2. Chute em direção à superfície (Figura b).
3. Pressione a perna estendida para baixo e para trás do corpo.
4. Leve o calcanhar em direção aos glúteos.
5. Eleve a perna em ângulo reto entre o quadril e o joelho.
6. Repita a sequência completa de 8 a 16 vezes. Vire-se e repita o mesmo número de vezes com a outra perna.

a

b

Dicas de Segurança: concentre-se em manter uma posição neutra com sustentação firme, sem inclinar-se para a frente ou para trás ou arquear a região lombar. Evite hiperestender o joelho. Elimine este exercício se tende a sentir dor no joelho; adicione-o à sua rotina quando ele estiver totalmente recuperado e sem dor.

ABDUÇÃO UNILATERAL DO QUADRIL — MOVIMENTO 38

Equipamento: se os músculos do tronco e da parte inferior do corpo estiverem fortalecidos e não havendo dor no quadril, talvez deseje usar caneleiras de resistência, barbatanas ou botas para aumentar a intensidade.

Músculo Visado: este movimento exercita o quadril e os glúteos.

Posição Inicial: execute o exercício com água na altura entre a cintura e o tórax. Coloque-se em pé, de lado para a parede da piscina, segurando em sua borda com uma das mãos para ter equilíbrio. Contraia os músculos abdominais e os glúteos para firmar a coluna na posição neutra. Eleve o joelho oposto à lateral da piscina para a frente para formar um ângulo reto entre o quadril e o joelho.

Ação:
1. Eleve o joelho flexionado para o lado.
2. Traga-o de volta à posição inicial (em pé).
3. Repita de 8 a 16 vezes. Vire-se e repita o mesmo número de vezes com a outra perna.

Variação: este movimento ajuda a melhorar o alinhamento da parte inferior do corpo, por ser executado de forma suave: eleve o joelho, empurre-o em direção à parede da piscina e traga-o de volta à posição inicial baixando o pé. Repita o exercício de 8 a 16 vezes em cada lado.

Dicas de Segurança: proteja o quadril e as costas movendo-se lentamente e com controle. Evite virar o tronco: coloque a mão sobre o abdome para garantir que você não está girando o tronco enquanto movimenta o joelho. Para proteger a articulação do joelho, evite flexioná-lo além de 90°.

MOVIMENTO 39 — MERGULHO DO PINO

Músculo Visado: este movimento exercita os músculos dos glúteos e as partes anterior e posterior das coxas.

Posição Inicial: execute este exercício com água na altura da cintura. Coloque-se em pé, de lado para a parede da piscina, segurando em sua borda com uma das mãos para ter equilíbrio. Contraia os músculos abdominais e os glúteos para firmar a coluna na posição neutra. Posicione uma perna atrás da outra e faça um movimento de alcance para a frente com o braço oposto à lateral da piscina estendido e a palma voltada para a frente.

Ação:
1. Baixe o joelho posterior enquanto empurra a mão aberta de fora para trás do corpo (Figura a).
2. Impulsione o corpo para cima, usando os músculos da perna que está a frente, enquanto leva o braço para a frente, com a mão aberta voltada para cima (Figura b).
3. Repita 8 vezes, gire sobre os dedos dos pés para trocar de lado e repita mais 8 vezes. Adicione mais repetições e séries de repetições gradualmente, à medida que a força aumentar.

a   b

Variação: comece executando o exercício com a mão sobre o quadril para evitar a confusão que pode ocorrer ao tentar coordenar os braços e as pernas. Depois, adicione os movimentos de braço para ajudar a aumentar a coordenação.

Dicas de Segurança: certifique-se de que o joelho frontal esteja posicionado sobre o calcanhar, e não sobre os dedos dos pés.

AGACHAMENTO NA PAREDE

MOVIMENTO 40

Músculo Visado: este movimento exercita o quadril, os glúteos e as partes anterior e posterior das coxas, e ajuda a criar uma forte estabilidade nos joelhos.

Posição Inicial: execute este exercício com água na altura da cintura. Fique em pé, de frente para a parede ou a escada da piscina segurando-se com as duas mãos. Afaste os pés na largura dos ombros ou alinhe-os ao quadril, com os joelhos apontando na mesma direção que o primeiro e o segundo dedos dos pés. Estes devem estar apontando para a frente ou levemente virados para fora. Contraia os músculos abdominais e os glúteos para firmar a coluna na posição neutra.

Ação:
1. Eleve o tórax e empurre os glúteos para trás e para baixo, como se estivesse sentando em uma cadeira colocada a 30 cm atrás de você. Agache-se até cerca de 1/3 do caminho da cadeira imaginária.
2. Abaixe-se lentamente usando os glúteos e os músculos das coxas e volte à posição ereta, em pé.
3. Execute de 8 a 16 repetições.

Variação: afaste mais os pés e então vire-os para fora levemente. Complete de 8 a 10 repetições.

Dicas de Segurança: contraia os músculos abdominais com firmeza e evite arquear as costas. Mantenha os joelhos alinhados com os dedos dos pés enquanto se agacha. Agache-se menos se tiver dificuldade para manter os joelhos alinhados com os dedos dos pés.

MOVIMENTO 41 — TOQUE COM AGACHAMENTO

Músculo Visado: este movimento exercita o quadril, os glúteos e as partes anterior e posterior das coxas, e ajuda a criar uma forte estabilidade nos joelhos.

Posição Inicial: execute o exercício com água na altura da cintura. Fique em pé, de frente para a parede ou a escada da piscina segurando-se com as duas mãos. Afaste os pés na largura dos ombros ou mais, com os joelhos apontando na mesma direção que o primeiro e o segundo dedos dos pés. Estes devem estar apontados para a frente ou levemente virados para fora. Contraia os músculos abdominais e os glúteos para firmar a coluna na posição neutra (Figura a).

Ação:
1. Execute o Agachamento Contra a Parede.
2. Abaixe-se lentamente usando os músculos dos glúteos e das coxas. Enquanto torna a levantar-se, abduza a coxa tocando a ponta do dedo do pé esquerdo no piso enquanto mantém a perna reta (Figura b).
3. Traga a perna à posição inicial enquanto se agacha novamente e repita as etapas 1 e 2, tocando o piso com o pé direito.
4. Execute de 8 a 16 repetições.

a

b

Variação: afaste mais os pés e então vire-os levemente para fora. Complete de 8 a 10 repetições.

Dicas de Segurança: contraia os músculos abdominais com firmeza e evite arquear as costas.

EXTENSÃO DOS TORNOZELOS — MOVIMENTO 42

Músculo Visado: este movimento exercita a panturrilha e fortalece os pés.

Posição Inicial: execute o exercício com água na altura entre a cintura e o tórax. Fique de frente para a parede da piscina segurando-se em sua borda. Fique em pé, à distância de um braço da parede da piscina, com os pés afastados na largura dos ombros e os joelhos relaxados. Contraia os músculos abdominais e os glúteos para firmar a coluna na posição neutra.

Ação:
1. Erga-se na ponta dos pés.
2. Baixe lentamente os calcanhares até o piso.
3. Repita de 8 a 16 vezes.

Variações:
- Afaste mais os pés e então vire-os para fora levemente. Complete de 8 a 10 repetições.
- Eleve um joelho e execute de 8 a 10 repetições com uma perna e, depois, repita com a outra.

Dicas de Segurança: se sentir instabilidade ao tentar estender o joelho, execute o exercício levantando uma perna e estendendo e flexionando o pé erguido. Depois alterne a perna e repita. Inclua rotação dos tornozelos e desenhe com os dedos dos pés o alfabeto para melhorar a flexibilidade e fortalecer as articulações dos tornozelos e dos pés. Você pode segurar com uma das mãos atrás do joelho erguido; certifique-se de que está na posição neutra e segurando-se na parede da piscina.

ELEVAÇÃO DOS DEDOS DOS PÉS — MOVIMENTO 43

Músculo Visado: este movimento exercita as canelas.

Posição Inicial: execute o exercício com água na altura entre a cintura e o tórax. Fique de frente para a parede da piscina segurando-se em sua borda. Fique em pé, à distância de um braço da parede da piscina, com os pés mais afastados que a largura dos ombros, e os joelhos flexionados e relaxados. Contraia os músculos abdominais e os glúteos para firmar a coluna na posição neutra. Aponte os pés levemente para fora.

Ação:
1. Eleve os dedos dos pés até um limite confortável, mantendo os calcanhares no piso.
2. Traga os dedos dos pés de volta ao piso.
3. Repita 16 vezes.

Variação: eleve um pé de cada vez, sustente dois tempos em um lado e dois tempos em outro. Repita 8 vezes.

Dica de Segurança: movimente-se lentamente, de forma suave e deliberada, deixando que os músculos da parte frontal da perna façam o trabalho.

Parte Superior do Corpo

Ter força na parte superior do corpo torna a execução das tarefas diárias muito mais fácil e ajuda a prevenir lesões. Os exercícios para a parte superior do corpo trabalham tórax, costas, ombros e parte superior dos braços. Reveja a Figura 3.4 para familiarizar-se com a localização dos músculos usados. A princípio, execute esses exercícios sem equipamento. Depois, se não tiver dores nas articulações superiores do corpo, adicione luvas de hidroginástica, discos, pranchas ou halteres aquáticos para trabalhar mais força e tonificação. Estabeleça um nível de força antes de adicionar nova resistência à sua rotina; de outro modo, você poderá sofrer lesão.

MOVIMENTO 44 — DESLIZAMENTO PARA PEITORAL E DORSAIS

Equipamento: use luvas de hidroginástica, halteres aquáticos, discos de plástico, Frisbees ou remos.

Músculo Visado: este movimento exercita o peitoral e a parte superior do corpo.

Posição Inicial: execute o exercício com água na altura do tórax ou do ombro. Fique em pé, com um pé na frente do outro em uma distância confortável que proporcione boa estabilidade. Contraia os músculos abdominais e os glúteos para firmar a coluna na posição neutra. Mantenha o peito projetado para a frente e as escápulas abaixadas e para trás. Esforce-se para manter as escápulas comprimidas uma contra a outra e abaixadas. Os ombros devem estar parcialmente submersos.

Fortalecimento e Tonificação ~ 119

a

b

Ação:
1. Estenda os dois braços para os lados, com as palmas voltadas para a frente (Figura a).
2. Empurre as palmas em direção uma da outra, em frente ao tórax (Figura b).
3. Puxe as palmas para trás com o dorso das mãos resistindo à água, até as mãos ficarem niveladas com as costas.
4. Repita a sequência por 8 a 16 repetições.

Dica de Segurança: para maior estabilidade, execute o exercício usando um braço de cada vez, segurando-se na borda da piscina, com a lateral do corpo voltada para a parede.

SAQUE DE TÊNIS — MOVIMENTO 45

Equipamento: use uma raquete velha de tênis ou outro equipamento esportivo, como uma vara de lacrosse, raquete de pingue-pongue, *squash* ou outro tipo de raquete. Tenha cuidado para não danificar o revestimento da piscina com o equipamento.

Músculo Visado: este movimento condiciona e treina os músculos exercitados preparando-os para o seu esporte.

Posição Inicial: execute o exercício com água na altura do tórax ao ombro ou profunda o bastante para submergir o equipamento. Permaneça em pé em uma posição bem apoiada geralmente usada no seu esporte. Contraia os músculos abdominais e os glúteos para firmar a coluna na posição neutra. Mantenha o peito projetado para a frente e as escápulas abaixadas e para trás.

Ação:

1. Execute um saque completo ou uma virada de punho, conforme o seu esporte. Torne o ritmo do movimento suficientemente lento para permitir maior resistência, criada pela viscosidade da água.
2. Mude a posição com frequência, a fim de simular as posturas e os movimentos usados no esporte e repita as sacadas ou viradas de punho em múltiplas direções.

Variação: para fortalecer o manguito rotador, localizado no ombro, flexione o cotovelo e mantenha a parte superior do braço "grudada" na lateral do corpo durante todo o movimento. Balance a raquete para a frente e para trás *lentamente,* como se ela fosse uma porta de vai e vem e o cotovelo e a parte superior do braço fossem a dobradiça. Balance lentamente em toda a sua amplitude de movimentos até onde seja confortável, sem afastar o cotovelo da lateral do corpo ou tirar o ombro do posicionamento "para trás e para baixo". Esforce-se para manter as escápulas abaixadas e os abdominais bem contraídos.

Dicas de Segurança: certifique-se de reduzir a velocidade consideravelmente, em comparação com o movimento feito em terra. Você pode ter a impressão de que poderia mover-se mais rápido; entretanto, movimentos mais rápidos podem causar microtraumas. A estabilização adequada no ombro (e no punho, para o movimento do tênis) previne lesão e fortalece a sacada.

MOVIMENTO 46 — **EXERCÍCIO PARA PEITO E COSTAS**

Equipamento: use espaguete, luvas de hidroginástica, remos, uma pequena prancha, halteres para exercícios aquáticos, bola, discos de plástico ou Frisbee.

Músculo Visado: este movimento exercita o peitoral e as regiões média e superior das costas.

Posição Inicial: execute o exercício com água na altura do tórax ou do ombro. Fique em pé, com um pé na frente do outro a uma distância confortável e estável. Contraia os músculos abdominais e os glúteos para colocar-se na posição neutra. Mantenha o peito projetado para a frente e as escápulas abaixadas e para trás. Os ombros devem estar parcialmente submersos (Figura a).

Ação:
1. Contraia os músculos das escápulas para uni-las e baixá-las mantendo-as nessa posição durante todo o exercício (Figura b). Empurre o equipamento ou as mãos para fora, em frente ao tórax, sob a água.
2. Puxe o disco, a prancha ou as mãos para trás em direção à caixa torácica e leve os cotovelos até as laterais do corpo, em um ponto confortável atrás da cintura. Use os músculos da região média das costas.
3. Repita de 8 a 16 vezes.

a

b

Variação: execute o Exercício para Peito e Costas com os cotovelos elevados em relação às laterais do seu corpo.

Dicas de Segurança: ao estender os braços, mantenha uma leve flexão no cotovelo para proteger essa articulação. Contraia os abdominais firmemente para estabilizar o tronco. Para maior estabilidade, execute o movimento usando um braço de cada vez, segurando-se na borda da piscina, com a lateral do corpo voltada para a parede.

FLEXÃO E EXTENSÃO FRONTAL E DIAGONAL DO OMBRO — MOVIMENTO 47

Equipamento: use luvas de hidroginástica, halteres para exercícios aquáticos ou remos.

Músculo Visado: este movimento exercita os músculos do manguito rotador.

Posição Inicial: execute o exercício com água na altura do ombro. Coloque-se em pé, de lado para a parede da piscina segurando em sua borda com uma das mãos para ter equilíbrio. Afaste os pés um do outro a uma distância confortável. Contraia os músculos abdominais e os glúteos para firmar a coluna na posição neutra. Mantenha o peito projetado para a frente e as escápulas abaixadas e para trás. Os ombros devem estar parcialmente submersos. Estenda a mão esquerda na frente da perna esquerda e vire a palma para baixo.

Ação:
1. Cruze a mão esquerda em frente ao corpo pressionando-a para baixo e na direção da coxa direita.
2. Eleve o braço em direção à superfície da piscina para voltar à posição inicial.
3. Repita 8 vezes. Depois, troque de posição com um giro e repita 8 vezes.

Dica de Segurança: certifique-se de manter o punho reto, em alinhamento neutro.

MOVIMENTO 48 — PRESSÃO DE OMBRO COM GIRO

Equipamento: use luvas de hidroginástica, halteres para exercícios aquáticos, remos, discos de plástico ou Frisbees.

Músculo Visado: este movimento exercita os músculos das regiões anterior e posterior dos ombros.

Posição Inicial: execute o exercício com água na altura do tórax ou do ombro. Fique em pé, com um pé na frente do outro a uma distância confortável e estável. Contraia os músculos abdominais e os glúteos para firmar a coluna na posição neutra estabilizando o tronco. Mantenha o peito projetado para a frente e as escápulas abaixadas e para trás. Leve os dois braços para trás do corpo e vire as palmas das mãos para a frente. Os ombros devem estar parcialmente submersos.

Ação:
1. Empurre as duas palmas para cima, em direção à superfície da piscina, até ficarem no nível do tórax. Pare antes de alcançar a superfície da água (Figura a).
2. Vire as mãos e empurre as palmas para baixo e para trás, passando pelo quadril (Figura b).
3. Repita de 8 a 16 vezes.

Dicas de Segurança: mantenha os ombros abaixados e para trás; pressione-os para trás até um ponto de resistência confortável. Se eles se elevarem, talvez você esteja pressionando muito para trás. Mantenha as mãos sob a água durante todo o exercício. Para maior estabilidade, execute o movimento usando um

a   b

braço de cada vez, segurando-se na borda da piscina, com a lateral do corpo voltada para a parede.

BOMBEAMENTO LATERAL DO BRAÇO

MOVIMENTO 49

Equipamento: use luvas de hidroginástica, halteres para exercícios aquáticos ou remos.

Músculo Visado: este movimento exercita as regiões superior e externa dos ombros e a lateral do tronco, sob os braços.

Posição Inicial: execute o exercício com água na altura do tórax ou do ombro. Fique em pé, com um pé na frente do outro a uma distância confortável e estável. Mantenha os braços nas laterais do corpo contraindo os músculos abdominais e os glúteos para firmar a coluna na posição neutra e estabilize o tronco. Mantenha o peito projetado para a frente e as escápulas abaixadas e para trás.

Ação:
1. Eleve lentamente ambos os braços para as laterais, com as palmas voltadas para cima, em direção à superfície da água.
2. Empurre lentamente os dois braços para baixo até as laterais do corpo, com as palmas voltadas para baixo.
3. Repita de 8 a 16 vezes.

Variação: eleve os dois braços para os lados e os empurre para baixo, atrás dos glúteos, ao invés de empurrá-los para as laterais do corpo. Imagine que você está apertando uma bola de praia nas suas costas.

Dicas de Segurança: mantenha as mãos sob a água durante todo o exercício. Para maior estabilidade, execute o movimento usando um braço de cada vez, segurando-se na borda da piscina, com a lateral do seu corpo voltada para a parede. Em caso de dor no pescoço, minimize o exercício reduzindo a velocidade e as repetições.

MOVIMENTO 50 — FLEXÃO E EXTENSÃO DO BRAÇO

Equipamento: use luvas de hidroginástica, halteres para exercícios aquáticos, remos, discos de plástico ou Frisbees.

Músculo Visado: este movimento exercita os músculos anterior e posterior da região superior dos braços.

Posição Inicial: execute o exercício com água na altura do tórax ou do ombro. Fique em pé, com um pé na frente do outro a uma distância confortável e estável. Contraia os músculos abdominais e os glúteos para firmar a coluna na posição neutra e estabilize o tronco. Mantenha o peito projetado para a frente e as escápulas abaixadas e para trás. Leve os dois braços às costas e vire as palmas das mãos para a frente. Para este exercício, mantenha os cotovelos atrás da cintura.

Ação:
1. Flexione os cotovelos (Figura a). Mantendo a parte superior dos braços imóvel, empurre as palmas das mãos para cima, na direção dos ombros, em um arco. Evite tirar as mãos para fora da água.
2. Vire as palmas em direção ao piso da piscina e as empurre para baixo e para trás (Figura b).
3. Repita de 8 a 16 vezes.

a

b

Dicas de Segurança: ao estender o braço, mantenha uma leve flexão no cotovelo para proteger a articulação. Se estiver usando halteres para exercícios aquáticos ou remos, não é necessário virar a mão entre as etapas 1 e 2. Para maior estabilidade, execute o movimento na lateral da piscina usando um braço de cada vez enquanto segura em sua borda.

Abdominais

Os exercícios a seguir permitirão empregar as qualidades de resistência da água, proporcionando um centro corporal mais saudável por meio de músculos abdominais mais fortes e mais capazes de estabilizar o seu centro corporal. Use as imagens mentais descritas aqui para melhorar o controle muscular e dos movimentos, o posicionamento e a respiração durante essa progressão estimulante de exercícios abdominais altamente eficazes. Antes de começar, familiarize-se com os músculos que está trabalhando (consulte a Figura 3.2, no Capítulo 3) e concentre seu esforço em usar esses músculos durante cada exercício. Depois, revise as "Precauções para o Exercício", na página 50.

Antes de iniciar cada sequência de exercícios abdominais, siga esta dica de conscientização corporal, que o ajudará a desenvolver maior controle abdominal: coloque as palmas das mãos sobre os dois lados da metade inferior da caixa torácica e contraia os músculos sobre essa região. Imagine-se fechando um acordeão ou um fole de lareira. Inspire e imagine que pode encher a cavidade abdominal com ar. Depois, contraia os abdominais – os músculos acima e abaixo do umbigo e sobre a caixa torácica, do esterno à pelve – empurrando o umbigo em direção à coluna enquanto expira. Ao mesmo tempo, contraia um pouco os glúteos para firmar a coluna na posição neutra. Coloque as mãos sobre o abdome para sentir a contração dos músculos.

ABDOMINAL SENTADO CONTRA A PAREDE E ABDOMINAL CONCENTRADO — MOVIMENTO 51

Equipamento: depois que dominar o exercício básico sem equipamento, inclua resistência flutuante abraçando um cinturão de flutuação, ou utilize bola de borracha, halteres longos, prancha de espuma, bola de plástico ou um par de garrafões de plástico junto ao peito, para aumentar a resistência. A bola flutuante de borracha funciona melhor. Mantenha as escápulas abaixadas e para trás.

Posição Inicial: mova-se com água na altura do tórax e fique de costas para a parede da piscina. Deslize alguns centímetros para baixo em uma posição semissentada e adote a posição neutra: posicione os pés afastados na largura dos ombros, com os joelhos flexionados, os abdominais firmes, o peito projetado para a frente e os ombros para trás. Certifique-se de que os joelhos estão na direção dos calcanhares e flexionados a 90° ou mais (Figura a). Talvez seja preciso mover os pés até uma posição um pouco mais afastada ou mais próxima da parede da piscina.

Ação:

1. Identifique as extremidades superior e inferior do músculo reto abdominal – no esterno e pouco acima da pelve. Conscientize-se dos músculos que envolvem a caixa torácica, o esterno e os oblíquos internos.
2. Encurte a distância entre as duas extremidades dos abdominais – o esterno e a pelve – como se estivesse fechando um acordeão. Contraia os músculos sobre a caixa torácica enquanto comprime os abdominais oblíquos e o reto em direção à linha média do umbigo (Figura b). Esforce-se para criar um abdominal concentrado, aproximando a parte inferior da caixa torácica aos ossos do quadril enquanto "fecha o acordeão".
3. Libere a contração lentamente. Entre as repetições, mantenha uma leve contração, a fim de proteger as costas, mantendo a pelve em posição neutra protegida, e para trabalhar o grupo muscular abdominal com maior eficiência.
4. Expire na contração (ao fechar o acordeão); inspire ao liberá-la. Concentre a atenção novamente na contração dos músculos abdominais enquanto executa a respiração adequada.
5. Repita a sequência de 8 a 32 vezes.

a

b

Variação: entusiastas avançados do condicionamento físico se satisfazem com os resultados da execução do Abdominal Sentado Contra a Parede com equipamento de flutuação para resistência; esta é uma sequência que usa a flutuação da água para duplicar os efeitos do treinamento. Depois que os músculos abdominais estiverem fortes, trabalhe o tronco executando o exercício em pé no meio da piscina, afastado da parede, usando equipamento de flutuação. É possível reproduzir as qualidades de resistência de uma máquina de treinamento com peso fazendo pressão contra a resistência de flutuação da boia enquanto contrai os músculos abdominais.

Abrace o equipamento de flutuação junto ao corpo, com as palmas abertas e os dedos sobre ele. Ande até uma profundidade na qual o equipamento fique ligeiramente submerso. Continue com a sequência do exercício abdominal e observe o aumento de energia muscular necessária para submergir parcialmente o equipamento pelo uso da força dos abdominais. Mova o equipamento para o lado esquerdo da caixa torácica e contraia os músculos em torno dessa região, os oblíquos. Repita no lado direito. Aumente o número de repetições à medida que adquirir mais experiência. Para maior variedade, conte até 4 para mover o corpo por meio de contrações abdominais em quatro amplitudes de movimento (imagine um elevador que pare a cada quatro andares) ou mantenha as contrações por 4 segundos e libere.

Ao usar o cinturão de flutuação invertido, coloque as mãos na parte superior dele e execute o exercício abdominal. Para concentrar-se nos músculos sobre a caixa torácica, coloque a mão esquerda no meio da coxa esquerda, com a mão direita na parte superior do cinturão. Contraia os músculos abdominais para levar o tronco levemente à frente e à direita. Continue durante várias repetições. Repita a contração para a esquerda.

Dicas de Segurança: evite arquear ou hiperestender a coluna vertebral durante a liberação da contração. Confira seu alinhamento para garantir que a posição da pelve esteja correta. A pelve deve estar em posição neutra, não projetada para a frente ou para trás, e protegida com firmeza entre uma contração abdominal e uma dos glúteos. Evite mover-se para cima e para baixo no movimento de sentar, o que pode anular o efeito do exercício. Dê a si mesmo algumas semanas ou meses para dominar cada estágio mais avançado deste exercício.

FLEXÃO COM FLUTUAÇÃO — MOVIMENTO 52

Equipamento: cinturão de flutuação, braçadeiras ou mesmo um par de garrafões plásticos pode aprimorar esse exercício para iniciantes, intermediários e avançados.

Posição Inicial: fique de costas para a parede da piscina, abra os braços e coloque as palmas sobre a parede, ou use cinturão de flutuação ou braçadeiras. Deite-se de forma que o corpo se estenda para flutuar. Estenda as pernas pouco abaixo da superfície da água (Figura a). Mantenha os joelhos levemente flexionados e evite levá-los em direção ao tórax. A ação envolve apenas os músculos abdominais; há pouco movimento no exercício.

Ação:
1. Contraia os abdominais ao expirar. Usando os músculos abdominais, encurte a distância entre o esterno e a pelve; pense em pressionar o umbigo em direção ao cóccix (Figura b). Se esta é a primeira vez que você executa esse tipo de exercício, talvez não seja possível perceber qualquer movimento até que os músculos estejam um pouco mais fortalecidos.

2. Estenda o corpo. Evite arquear as costas sempre que manter o corpo em uma posição ereta.
3. Expire enquanto contrai os músculos abdominais e inspire enquanto os libera.

a   b

Variação: coloque um haltere com barra comprida sobre os joelhos ou tornozelos para adicionar maior dificuldade à flexão com flutuação ou para ajudá-lo a manter as pernas flutuando, se elas tendem a afundar.

A Flexão dos Oblíquos com Flutuação ajuda a trabalhar os músculos oblíquos externos e internos (os músculos laterais do corpo e da caixa torácica) e aumenta a resistência da água contra os músculos abdominais. A seguir, o procedimento para o exercício:

1. Coloque a sola do pé esquerdo sobre a coxa ou a canela direita. Flexione a perna direita.
2. Contraia os músculos do abdome para levar o lado esquerdo da caixa torácica e o esterno mais próximos ao osso do quadril esquerdo. Evite projetar o ombro para a frente; mantenha as escápulas abaixadas e para trás.
3. Repita o movimento de 4 a 8 vezes e depois mude a posição para trabalhar o lado oposto por 4 a 8 repetições. Com o tempo, quando os músculos do tronco estiverem mais fortes, adicione gradualmente mais repetições: intercale 2 ou 3 séries de 8 repetições ao longo de toda a sessão de exercícios abdominais.

Para aumentar o desafio e fortalecer o tronco diversifique o exercício de Flexão dos Oblíquos com Flutuação usando dois halteres de flutuação que tenham a barra comprida. Flutue de costas, estenda os braços acima da cabeça com as duas mãos agarrando os halteres e coloque os tornozelos, afastados mais ou menos à distância de um ombro a outro, sobre um segundo halter. Contraia lentamente os músculos das laterais do corpo de maneira que forme um canivete lateral pela contração dos músculos do lado esquerdo; retorne lentamente o corpo à posição alinhada. Mantenha os músculos abdominais firmemente contraídos ao longo de todo o exercício. Execute de

4 a 8 repetições e depois repita no outro lado do corpo. A Flexão dos Oblíquos com Flutuação desafia o tronco e desenvolve um centro mais forte e resistente a dores nas costas e a lesões.

Dica de Segurança: concentre-se na energia do músculo ao encurtar a distância entre o esterno e a pelve enquanto estiver contraindo os músculos abdominais para isolá-los.

SENTADO COM PERNAS EM V

MOVIMENTO 53

Equipamento: cinturão de flutuação, braçadeiras ou um par de garrafões plásticos pode aprimorar esse exercício para iniciantes, intermediários ou avançados.

Posição Inicial: enquanto você se segura na parede da piscina ou usa um dispositivo de flutuação, deite-se de costas e estenda o corpo para flutuar.

Ação:
1. Leve as pernas para os dois lados (abra-as em V). Ao mesmo tempo, contraia (aperte) os músculos abdominais para levar o tronco a uma posição parcialmente sentada, com as pernas estendidas para os dois lados.
2. Deite-se de costas, una as pernas e relaxe os abdominais.
3. Execute de 8 a 16 repetições.

Respiração Correta: expire enquanto contrai os músculos abdominais e inspire enquanto os libera.

Variação: à medida que se tornar mais forte, adicione 16 repetições com uma contração de "batida dupla" nas posições totalmente abduzida (V aberto) e aduzida (V fechado). Use a contagem adicional de batidas para manter uma contração abdominal mais longa.

Dica de Segurança: execute este exercício somente depois de ter dominado os outros exercícios abdominais e, portanto, ter fortalecido os abdominais. Se estiverem fracos, será mais difícil evitar uma curvatura excessiva da região lombar (inclinação pélvica anterior e hiperextensão correspondente da coluna vertebral), o que poderá causar lesão nas costas.

MOVIMENTO 54 — PRANCHA

Equipamento: execute a prancha contra a parede da piscina, ou, para um desafio maior, segure horizontalmente dois espaguetes. Para uma sessão altamente avançada, use apenas um espaguete. Outro modo de aumentar o desafio é utilizando uma prancha de espuma; a que possui alças nos dois lados funciona melhor.

Músculo Visado: este movimento fortalece os músculos abdominais e estabilizadores do tronco.

Posição Inicial: fique em pé, de frente para a parede da piscina ou com as mãos posicionadas em cada lado da prancha de espuma. Coloque as mãos na borda da piscina e afastadas na largura dos ombros. Ande para trás até o corpo formar uma linha reta. Posicione os pés na largura dos ombros (iniciante) ou unidos (avançado), com a ponta dos dedos sobre o piso da piscina, flexionando o tornozelo (Figura a).

Ação:
1. Contraia os músculos do tronco, incluindo os abdominais e os glúteos, enquanto mantém a região inferior da coluna na posição neutra. Mantenha os ombros abaixados e para trás (Figura b).
2. Relaxe a contração e repita.
3. Repita de 8 a 16 vezes.

a

b

Variações:
- Como variação, eleve o quadril de maneira que forme um "V" com o corpo e então baixe-os enquanto contrai os músculos estabilizadores do tronco.
- Para aumentar o desafio da prancha, levante um pé do piso da piscina, com a perna estendida, e mantenha a contração por alguns se-

gundos. Repita o movimento com a outra perna. Evite executar este exercício usando uma prancha de espuma até que tenha conquistado músculos no tronco fortes o suficiente para um desafio avançado.

Dica de Segurança: evite arquear a região lombar.

Costas e Pescoço

Quando os músculos abdominais estabilizam o centro do seu corpo de forma correta, obtêm-se resultados importantes para a saúde das costas. Entretanto, quando não há forma equilibrada nos elementos posteriores (traseiros) da estabilidade central, o corpo fica sem equilíbrio, podendo ocorrer lesões ou piora daquelas já existentes. Os movimentos desta seção treinam os músculos centrais para trabalharem juntos, a fim de adquirir maior aptidão funcional. Na verdade, os músculos abdominais também são exercitados, visto que precisam trabalhar arduamente para que o tronco seja estabilizado durante os desafios apresentados por esses movimentos. Além de melhorarem o alinhamento corporal e a estabilização, esses movimentos aumentam a força geral, a força durante a amplitude de movimentos e a flexibilidade nos músculos que estabilizam e movem a região lombar, assim como os músculos do pescoço. Certifique-se de prestar muita atenção às dicas de segurança e de seguir todas as precauções recomendadas, porque as costas e o pescoço são as duas partes do corpo mais vulneráveis a lesões causadas por técnicas incorretas. Se você já teve complicações no passado com exercícios que visavam fortalecer a coluna, poderá descobrir que os movimentos aquáticos descritos a seguir são muito mais fáceis, mais divertidos e mais confortáveis de serem realizados.

POSTURA DO CÃO DE CAÇA — MOVIMENTO 55

Músculo Visado: este movimento exercita os músculos das costas, estabiliza a pelve e fortalece o tronco.

Posição Inicial: fique em pé e de frente para a parede da piscina e coloque as mãos em sua borda, afastadas na largura dos ombros. Afaste-se da parede e incline o corpo a partir do quadril. Afaste os pés na largura dos ombros, com os calcanhares firmes sobre o piso.

Ação:
1. Contraia os músculos abdominais e os glúteos, eleve o braço direito estendido à frente, acima da cabeça, enquanto endireita os abdominais, contrai os glúteos e eleva a perna esquerda (oposta) para trás. O braço, o tronco e a perna devem formar uma linha reta; mantenha essa posição por alguns segundos. Baixe o braço e a perna.

2. Eleve o braço esquerdo e a perna direita de maneira que forme uma linha reta a partir dos dedos e do tronco até os dedos dos pés; mantenha a posição por alguns segundos. Baixe o braço e a perna.
3. Repita de 8 a 16 vezes.

Dica de Segurança: mantenha as escápulas abaixadas e para trás durante cada etapa do exercício. Lembre-se de respirar profundamente.

MOVIMENTO 56 — **ESPREGUIÇAR DO GATO**

Músculo Visado: este movimento exercita os músculos das costas.

Posição Inicial: afaste os pés mais do que a distância entre um ombro e outro, com os dedos dos pés apontando ligeiramente para as laterais. Flexione os joelhos e contraia os abdominais. Apoie as mãos nas coxas, entre os joelhos e o quadril (Figura a).

Ação:
1. Contraia o abdome e os glúteos e empurre o umbigo para o alto, imitando um gato que se espreguiça (Figura b).
2. Baixe as costas para que fiquem paralelas com o piso da piscina.
3. Repita de 8 a 16 vezes.

a

b

Variação: ao baixar as costas, empurre o umbigo em direção ao piso para fazer uma curva côncava ou em forma de "U" na região lombar.

Dicas de Segurança: mova-se lentamente e observe como cada vértebra acompanha a mudança de posição. Este movimento melhora a flexibilidade e fortalece os músculos eretores da espinha em todo o seu comprimento, reforçando sua consciência sobre seu abdome.

GUARDA DE TRÂNSITO

MOVIMENTO 57

Equipamento: use luvas de hidroginástica, halteres para exercícios aquáticos ou remos.

Músculo Visado: este movimento exercita os músculos do manguito rotador e ajuda a corrigir e a prevenir o encurvamento dos ombros.

Posição Inicial: execute o exercício com água na altura do tórax ou do ombro. Fique em pé, com um dos pés na frente e o outro afastado na distância entre os ombros ou a uma distância confortável e estável. Contraia os músculos abdominais e os glúteos para firmar a coluna na posição neutra e estabilize o tronco. Mantenha o peito projetado para a frente e os ombros abaixados e para trás. Leve os dois braços às costas e vire as palmas para a frente. Flexione os cotovelos e coloque-os na cintura. Mantenha-os imóveis, atrás da cintura. Imagine que as partes superiores dos braços estejam grudadas na lateral do corpo; deixe-as nessa posição ao longo de todo o exercício. Os ombros devem estar parcialmente submersos.

Ação:
1. Sem mover a parte superior dos braços, empurre as duas mãos para a esquerda, em um arco. Mantenha os cotovelos posicionados com firmeza na cintura e evite girar o tronco (Figura a).
2. Empurre as duas mãos para a direita (Figura b).
3. Repita de 8 a 16 vezes.

a

b

Variação: se estiver usando halteres ou remos, execute o exercício usando a parede da piscina para estabilizar-se, com as costas contra a parede.

Dica de Segurança: para maior estabilidade, execute o movimento usando um braço de cada vez, segurando-se na borda da piscina, com a lateral do corpo voltada para a parede. Certifique-se de manter as escápulas abaixadas e para trás.

MOVIMENTO 58 — ENCOLHIMENTO E ROLAGEM DE OMBRO

Equipamento: use halteres para exercícios aquáticos ou remos.

Músculo Visado: este movimento exercita os músculos da região cervical, torácica e os ombros.

Posição Inicial: execute o exercício com água na altura do tórax ou do ombro. Fique em pé, com os pés afastados na largura dos ombros e os braços nas laterais do corpo. Contraia os músculos abdominais e os glúteos para firmar a coluna na posição neutra e estabilize o tronco. Mantenha o peito projetado para a frente e as escápulas abaixadas e para trás. Leve os dois braços às costas e vire as palmas para a frente.

a   b

Ação:
1. Encolha os ombros lentamente, levantando-os em direção às orelhas (Figura a).
2. Empurre lentamente os ombros para trás e para baixo (Figura b). Repita 8 vezes.
3. Role os ombros para a frente, para cima, para trás e para baixo. Repita 8 vezes.

Dica de Segurança: mova-se lenta e suavemente; continue até cessarem quaisquer fricções, sacudidas ou estalos.

BALANÇO DO PESCOÇO DE GALINHA — MOVIMENTO 59

Músculo Visado: este movimento exercita os músculos posteriores do pescoço e melhora a postura.

Posição Inicial: posicione um pé ligeiramente na frente do outro para manter uma posição estável em pé. Flexione os joelhos levemente e contraia os abdominais. Fique ereto, com o peito projetado para a frente e as escápulas abaixadas e para trás e a região lombar da coluna vertebral estabilizada na posição neutra, com os músculos abdominais e os glúteos contraídos.

Ação:
1. Isole os músculos do pescoço (mova apenas esses músculos). Leve lentamente o queixo um pouco para a frente; depois, contraia os músculos do pescoço para empurrar a cabeça para trás, com o queixo mantido nivelado (nem para cima, nem para baixo) e as orelhas diretamente sobre os ombros.
2. Repita diversas vezes enquanto expira na contração muscular e inspira na liberação muscular.
3. Repita de 8 a 16 vezes.

Dicas de Segurança: mantenha o queixo nivelado. É extremamente importante evitar exageros, estendendo ou contraindo além de uma amplitude controlável de movimento. Em outras palavras, os músculos de estabilização devem fazer o trabalho de manter o pescoço, os ombros e a região lombar em alinhamento adequado. Na verdade, esse é o objetivo principal do exercício: treinar os estabilizadores para que a posição seja mantida durante toda a amplitude de movimentos para a frente e para trás, enquanto há melhor flexibilidade do pescoço. Músculos mais fortes e flexíveis no pescoço podem significar menos dor nessa região e menos dores de cabeça, assim como melhor postura.

Resfriamento Final

Termine cada sessão de exercícios aquáticos com uma sequência final de alongamento de resfriamento, como descrito no Capítulo 4, Aquecimento e Resfriamento. Sem os alongamentos finais de resfriamento, o risco de dor e lesão aumentam significativamente.

Intensificando os Exercícios

Com demasiada frequência, muitas pessoas ignoram os benefícios dos exercícios regulares, porque dizem a si mesmas: "Eu não tenho tempo para isso". A presidente da Associação para Exercícios Aquáticos, Julie See, descreve os exercícios aeróbicos aquáticos de potência (*aqua power*) e os pliométricos como soluções ideais para quem não quer perder tempo, uma vez que combinam condicionamento aeróbico, queima de gordura, treinamento de força, resistência muscular, melhora da flexibilidade e um mergulho refrescante na piscina, tudo em uma sessão concentrada.

O que torna os exercícios de *aqua power* e os pliométricos aquáticos particularmente benéficos é o fato de eles permitirem aos indivíduos em boa forma, até mesmo àqueles que se recuperaram de lesões, conquistar um condicionamento maior em menos tempo. As técnicas de potência e dos exercícios pliométricos permitem a combinação do condicionamento cardiorrespiratório (exercício aeróbico) com o treinamento de força e a tonificação muscular pela realização de exercícios que elevam a frequência cardíaca até a faixa de trabalho aeróbico, enquanto aumentam a capacidade de potência dos músculos e das articulações tonificando seu corpo. Assim, em 1 hora, é possível realizar duas vezes mais os exercícios aeróbicos de resistência e as atividades de tonificação de forma regular, que exige sessão separada para a tonificação. Entretanto, para prevenir lesões, comece adicionando apenas alguns movimentos de potência e pliométricos ao seu programa, executados em ritmo mais lento. Substitua gradualmente os movimentos aeróbicos na água pelos movimentos avançados, um a um, acelerando o movimento para elevar a intensidade, enquanto aumenta seu nível de aptidão na água. Não faça pausas entre os movimentos. Coordene a intensidade com o ritmo, ajustando a resistência ou arrasto. Avance de forma gradual e apenas em uma das quatro dimensões do *Princípio FITT* de cada vez: Frequência, Intensidade, Tipo ou Tempo (tempo = duração). Você saberá se está pronto para avançar quando for capaz de completar o nível existente de desafio por algumas semanas com sucesso.

Conquistando a Boa Forma

Potência e *pliométricos* são termos usados para descrever um tipo particular de técnica avançada de condicionamento físico. Potência refere-se a movimentos de "empurrar" seu corpo contra a gravidade, usando o piso para aumentar a força e a intensidade aeróbica. Movimentos de potência envolvem exercícios variados de agachamento que fazem os músculos dos glúteos, do quadril, do abdome e das coxas trabalharem mais. A ação contínua desses grandes grupos musculares ativa o sistema de energia aeróbica, melhorando a resistência cardiorrespiratória e queimando depósitos de gordura. Executados adequadamente, os agachamentos aquáticos também tonificam os músculos das pernas, do quadril e dos glúteos, desafiando a parte inferior do corpo a trabalhar contra a resistência do peso corporal e contra a viscosidade da água. Enquanto isso, a flutuabilidade e a pressão hidrostática atenuam o impacto das articulações.

Pliométrico refere-se a técnicas de "treinamento de saltos" que salientam saltos explosivos e movimentos com impulsos, que podem aumentar a intensidade aeróbica e desafiar os músculos. Os pliométricos são saltos potentes, com impacto controlado e compostos de saltos explosivos, aumentando assim a força, a resistência, a coordenação, o tempo de reação e as capacidades aeróbica e anaeróbica. O uso de técnica apropriada e de preparação é essencial para a prevenção de lesões.

Quando for possível executar a sequência de Rotinas de Treinamento Aquáticas, ilustrada nos Capítulos 4 a 6, de forma apropriada durante todo o tempo, você terá o nível básico de boa forma necessário para exercer os desafios das técnicas mais avançadas. Domine os movimentos de potência antes de avançar para os pliométricos. Quando você puder manter posturas estáveis durante toda a sequência do exercício, incluindo movimentos de potência e todos os alongamentos, sem sentir cansaço ao terminar, terá estabelecido a base necessária para ter sucesso com os pliométricos. Com técnicas de potência aquática e pliométricos para o condicionamento físico, você poderá fazer excelente uso do seu tempo e acelerar os resultados dos exercícios. Ao desenvolver músculos fortes e flexíveis e força nos músculos centrais, particularmente no tronco, para proteger-se de lesões, os movimentos pliométricos e de potência descritos neste capítulo poderão colocá-lo rapidamente em níveis avançados de aptidão física. A água permite um aumento da intensidade em uma atmosfera protetora, não encontrada em terra. A capacidade de flutuação propicia um ambiente ideal para essas atividades avançadas de treinamento físico, que, por outro lado, se limitam ao treinamento específico de determinado esporte e ao fisiculturismo. A flutuabilidade sustenta a estrutura corporal, o que reduz o estresse sobre as articulações durante movimentos difíceis. Ao mesmo tempo, a viscosidade da água aumenta a resistência e melhora a tonificação, a queima de calorias e os efeitos de fortalecimento das técnicas pliométricas e de potência.

Para variar, alterne os movimentos de potência e os pliométricos com movimentos aeróbicos normais. À medida que sua aptidão física aumenta, esse método desafia o sistema cardiorrespiratório, melhora o nível de condicionamento e proporciona novas maneiras de melhorar o nível de intensidade para elevar a frequência cardíaca até a zona-alvo aeróbica. Na medida em que você melhorar a execução de movimentos de potência, poderá usar esses movimentos para manter a frequência cardíaca pretendida durante todo o segmento aeróbico realizando pliométricos ou corridas normais, polichinelos ou deslizamentos de transições entre exercícios.

PRECAUÇÕES PARA EXERCÍCIOS PLIOMÉTRICOS E DE POTÊNCIA

Em virtude do maior esforço colocado sobre o coração e o corpo, pessoas com dores nas articulações, hipertensão ou doença cardíaca devem buscar a orientação de um médico ou profissional especializado em treinamento físico antes de executarem exercícios pliométricos ou de potência na água. Movimentos pliométricos e de potência podem ser iniciados com conforto e segurança após o desenvolvimento de um nível moderadamente alto de força central, estabilidade no tronco e nos membros, flexibilidade e conscientização sobre o bom alinhamento corporal.

Quando o seu nível de aptidão alcançar níveis muito avançados, execute toda a sessão aeróbica ou a sessão de exercícios físicos com pliométricos e movimentos de potência para uma sessão altamente desafiadora. Inicie sempre com aquecimento e alongamento completos antes dos pliométricos e exercícios de potência finalizando com resfriamento e alongamento também completos.

Inclua exercícios de potência e pliométricos para executar treinamento intervalado, no qual é possível aumentar a intensidade aeróbica por alguns minutos, voltar ao nível aeróbico mais baixo e, depois, continuar alternando entre os dois níveis durante a sessão. A inclusão do treinamento intervalado de tempos em tempos pode acelerar o nível de aptidão. Pratique o básico executando os exercícios com controle completo antes de acrescentar esses movimentos potentes à sessão.

Uso da Técnica Correta de Potência

Você sentirá maior conforto se começar os movimentos de potência com água na altura da cintura. Antes de entrar na água, pratique a postura em frente a um espelho (fique de lado) e compare a sua posição corporal com a Figura 7.1. Com a prática, maior equilíbrio é obtido, de modo a poder ficar "suspenso" em uma cadeira imaginária – situada de 30 a 60 cm atrás do seu corpo – enquanto usa as técnicas a seguir para proteger os joelhos e a coluna. Para agachamentos, certifique-se de que os joelhos estejam rentes aos calcanhares, e não aos dedos dos pés, que os glúteos estejam sendo posicionados para trás como se fosse sentar em uma cadeira, a região lombar não esteja arqueada, o peito esteja projetado para cima, as escápulas abaixadas e para trás e os músculos abdominais e os glúteos firmemente contraídos para firmar a coluna em posição neutra. Lembre-se de respirar de forma apropriada. Ao executar os movimentos de potência, use as orientações oferecidas na lista a seguir.

Orientações para Movimentos de Potência

- Primeiramente, aqueça e depois alongue todos os grupos musculares para melhorar a eficiência do exercício e reduzir o risco de lesão.
- Distribua o peso por igual em torno do centro de gravidade do corpo (geralmente localizado próximo ao umbigo) e mantenha a posição neutra protegida na pelve, para manter o alinhamento corporal correto. Músculos abdominais fortes são cruciais.
- Se o objetivo principal for a tonificação geral e a resistência, limite a quantidade de resistência (use pouco ou nenhum equipamento de resistência) e faça um número maior de repetições. Se desejar aumentar a força e desenvolver músculos maiores e mais definidos, aumente a resistência e diminua as repetições.

Figura 7.1 Posição corporal correta para a técnica apropriada de potência.

- Execute sempre os movimentos de potência de forma lenta e controlada, particularmente quando estiver usando equipamento de resistência.
- Para bons resultados, agache-se até onde seja confortável (até onde não sinta dor) e com total controle, não flexione os joelhos mais que 90°. Antes de introduzir movimentos de potência adicionais em sua rotina, pratique e domine o movimento 40, de fortalecimento, o Agachamento contra a Parede, do Capítulo 6, Fortalecimento e Tonificação, e o movimento 60, de potência, o Agachamento Simples, apresentado neste capítulo.

- Para aumentar a resistência com movimentos de potência: adicione equipamentos, como colete com pesos, luvas de hidroginástica, ou haltere Hydro Tone ou um *Frisbee*, que deve ser segurado com leveza, mas de forma bem segura, entre as mãos, na altura da cintura e paralelo ao chão, enquanto você se agacha. Adicione resistência de forma cuidadosa, apenas após ter acumulado uma base sólida de força na região central do corpo e puder executar os movimentos com controle completo.

Figura 7.2 Usado corretamente, o equipamento desenvolve a força e a resistência musculares.

À medida que seu condicionamento físico for aperfeiçoado, adicione equipamento de resistência para aumentar o desafio dos movimentos de potência, a fim de melhorar ainda mais o nível de aptidão. Use estas técnicas para fortalecer os músculos dos glúteos, do quadril e das coxas e para aprimorar a saúde dos joelhos e das costas. Agache-se com o colete com pesos (Figura 7.2a), que pela sua tecnologia, proporciona apoio ao alinhamento musculoesquelético e à biomecânica. Ou use um *Frisbee*, uma opção bem econômica (Figura 7.2b), para deslocar a água e criar maior resistência. Certifique-se de manter as escápulas abaixadas e para trás e o peito projetado para a frente.

Movimentos de Potência

AGACHAMENTO SIMPLES   MOVIMENTO 60

Dicas Técnicas: se você nunca executou este movimento, dê mais um tempo para aperfeiçoar a técnica. Poucas pessoas conseguem executar um agachamento perfeito na primeira tentativa ou mesmo após várias tentativas. Aprender o básico do agachamento é relativamente simples, mas dominar a técnica requer tempo e prática. A técnica adequada geralmente assume precedência sobre o número de repetições, a profundidade do agachamento e o aumento da resistência. Esforce-se para executar a maior amplitude de movimentos (ao levantar e abaixar) possível, sem perder a postura corporal apropriada.

Pessoas que nunca executaram agachamentos se preocupam principalmente em não cair. Essa reação está relacionada ao esforço realizado pelo corpo em conseguir dominar o agachamento e toda a sua estabilização, assim como as habilidades proprioceptivas (equilíbrio e controle muscular) necessárias para a execução correta do movimento. À medida que o corpo se adaptar, execute as etapas seguintes para aumentar a aptidão funcional experimentando posturas de agachamento. A razão para experimentar várias posturas é descobrir aquela que beneficie mais o corpo ou o desafie de um modo diferente para aumentar a sua aptidão funcional.

Existem duas posturas básicas para o agachamento. Saiba o que cada uma delas abrange, pois há muitas possibilidades de variação por cada pessoa, não havendo assim regras fixas e imutáveis sobre a melhor postura para cada uma. Algumas pessoas com pernas mais longas, por exemplo, podem preferir uma postura com pernas mais afastadas, já que ela facilita o agachamento controlável na profundidade mais baixa. Na postura mais aberta, os pés afastam-se mais um do outro e os dedos dos pés geralmente voltam-se para fora. A postura mais aberta salienta o trabalho dos isquiotibiais (parte posterior das coxas), dos glúteos (nádegas) e da articulação do quadril, pois a extensão do quadril (abertura da articulação do quadril quando se está em pé) gera grande parte do impulso. Ao se agachar, a amplitude do movimento na articulação do quadril acaba por limitar a profundidade do agachamento. Na postura mais fechada, os quadríceps (parte frontal das coxas) trabalham mais. Pessoas que estejam executando o condicionamento para esquiar, por exemplo, podem concentrar-se em agachamento com postura fechada, a fim de preparar os músculos para esse desafio específico. Varie a postura para melhorar a aptidão funcional pelo fortalecimento da musculatura do centro do corpo e para tonificar os membros inferiores.

Posição Inicial: com água na altura da cintura, fique em pé, com as pernas afastadas na largura dos ombros, os joelhos apontando na mesma direção que o primeiro e o segundo dedos dos pés e estes apontando para a frente ou levemente voltados para fora, em um "V".

Ação:
1. Imagine que há uma cadeira a aproximadamente 30 cm atrás de você; posicione os glúteos para trás e para baixo, em direção à cadeira, contraindo-os. Contraia os glúteos

e o abdome com firmeza enquanto se agacha, e equilibre seu peso por igual da frente para trás e da esquerda para a direita.
2. Contraia os glúteos e a parte posterior das coxas enquanto traz o corpo de volta para a posição ereta inicial.
3. Repita de 16 a 32 vezes.

Variações:
- Para aumentar o nível de aptidão e melhorar os resultados de tonificação, mude a distância entre os pés e execute o agachamento em várias posturas, tornando o espaço mais amplo ou mais estreito à medida que adquirir mais prática.
- Os métodos de agachamento também podem ser modificados para a correção de problemas com a técnica. Se os joelhos se voltam para dentro, isso pode indicar, em parte, debilitação nos abdutores do quadril (músculos que elevam a perna para o lado) ou um padrão criado pela execução incorreta do agachamento ao longo do tempo. Para mudar esse padrão e se concentrar no fortalecimento do quadril, execute a técnica a seguir: use um pedaço de elástico, uma faixa elástica de exercícios ou um pedaço de barbante em torno dos joelhos, enquanto estiver em pé. O laço em torno dos joelhos deve ser apertado o bastante de modo que seja possível ficar em pé normalmente, mas frouxo o suficiente possibilitando forçar os joelhos para fora a fim de evitar que o material caia. Depois desses procedimentos, execute o agachamento, certificando-se de forçar os joelhos para fora durante todo o exercício.
- Alguns tipos de dores nos joelhos são consequências de debilitação do adutor do quadril (parte interna da coxa) ou do vasto medial (parte do quadríceps mais próxima à área interna da coxa). Se isso ocorrer, a seguinte modificação no agachamento poderá ajudá-lo: agache-se normalmente, mas segure um anel de Pilates ou uma bola aquática do tamanho de uma bola de futebol entre os joelhos. Concentre-se em fazer pressão para dentro enquanto se agacha. Se sentir qualquer dor ou disfunção, consulte um médico ou fisioterapeuta antes de usar qualquer uma dessas técnicas de condicionamento.

Dicas de Segurança: para proteger as articulações dos joelhos, certifique-se de que eles estejam posicionados atrás da linha dos dedos dos pés. Agachar-se continuamente com os joelhos projetados ou direcionados nessa linha coloca tensão na articulação do joelho e cria ou agrava a dor nessa região. A capacidade para manter essa postura determina a profundidade do agachamento: agache-se apenas na profundidade em que puder enquanto mantém os joelhos alinhados atrás dos dedos dos pés. Ao passo que a força e a flexibilidade aumentam, é possível agachar-se mais, com postura correta. Consegue-se de fato um avanço na aptidão física quando os músculos são desafiados a manter a postura correta durante desafios gradualmente maiores. Outra dica importante para a proteção dos joelhos é evitar agachar-se a uma profundidade abaixo do paralelo da articulação do joelho (p. ex., agachar-se mais baixo do que um ângulo de 90°). Nessa profundidade de agachamento, as coxas estão paralelas ao solo. Para proteger a coluna, mantenha o peito projetado para a frente e as escápulas abaixadas e para trás para proteger a coluna: evite curvar-se ou inclinar-se para a frente da região da cintura, para proteger as costas e o quadril de lesões, e ocorrendo essa inclinação, agache-se menos profundamente. Executados corretamente, Agachamentos Simples melhoram a saúde dos joelhos, das costas e do quadril, produzindo excelentes melhoras na força da região central do corpo. Contudo, se executados sem alinhamento e com mecânica corporal incorreta, podem criar ou exacerbar lesões.

MOVIMENTO 61 — PRESSÃO COM AGACHAMENTO

Ação: repita a ação do Agachamento Simples enquanto emprega todas as técnicas e dicas de segurança.

1. Estenda os braços para baixo, nas laterais do corpo. Enquanto se agacha, movimente-os para a frente a partir do ombro e as mãos em forma de concha em direção à superfície da água. Mantenha o peito projetado para a frente.
2. Enquanto sobe, vire as mãos pressionando com as palmas para baixo, retorne os braços à posição junto às laterais do corpo.
3. Repita de 8 a 32 vezes.

MOVIMENTO 62 — AGACHAMENTO COM ELEVAÇÃO DOS JOELHOS

Ação:
1. Execute a Pressão com Agachamento (Figura a).
2. Enquanto sobe, empurre com força o joelho esquerdo em direção à superfície da água (Figura b).
3. Agache-se novamente e, enquanto sobe, empurre com força o joelho direito em direção à superfície da água.
4. Alterne a sequência para perna direita e esquerda por 8 a 32 repetições.

FLEXÃO DO JOELHO COM AGACHAMENTO

MOVIMENTO 63

Ação:
1. Execute a Pressão com Agachamento (Figura a).
2. Enquanto você sobe, estenda o quadril e flexione o joelho esquerdo: eleve o calcanhar esquerdo em direção aos glúteos e leve os cotovelos para trás da cintura (Figura b).
3. Baixe o pé esquerdo enquanto executa novamente a Pressão com Agachamento.
4. Enquanto você sobe, estenda o quadril e flexione o joelho direito: eleve o calcanhar direito em direção aos seus glúteos e leve os cotovelos para trás da cintura.
5. Repita a sequência de 8 a 32 vezes.

MOVIMENTO 64 — AGACHAMENTO COM LEVANTAMENTO EM TESOURA

Ação:
1. Agache-se e flexione os dois cotovelos, empurrando as palmas das mãos em direção ao tórax (Figura a).
2. Enquanto usa os glúteos, as coxas e os abdominais para levar o corpo a uma posição ereta, eleve a perna direita para o lado. Ao mesmo tempo, estenda os braços e os empurre para os lados (Figura b).
3. Traga a perna novamente para junto do corpo. Ao mesmo tempo, agache-se e flexione os dois cotovelos, empurrando as mãos em direção ao tórax.
4. Repita, empurrando a perna esquerda para o lado.
5. Repita a sequência por 8 vezes. Adicione mais repetições apenas quando for capaz de manter excelente estabilidade durante cada repetição.

a   b

Dicas de Segurança: mantenha o controle, adotando a posição neutra protegida com os músculos abdominais e os glúteos firmemente contraídos. Mantenha uma pequena elevação das pernas se tiver histórico de dores nas costas.

MOVIMENTO 65 — PASSADA COM AGACHAMENTO

Ação:
1. Execute a Pressão com Agachamento (Figura a).
2. Agache-se e dê um passo para a direita ao mesmo tempo (Figura b). Enquanto dá o passo para o lado, empurre os braços para as laterais. Mova-se de lado e com vigor a partir do quadril, a fim de aumentar o desafio do movimento.
3. Traga a perna esquerda junto à perna direita enquanto coloca-se ereto levando as palmas das mãos para as laterais do corpo.

4. Repita duas passadas largas e mais lentas ou quatro passadas curtas e mais rápidas.
5. Mude a direção e repita a sequência: dê uma passada para o lado com a perna esquerda e traga a perna direita junto à perna esquerda. Repita duas passadas largas e mais lentas ou quatro passadas curtas e mais rápidas.

a

b

Dicas de Alongamento para Melhorar a Técnica de Agachamento

Diversos alongamentos facilitam a técnica correta de agachamento tornando-a mais eficiente. Execute o alongamento após um aquecimento completo. Realize esses alongamentos como um trabalho corretivo para o agachamento, tanto antes quanto após o exercício.

- **Alongamento com Agachamento.** A atividade mais apropriada para a melhora da amplitude de movimentos ou da flexibilidade para o agachamento é o próprio agachamento. Execute o Alongamento com Agachamento realizando o agachamento mais profundo que conseguir sem perder a postura adequada e permanecendo nessa posição por alguns segundos, deixando que o próprio peso auxilie o alongamento. Suba e repita. Se esse alongamento for executado algumas vezes todos os dias ou a cada sessão, os músculos se adaptarão em algumas semanas, o que torna muito mais fácil a realização do agachamento. O colete com peso também pode ser incluído nessa atividade; o aumento no peso ajuda a aumentar o grau de alongamento. Para obter um alongamento mais completo no quadril nessa posição, agache-se sem peso nas costas e, depois que estiver no ponto mais baixo, use os cotovelos para empurrar os joelhos para fora. Mantenha a posição por 5 segundos, suba e repita.

- **Alongamento 9, Alongamento dos Isquiotibiais.** Isquiotibiais encurtados retraem a região lombar, colocando tensão nessa área. O modo mais eficiente de alongar o grupo muscular dos isquiotibiais é evitando toques com os dedos dos pés e o Alongamento de Sentar e Estender (que pode contrair a região lombar); em vez disso, execute o Alongamento dos Isquiotibiais, descrito no Capítulo 4, Aquecimento e Resfriamento. Fique de frente para a parede da piscina, apoie um pé na parede e alongue a parte posterior da coxa enquanto se curva para a frente a partir do quadril. O grau de flexibilidade dos isquiotibiais determina a altura em que o pé pode ser apoiado na parede. Se não conseguir estender a perna, o pé está posicionado alto demais. Enquanto abaixa o corpo para alongar, continue curvando-se a partir do quadril, e não da cintura, e empurre os glúteos para trás enquanto leva a parte superior do corpo para baixo, com as costas planas, em uma linha reta.
- **Alongamento 10, Alongamento Muscular Profundo do Quadril, das Coxas e das Nádegas.** Quadril rígido responde a esse tipo de alongamento. Se você nunca o realizou antes, pode ser que ele não seja executado de forma correta no início. Ao passo que progredir, quanto mais se inclinar para a frente com as costas planas, mais sentirá o estiramento na parte externa do quadril. Por ser um alongamento profundo, você conquistará melhores resultados quando respirar profundamente e relaxar. Mantenha a canela (da perna de apoio) na vertical e evite a retroversão da pelve. Empurre os glúteos para trás.
- **Alongamentos para Panturrilha 7 e 8.** Concentre-se nesses alongamentos se os calcanhares são elevados enquanto você se agacha em direção ao piso da piscina.
- **Alongamento 1, Alongamento da Parte Externa da Coxa.** Com frequência, a dor na região externa do joelho pode ser aliviada alongando a banda iliotibial, que é uma longa faixa formada principalmente por tecido conjuntivo direcionada para baixo pelo lado externo da coxa, do quadril até o joelho. Embora esse tecido se estenda pelo comprimento da coxa, ele é sentido com maior frequência na região do joelho, no lado externo, ou pouco acima. Corredores estão especialmente propensos a familiarizar-se com a irritação da dor na banda iliotibial. Essa dor no joelho pode ser aliviada pelo alongamento e pelo relaxamento dos músculos abdutores do quadril, os glúteos e o tensor da fáscia lata com o Alongamento da Parte Externa da Coxa.

Pliométricos

Pliométrico é o termo usado para descrever atividades que permitem ao músculo alcançar força máxima no menor tempo possível. Em termos mais simples, pliométricos são exercícios que envolvem movimento de salto ou pulo incluindo saltar corda, avanços e agachamentos com salto. Uma definição prática para esse exercício é um movimento rápido e potente de alongamento e de encurtamento, chamado de ciclo de alongar-encurtar – por exemplo, pular e levar os joelhos ao peito e flexionar o tronco para a frente como uma bola.

Impulsionar o corpo para cima de forma explosiva através da água eleva a frequência cardíaca e treina os músculos para que obtenham maior aptidão usando os princípios pliométricos. Dar impulso e saltar na piscina – para o lado, para a frente, para cima ou curvando o tronco para a frente – treina os músculos para que eles reúnam mais força em um exercício. Repetir esse esforço sobrecarrega progressivamente os músculos e o sistema cardiovascular. Use técnicas pliométricas para ativar os sistemas de energia do corpo e a estrutura musculoesquelética para:

1. avançar o nível de aptidão e melhorar a composição corporal;
2. aumentar a potência muscular;
3. aprimorar o desempenho esportivo;
4. desafiar o corpo a desenvolver equilíbrio, coordenação e agilidade;
5. tonificar e fortalecer os músculos;
6. aumentar a recuperação e o condicionamento nos estágios finais da reabilitação de lesões;
7. adicionar variedade, desafio e estímulo à sessão.

Os músculos contraem-se de três maneiras:
- A contração muscular *excêntrica* ocorre quando o músculo se contrai e se alonga ao mesmo tempo. Um exemplo disso é quando se abaixa o corpo em um exercício de flexão de braço na barra fixa. O bíceps (parte superior do braço) se contrai e se alonga nesse movimento.
- A contração muscular *concêntrica* ocorre quando o músculo se contrai e se *encurta* ao mesmo tempo. Um exemplo é quando o corpo é erguido no exercício de flexão de braço na barra fixa. O bíceps se contrai e se encurta enquanto você faz força para subir.
- A contração muscular *isométrica* ocorre quando o músculo se contrai, mas o seu comprimento não é alterado. Um exemplo é quando você fica pendurado na barra fixa com os braços flexionados em 90°. O bíceps se contrai, mas seu comprimento não se altera em razão de o corpo não estar sendo erguido ou abaixado.

A definição formal de exercício pliométrico é a de uma contração muscular excêntrica (alongamento) seguida rapidamente por uma contração muscular concêntrica (encurtamento). Em outras palavras, é quando um músculo é contraído rapidamente enquanto está sendo alongado ocorrendo então, imediatamente, outra contração enquanto está sendo encurtado. Esse processo de contrair e alongar, seguido por contrair e encurtar, é chamado de *ciclo de alongar-encurtar.*

Exercícios Pliométricos e Prevenção de Lesões

Em geral, os atletas praticam pliométricos para desenvolver potência para o desempenho esportivo, mas muitos não têm conhecimento sobre seus benefícios, que auxiliam na prevenção de lesões. Os exercícios pliométricos "ordenam" que o músculo se contraia rapidamente a partir de uma posição totalmente alongada. Nessa posição, os músculos tendem a estar em seu ponto mais fraco. Ao condicioná-los nesse ponto, no alongamento completo, o corpo torna-se mais preparado para lidar com esse tipo de estresse em um ambiente real do dia a dia ou durante atividades esportivas.

Exercícios Pliométricos e Reabilitação de Lesões

A contração muscular excêntrica pode exigir até três vezes mais força do que a contração muscular concêntrica. Portanto, exercícios pliométricos são essenciais no estágio final da reabilitação de lesões para que os músculos sejam condicionados a lidar com a tensão adicional das contrações excêntricas (alongamento). Quando o estágio final do processo de reabilitação não ocorre, geralmente o resultado é uma nova lesão, porque os músculos não foram condicionados adequadamente para lidar com a força adicional das contrações musculares excêntricas, as quais são uma ocorrência comum na vida quotidiana e em atividades esportivas e físicas. Pense no que é necessário nos seguintes movimentos: baixar uma criança pequena até o chão após erguê-la, estender-se para pegar um lançamento de bola, ou colocar um prato em uma prateleira alta de um armário. Se o corpo não estiver adequadamente treinado para lidar com contrações de alongamento após uma lesão, uma nova lesão poderá ocorrer facilmente.

Quem Deve Realizar Exercícios Pliométricos?

Exercícios pliométricos são uma forma avançada de treinamento físico e condicionamento esportivo, e podem colocar tensão maciça sobre músculos, articulações e ossos despreparados. Devem ser praticados apenas por indivíduos bem condicionados e por aqueles que conquistaram resultados eficientes de reabilitação que tenham preparo para um desafio mais avançado. A água cria um ambiente mais indulgente para pliométricos, tornando-os mais seguros para todos, do indivíduo comum até o atleta de elite. O fator crucial é garantir que um nível sólido de força tenha sido estabelecido na região central do corpo antes de incluir pliométricos nas sessões de exercícios aquáticos.

PRECAUÇÕES PARA PLIOMÉTRICOS

Atente para as precauções a seguir:
1. Exercícios pliométricos intensos e repetitivos são inapropriados para crianças ou adolescentes que estejam em fase de crescimento.
2. Antes de iniciar um programa de pliométricos, você deve desenvolver uma base sólida de força e resistência musculares, incluindo força central no tronco.

3. Um aquecimento completo e minucioso é necessário para prepará-lo para a intensidade dos exercícios pliométricos.
4. Não execute exercícios pliométricos em concreto, asfalto ou outras superfícies rígidas. A grama é uma boa superfície para esses exercícios, mas é preferível que se inicie na água, pois ela aprimora os movimentos explosivos e permite aterrissagens suaves.
5. O alinhamento e a mecânica corporal apropriados são essenciais. Pare quando se sentir cansado ou não conseguir manter a postura. Considere a contratação de um treinador qualificado para guiá-lo até o desenvolvimento da técnica correta.
6. Não exagere. Atividades pliométricas são muito intensas. Dê a si mesmo tempo suficiente entre as sessões, alternando os dias de treinamento; evite fazer exercícios pliométricos dois dias seguidos, visto que o corpo necessita de 48 horas para completar o processo de adaptação que fortalece músculos e tendões. A lesão tende a ocorrer quando não damos tempo suficiente para que esse processo de adaptação fortaleça os tecidos trabalhados.

Usando a Técnica Pliométrica Correta

Ao iniciar, erga-se na ponta dos pés, ao invés de pular, até sentir-se confortável para dar impulso a partir do piso da piscina. Isso o ajuda a desenvolver controle sobre a técnica de alinhamento corporal e reduz o risco de lesão causado por saltos executados incorretamente.

Comece com água na altura da cintura ou do tórax, dependendo do que seja mais confortável. Ao saltar, contraia os músculos abdominais e os glúteos firmemente, para evitar arquear a região lombar e colocar muito estresse sobre as estruturas de estabilização da coluna vertebral. Aterrisse sempre com os joelhos flexionados; sempre que possível, leve os calcanhares totalmente até o chão.

Orientações para Pliométricos

- Antes de adicionar pliométricos à sessão, certifique-se de que já desenvolveu um nível de flexibilidade e força de bom a excelente. A força central do tronco é particularmente essencial, incluindo fortes músculos abdominais e das costas e todos aqueles que estabilizam a pelve, as escápulas e o pescoço. Para melhorar a eficiência do exercício e reduzir o risco de lesão, aqueça-se e alongue todos os grupos musculares antes de executar movimentos de potência e pliométricos.
- Distribua o peso de modo uniforme em torno do centro de gravidade do corpo (geralmente em algum ponto próximo ao umbigo).
- Aterrisse com leveza, minimizando a intensidade do impacto com o solo.
- Mantenha a posição neutra protegida e o corpo em alinhamento correto. Mantenha as costas retas, o peito projetado para a frente, os ombros abaixados e para trás e os tornozelos e os joelhos flexionados; aterrisse com os joelhos alinhados atrás dos dedos dos pés e os ombros, pouco atrás dos joelhos. Ao se elevar em um sal-

to, certifique-se de que os músculos abdominais e os glúteos estejam firmemente contraídos para a proteção da coluna na posição neutra e para evitar hiperextensão (curvatura para dentro) na região lombar.

Movimentos Pliométricos

MOVIMENTO 66   **SALTO LATERAL DO PETER PAN**

Posição Inicial: encolha-se em um miniagachamento com os pés unidos, para realizar um arranque eficaz. Inicie com os braços estendidos para os lados ou em frente ao corpo (ver Figura 7.1).

Ação:
1. O movimento básico para um salto lateral é uma passada para o lado. Imagine-se saltando lateralmente sobre um obstáculo, começando com a perna direita. Ao saltar, afaste os braços das laterais do corpo.
2. Aterrisse suavemente com os joelhos flexionados e traga a perna esquerda junto à perna direita. Leve as palmas das mãos para baixo e para os lados ou junte-as em frente ao corpo.

3. Repita 4 vezes. Depois repita a sequência, na direção oposta, começando com a perna esquerda.

MOVIMENTO 67   **SALTO SOBRE OBSTÁCULO**

Posição Inicial: encolha-se em um miniagachamento com os pés unidos, para realizar um arranque eficaz. Mantenha os braços abertos na altura dos ombros e as escápulas abaixadas e para trás.

Ação:
1. Inicie com a perna direita enquanto empurra a perna esquerda para trás e execute um salto para a frente. Ao mesmo tempo, empurre as duas palmas para os lados em um movimento de nado de peito.
2. Aterrisse sobre o pé direito trazendo o pé esquerdo junto a ele.

3. Ao aterrissar, posicione-se novamente no miniagachamento com os pés unidos.
4. Repita 4 vezes, iniciando com a perna direita. Vire-se e repita 4 vezes, iniciando com a perna esquerda. À medida que adquirir mais experiência, adicione mais séries.

SALTO DO GOLFINHO

MOVIMENTO 68

Posição Inicial: comece com os pés afastados na largura dos ombros. Encolha-se em um miniagachamento, para realizar um arranque eficaz com os braços estendidos para os lados na altura do peito. Mantenha as mãos sob a superfície da água.

Ação:
1. Enquanto arranca, encolha os abdominais e eleve os joelhos em direção ao tórax, fazendo uma contração abdominal bem firme. Ao saltar, com as palmas para dentro, empurre-as em direção às laterais do corpo, trabalhando a partir da articulação do ombro.
2. Estenda as pernas e aterrisse com leveza, com os joelhos flexionados; afaste as mãos e arranque novamente.
3. Repita de 8 a 32 vezes.

Variações:
- Empurre as palmas uma contra a outra sob as coxas. Ou, ainda, execute o exercício de frente para a parede ou a escada da piscina segurando-se com as duas mãos.
- Para uma versão altamente avançada, fique afastado da borda da piscina. Encolha o corpo, com as mãos na altura do ombro. Enquanto arranca, estenda as mãos sobre a cabeça, fazendo pressão para cima. Ao aterrissar, leve as mãos de volta à altura do ombro. Enquanto se estende, mantenha leve flexão no cotovelo, para proteger a articulação e manter uma contração firme, com os músculos abdominais e os glúteos na posição neutra para proteger a coluna.

MOVIMENTO 69 — POLICHINELO PLIOMÉTRICO

Posição Inicial: encolha-se em um miniagachamento com os pés unidos, para realizar um arranque eficaz.

Ação:
1. Arranque e impulsione o corpo para cima, usando os glúteos e as coxas: salte levantando os joelhos e encolhendo o tronco (Figura a). Depois, afaste bem as pernas, pressionando as mãos para os lados (Figura b) (mantenha as mãos sob a água).
2. Aterrisse suavemente, com os pés bem afastados, os joelhos levemente flexionados e os calcanhares sobre o piso.
3. Arranque e salte, encolhendo o tronco e contraindo firmemente o abdome. Em seguida, traga as pernas para a posição inicial e eleve os joelhos enquanto direciona os braços para os lados.
4. Desça com suavidade e aterrisse com os pés juntos.
5. Repita de 8 a 16 vezes.

a   b

MOVIMENTO 70 — ESQUI PLIOMÉTRICO

Posição Inicial: inicie com o pé esquerdo posicionado na frente e o direito, atrás, protegendo a coluna com firmeza na posição neutra entre os músculos abdominais e os glúteos contraídos. Estenda o braço direito para a frente e o braço esquerdo para trás (o oposto da Figura b).

Ação:
1. Encolha-se levemente e então arranque e salte (Figura a). Ao saltar, eleve os joelhos, encolha o tronco contraindo firmemente o abdome, troque o posicionamento das pernas e dos braços (movimento o pé esquerdo para trás, o pé direito para a frente, o braço direito para trás e o braço

esquerdo para a frente). Concentre-se em adquirir potência para o movimento a partir do quadril, dos glúteos e dos ombros.
2. Aterrisse levemente, com o pé direito à frente, o pé esquerdo atrás, o braço esquerdo à frente, o braço direito atrás e os joelhos levemente flexionados (Figura b).
3. Repita de 8 a 16 vezes.

HIP, HOP, URRA! — MOVIMENTO 71

Posição Inicial: comece este exercício altamente avançado com os pés afastados na largura dos ombros e as mãos levantadas até a altura deles (Figura a).

Ação:
1. Encolha-se e se agache suavemente, enquanto contrai os músculos abdominais e os glúteos com muita firmeza.
2. Dê impulso enquanto leva as pernas para os lados. Ao mesmo tempo, empurre os braços para cima, sobre a cabeça, à frente das orelhas. Evite travar a articulação do cotovelo enquanto estende os braços. Mantenha uma contração firme nos músculos abdominais e nos glúteos para fortalecer e proteger as costas (Figura b).
3. Una os pés e aterrisse levemente, com os joelhos ligeiramente flexionados, em um miniagachamento; baixe totalmente os calcanhares no piso. Ao mesmo tempo, traga os cotovelos sob a água mantendo-os flexionados.
4. Repita de 8 a 16 vezes.

Variação: fique em água na altura da cintura junto à parede da piscina ou à escada e execute o mesmo movimento ao se segurar na borda da piscina fazendo impulso para baixo com os braços enquanto salta e afasta as pernas.

Mantenha as pernas apontando para o fundo da piscina e os cotovelos levemente flexionados. Esta variação exige força avançada na parte superior do corpo e no tronco.

a b

Dica de Segurança: limite o número de repetições para evitar a falta de controle e a mecânica incorreta do corpo, que geralmente resultam em fadiga.

Criação de uma Rotina Aquática Pessoal

Qualquer pessoa que tenha experiência em malhar e todos os treinadores sabem que o maior desafio para manter a aptidão física é começar, estabelecer metas sensatas e, então, manter-se fiel ao hábito de se exercitar. Este capítulo oferece ferramentas importantes para ajudá-lo nos primeiros passos e a não desistir. O processo passo a passo o guiará pela identificação de necessidades e preferências, barreiras e soluções e pelas decisões e planos necessários que possibilitarão conquistar objetivos pessoais de boa forma física. Essas estratégias e técnicas básicas ajudarão a garantir um início satisfatório e permitirão integrar as sessões aquáticas com sucesso como parte de um estilo de vida saudável.

- Elabore um plano que seja adequado para as suas necessidades e circunstâncias específicas.
- Redija e assine um compromisso pessoal para tornar as sessões aquáticas prioridade.
- Crie um mapa do tempo que mostre exatamente em qual momento as sessões aquáticas serão inclusas no seu dia a dia em uma base diária e semanal.

O American College of Sports Medicine (ACSM) e a American Heart Association (AHA) recomendam que adultos saudáveis com menos de 65 anos executem exercícios cardiorrespiratórios de intensidade moderada com duração de 30 minutos, 5 dias por semana, ou que executem uma sessão cardiorrespiratória vigorosamente intensa por 20 minutos, 3 dias por semana. Esses órgãos também sugerem que um indivíduo realize de 8 a 10 exercícios de treinamento de força, com 8 a 12 repetições de cada exercício 2 vezes por semana.

Atividade física de intensidade moderada significa um esforço suficiente para aumentar a frequência cardíaca e provocar suor, sendo ainda o indivíduo, mediante tal esforço, capaz de conversar. Deve ser notado que, para perder ou manter a perda de peso, podem ser necessários 60 a 90 minutos de atividade física. A recomendação de 30 minutos é para que o adulto saudável mediano mantenha a saúde e reduza o risco de doença crônica. O Capítulo 10 inclui orientações para adultos com mais de 65 anos (ou adultos dos 50 a 64 anos com problemas crônicos, como artrite).

Um diário de treinamento pode ajudá-lo a identificar de forma clara a sua trajetória e a acompanhar suas conquistas. Suas sessões também podem ser anotadas em uma agenda. Um mapa do tempo é uma matriz usada para registrar seus hábitos atuais com a finalidade de analisar e estabelecer mudanças em sua rotina e no gasto de energia, para que reflita mais facilmente os seus valores, metas e prioridades. A Tabela 8.1 ilustra uma amostra de um mapa do tempo. Adapte a matriz às suas necessidades e inclua o horário em que acorda, em que vai dormir, em que se alimenta, trabalha, o tempo que leva para ir e voltar ao trabalho, a duração dos seus exercícios, das suas atividades de lazer, de diversão, repouso e quaisquer outras atividades ou processos. E, naturalmente, quando modificar seu mapa, inclua suas sessões aquáticas!

Preencha o seu mapa do tempo com base nas atividades que realiza atualmente durante a semana. Depois, explore áreas nas quais você pode estar gastando mais tempo em itens de menor prioridade – reduza esse tempo, dedicando-se mais a itens de maior prioridade. Reorganize seus horários assim que possível e use o tempo recém-descoberto para construir um horário regular para seus exercícios aquáticos.

Você terá mais sucesso com as sessões na água ao seguir estas etapas progressivas para criar uma sequência de exercícios aquáticos que combine com o que funciona melhor:

1. Identifique seu perfil atual de aptidão física.
2. Entenda a sua "personalidade de aptidão física".
3. Estabeleça metas realistas para o seu condicionamento físico.
4. Pense sobre as barreiras e os obstáculos que impediram o seu sucesso de condicionamento no passado e explore como pode superá-los.
5. Escolha os primeiros passos possíveis de serem conquistados imediatamente e que o ajudarão na conquista de resultados positivos.
6. Faça um plano para obter resultado com seus objetivos de longo prazo.

7. Comece a construir novos hábitos de condicionamento físico com um passo de cada vez.
8. Aborde os empecilhos e os retrocessos de mente aberta e com nova perspectiva sobre as etapas necessárias para alcançar seu objetivo.
9. Celebre seus sucessos e se recompense por fazer progresso.

Use os recursos apresentados no apêndice deste livro para completar as etapas a fim de criar uma sequência de exercícios aquáticos adequada. À medida que seu nível de aptidão física aumentar e suas necessidades e metas mudarem, você poderá, no futuro, realizar melhor a sequência ou complementá-la. Dê um passo de cada vez; não há necessidade de completar toda a série de uma só vez. Pode ser melhor trabalhar em partes a característica e o planejamento da realização de atividades, pensar sobre suas reações e, então, retornar mais tarde para trabalhar nelas novamente. À medida que você começar a aplicar o que descobrir ao passar por esse processo, reserve um tempo e experimente uma ou duas das ideias e recomendações sugeridas. Depois, volte e consulte a ferramenta de planejamento novamente, para decidir o que deve ser adicionado ou eliminado.

TABELA 8.1 Mapa do Tempo

Hora/Dia	Domingo	Segunda	Terça	Quarta	Quinta	Sexta	Sábado
6:00							
7:00							
8:00							
9:00							
10:00							
11:00							
12:00							
13:00							
14:00							
15:00							
16:00							
17:00							
18:00							
19:00							
20:00							
21:00							
22:00							

Aprimorando seu Plano de Exercícios Aquáticos

Identifique seus objetivos e métodos usando os recursos mostrados neste capítulo e no apêndice e consulte os segmentos apresentados ao longo de todo o livro identificados como relevantes pelo processo de planejamento. À medida que novos hábitos de condicionamento forem adquiridos, lembre-se das palavras sábias do treinador de boa forma, Murray Banks, da *Peak Performance:* "Polegada a polegada, é certa a caminhada; milha a milha, a derrota humilha". Se você for paciente e persistente, avançar apenas um pequeno passo por vez e aprender com seus erros, seus esforços serão recompensados com sucesso.

Ingredientes para a Primeira Sessão Bem-sucedida na Água

Talvez você seja como um peixinho na água, como a autora, e esteja muito familiarizado com a maneira como o seu corpo se movimenta no meio aquático. Por outro lado, quando a sua primeira sessão na água for realizada, poderá sentir-se em um ambiente estranho, um "peixe fora d'água". Uma dica importante para aproveitar ao máximo esse momento é harmonizar o conforto, a satisfação e o efeito revigorante proporcionados pelas sessões aquáticas. Siga estas dicas básicas para alcançar sucesso como iniciante:

1. Concentre-se em se familiarizar com a forma como o seu corpo move-se na água e como o controle dos movimentos é desenvolvido com um pouco de prática e concentração. À medida que continuar se engajando em sessões aquáticas com regularidade, seu sistema se adaptará aos aspectos singulares de equilíbrio e agilidade nesse ambiente e seu controle dos movimentos se tornará reflexo e automático.

2. Atente para a forma como seu corpo responde ao desafio. Presuma por quanto tempo deve continuar se exercitando e determine o nível de força que deve exercer ao movimentar-se, com base em como se sente. Durante os segmentos aeróbicos e de tonificação muscular, você saberá o momento apropriado de mudar o que está fazendo quando sentir que a fadiga está chegando. Durante a sessão aeróbica, a fadiga é o sinal para iniciar a redução gradual no ritmo, até o resfriamento aeróbico. Durante a tonificação muscular, a fadiga ou a perda do controle da postura indica que é hora de mudar para outro exercício. Se ainda restar energia após 8 repetições, complete mais 8 ou algo em torno disso, mas nunca continue se exercitando ao sentir cansaço ou quando perder o alinhamento corporal apropriado. A insistência aumenta imensamente o risco de lesão e doença.

3. Se você está apenas começando, vá com calma. Aumente o desafio de forma gradual, ao longo de semanas e meses. Não há absolutamente nenhuma necessidade de exagerar ao iniciar qualquer programa novo de exercícios. O corpo precisa adaptar-se aos poucos ao novo exercício. Assim, vá com calma durante as primeiras semanas. Conheça seus músculos e entenda como eles funcionam juntos para mover as articulações e estabilizar o corpo. Desenvolva a "consciência corporal". Quando adquirir prática no controle dos movimentos musculares e da respiração, você poderá começar a intensificar seu programa junto com o *princípio FITT* (Frequência, Intensidade, Tipo e Tempo; ver Capítulo 3, Entendendo as Fases de uma Rotina Aquática, para mais detalhes). Avance aos poucos, em *uma categoria por vez,* e deixe passar uma se-

mana ou mais entre cada tipo de avanço, para que o corpo se adapte ao novo desafio. Por exemplo, se a sua sessão aeróbica dura cerca de 10 minutos, aumente-a para 11 minutos na semana seguinte, 12 minutos na outra semana e assim por diante, até alcançar o seu objetivo. Se estiver se exercitando 3 vezes por semana e desejar adicionar um dia, exercite-se 4 vezes por semana por um período mais curto a cada vez, por várias semanas, e então aumente a duração de forma gradual. Se planeja aumentar a intensidade do fortalecimento muscular com equipamento, comece sem ele, até sentir-se estável, firme e forte com os exercícios de resistência na água e o posicionamento corporal. Então, aumente a intensidade aos poucos, adicionando o equipamento ou aumentando a força ou a velocidade dos movimentos.
4. Antes de começar sua primeira sessão na água, consulte um médico para uma checagem geral.
5. Consulte as rotinas de treinamento para necessidades especiais, no Capítulo 10, Rotinas Específicas para Necessidades Especiais, para individualizar suas sessões de modo a abordar quaisquer considerações específicas que sejam importantes.
6. Releia a Lista de Conferência de Prevenção de Lesões, nas páginas 21 a 25.
7. Garanta que a temperatura da água na piscina esteja adequada (de 26 a 36°C).
8. Garanta a presença de outra pessoa durante os exercícios, para o caso de precisar de ajuda.

A Tabela 8.2 fornece uma sequência de Exercícios Aquáticos Básicos para Iniciantes. Siga-a nas primeiras vezes em que se exercitar na piscina, adaptando-a às suas necessidades ao melhorar a aptidão física. Consulte as descrições apresentadas nos Capítulos 4, 5 e 6 para instruções mais detalhadas sobre cada exercício.

TABELA 8.2   Sessão Básica para Iniciantes: 35-45 minutos

Aquecimento Térmico (5 minutos)	Execute esta sequência de Aquecimento Térmico 2 vezes. Comece lentamente e aumente aos poucos.
	Movimento 1: Caminhada na Água – 30 segundos
	Movimento 2: Corrida com Pedalada – 30 segundos
	Movimento 9: Polichinelos com Flexão dos Calcanhares – 8 vezes
	Movimento 10: Pressão Posterior das Pernas: 8 vezes
	Movimento 12: Rastejar da Cobra: 1 minuto
Alongamento de Aquecimento (5 minutos)	Mantenha cada posição de alongamento por 10 segundos
	Alongamento 1: Alongamento da Região Externa da Coxa
	Alongamento 2: Alongamento da Região Lombar com Rotação do Tornozelo
	Alongamento 4: Alongamento da Canela e Encolhimento do Ombro
	Alongamento 5: Alongamento para Região Interna das Coxas
	Alongamento 6: Alongamento dos Flexores do Quadril
	Alongamento 7: Alongamento da Panturrilha com Perna Estendida
	Alongamento 8: Alongamento da Panturrilha com Joelho Flexionado
	Alongamento 9: Alongamento dos Isquiotibiais
	(Repita a sequência anterior no outro lado do corpo).

Continua

TABELA 8.2   Continuação

	Alongamento 10: Alongamento Profundo dos Músculos do Quadril, das Coxas e das Nádegas
	Alongamento 11: Alongamento Total para as Costas
	Alongamento 12: Alongamento para Região Média da Coluna
	Alongamento 13: Alongamento para Área Posterior do Cotovelo
	Alongamento 14: Rolamento de Ombro e Alongamento do Tórax
	Alongamento 15: Alongamento do Peitoral
	Alongamento 16: Alongamento da Região Posterior Superior da Coluna
	Alongamento 17: Alongamento do Tronco e do Ombro
	Alongamento 18: Alongamento de Ombro e Região Superior do Braço
	Alongamento 19: Alongamento Seguro do Pescoço
Exercícios Aeróbicos (10-15 minutos)	Nesta seção, comece lentamente, aumente de forma gradual e então reduza a intensidade aos poucos.
	Movimento 1: Caminhada na Água: 1 minuto
	Movimento 2: Corrida com Pedalada: 30 segundos
	Movimento 9: Polichinelos com Flexão dos Calcanhares: 8 vezes
	Movimento 10: Pressão Posterior das Pernas: 8 vezes
	Movimento 13: Passada Ampla Lateral: 8 vezes em cada direção
	Movimento 14: Polichinelos Aquáticos: 8 vezes
	Movimento 15: Esqui *Cross-country*: 16 vezes
	Movimento 12: Rastejar da Cobra: 1 minuto
	Movimento 26: Esqui Aquático: 10-30 segundos
	Movimento 27: Tesouras Laterais Flutuantes: 10-30 segundos
	Movimento 28: Chute para Trás com Flutuação e Agitação dos Braços: 10-30 segundos
	Movimento 29: Salto Vertical do Sapo: 10-30 segundos
	Movimento 30: Tremulação Vertical com Chute: 10-30 segundos
	Movimento 32: Bombeamento na Bicicleta: 10-30 segundos
	Movimento 12: Rastejar da Cobra: 1 minuto
	Movimento 13: Passada Ampla Lateral: 8 vezes à direita, 8 vezes à esquerda
	Movimento 10: Pressão Posterior das Pernas: 8 vezes
	Movimento 9: Polichinelos com Flexão dos Calcanhares: 8 vezes
	Movimento 1: Caminhada na Água: 1 minuto
	Movimento 2: Corrida com Pedalada: 30 segundos
Exercícios de Fortalecimento e Tonificação Muscular (5-10 minutos)	Movimento 34: Tesouras para Regiões Externa e Interna das Coxas: 8 vezes
	Movimento 35: Deslizamento de Perna para a Frente e para Trás: 8 vezes para cada lado
	Movimento 39: Mergulho com Giro: 4 vezes para cada lado
	Movimento 40: Agachamento contra a Parede: 8 vezes, 2 ou 3 séries
	Movimento 42: Elevação dos Calcanhares para Panturrilha: 8 vezes
	Movimento 44: Deslizamento para Tórax e Região Superior das Costas: 8 vezes
	Movimento 48: Pressão do Ombro com Giro: 8 vezes
	Movimento 49: Bombeamento Lateral de Braço: 4 vezes
	Movimento 50: Flexão de Braço: 8 vezes
	Movimento 58: Encolhimento e Rolagem de Ombro: 4 vezes cada
	Movimento 51: Abdominal Sentado contra a Parede e Abdominal Concentrado: 8 vezes

Continua

TABELA 8.2	Continuação
	Movimento 52: Flexão com Flutuação: 8 vezes (evite esse movimento se ele irrita seu pescoço)
	Movimento 55: Postura do Cão de Caça: 8 vezes
	Movimento 56: Espreguiçar do Gato: 8 vezes
Alongamentos Finais de Resfriamento (10 minutos)	Repita toda a sequência de Alongamento de Aquecimento, mantendo cada alongamento por 20 segundos.

Siga essa sequência nas primeiras vezes em que se exercitar na piscina. Antes de começar, familiarize-se com as instruções específicas para cada exercício e alongamento.

Dicas de Exercícios para Tipos Corporais Específicos

Você já se perguntou por que algumas pessoas parecem ficar magras e tonificadas depois de apenas algumas semanas de exercícios, enquanto outras precisam seguir práticas idênticas de condicionamento e nutrição por muitos meses para obter os mesmos resultados? Será que todos podem se tornar potencialmente manequins magérrimas ou fisiculturistas musculosos? Não, e a seguir compreenderá por quê.

Existem três principais tipos corporais (somatotipos) hereditários: ectomorfo, endomorfo e mesomorfo (ver Figura 8.1). A maioria das pessoas geralmente se encaixa em uma ou outra categoria ou apresenta uma mescla de traços de dois somatotipos. Se você não tem certeza sobre qual é o seu somatotipo, identifique os traços que tinha quando criança ou adolescente, antes do seu estilo de vida encobrir suas reais características genéticas.

Ectomorfos tendem a ser altos e esbeltos. Possuem ossos pequenos, com membros mais longos em relação ao tronco. Os músculos não são bem definidos. Ectomorfos tendem a não aumentar muito em tamanho ou massa muscular, mas podem ter mais facilidade para o controle do peso que as pessoas com somatotipo endomórfico. Pessoas com músculos longos e magros estão mais propensas a sentir dores nas costas que pessoas com outros tipos corporais.

Endomorfos são arredondados e curvilíneos. O corpo tende a ter forma de pera, com ombros suaves e arredondados e quadril mais amplo e volumoso. Os mem-

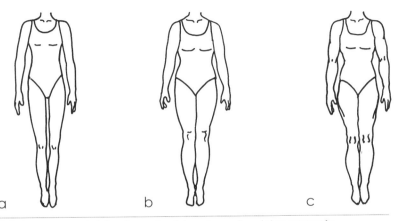

Figura 8.1 Tipos corporais (a) ectomorfo, (b) endomorfo e (c) mesomorfo.

bros são mais curtos em relação ao tronco. Pessoas com somatotipo endomórfico com frequência têm metabolismo mais lento e mais dificuldade para perder peso.

A pessoa com o somatotipo mesomórfico adquire músculos com facilidade. Mesomorfos possuem ombros e quadril mais largos e cintura mais estreita. Sua musculatura bem definida faz com que pareçam fisicamente bem, mesmo quando não se exercitam. Sua falta de flexibilidade pode expô-los ao risco de lesão nas costas, no pescoço e na parte inferior da perna. Eles têm metabolismo rápido, o que se relaciona com tecido muscular mais denso. Como todos os tipos, os mesomorfos ganham peso se ingerem mais calorias do que queimam. Quando ganham peso extra, pessoas com somatotipo mesomórfico assumem o formato de "maçã", o que associa-se com doença cardíaca.

Muitas pessoas têm uma combinação de tipos corporais. "Endomesomorfos" têm músculos naturalmente mais fortes, além de uma proporção maior de gordura corporal, e tendem a acumular mais tecido adiposo no quadril e nas coxas. "Ectomesomorfos" são altos, magros e rijos, com músculos bem definidos. "Endoectomorfos" tendem a trazer mais peso no quadril e nas coxas, embora tenham membros longos e ossos miúdos, corpos altos e esguios e possam não ter muita força na parte superior do corpo.

Cada tipo corporal apresenta vantagens e desvantagens. O importante é identificar as suas próprias características e desenvolver objetivos realistas e apropriados para o condicionamento físico. Você terá melhor aparência e se sentirá melhor quando estiver saudável e em boa forma, com postura corporal bem alinhada e maior energia. Escolha um plano de exercício com base nas suas características e nos seus objetivos pessoais de condicionamento físico.

Ectomorfos

Siga o programa de Exercícios Aquáticos Básicos para Iniciantes, e se concentre no desenvolvimento de força muscular e flexibilidade. Adicione resistência de forma gradual usando equipamento para exercícios aquáticos, como descrito no Capítulo 2, Preparando-se para os Exercícios Aquáticos. Saliente o fortalecimento dos abdominais e do tronco para prevenir problemas na região lombar. Concentre-se atentamente nas técnicas de alongamento para melhorar a flexibilidade no quadril, nas coxas, nos glúteos, nas costas, no pescoço e no tronco.

Os músculos do somatotipo ectomorfo tornam-se um pouco mais fortes com condicionamento, mas exigem maior esforço e tempo para parecerem firmes e tonificados. Um corpo magro pode, ainda, ser proporcionalmente alto em gordura corporal, de modo que os ectomorfos precisam empenhar-se no treinamento aeróbico para manter boa saúde geral. Fortaleça gradualmente os abdominais e o tronco trabalhando atentamente na flexibilidade do tronco e da parte inferior do corpo para combater a suscetibilidade a problemas na região lombar e no pescoço.

Endomorfos

Você pode melhorar a sua composição corporal e acelerar o metabolismo seguindo o programa de Exercícios Aquáticos Básicos para Iniciantes e se concentrando nas recomendações para controle de peso descritas na seção Tonifique e Emagreça. Endomorfos podem estar propensos a lesões por impacto; sendo assim, é essencial que as articulações sejam protegidas com exercícios de baixo impacto, de modo que exercícios aquáticos são o método preferencial. À medida que o condicionamento aumentar, esforce-se para estender sua sessão aeróbica para 45 minutos ou mais; esse é o ponto em que a maior porcentagem de calorias queimadas vem dos depósitos de gordura corporal em vez da rápida energia do glicogênio nos músculos. Mantenha a intensidade aeróbica moderada, para estender a duração da sessão aeróbica.

A tonificação e o controle do peso podem ser mais difíceis para pessoas com esse somatotipo genético, em virtude de suas altas taxas de gordura para tecido magro (composição corporal). O condicionamento aeróbico e a resistência ou o treinamento com peso podem melhorar a composição corporal, o metabolismo e a definição muscular. Alterar a composição corporal para uma com maior proporção de tecido magro para gordo o ajudará a conquistar e manter a perda de peso em longo prazo.

Mesomorfos

Os mesomorfos, em geral, têm músculos rígidos e firmes. Músculos rígidos e tensos levam à dor e ao desconforto, além de limitarem a mobilidade, especialmente em idade mais avançada. Prolongue a sessão final de alongamento e flexibilidade do treino para 10 ou 15 minutos para relaxar os músculos tensos. Exercite com intuito de melhorar a resistência aeróbica para força funcional e saúde cardiovascular; mesomorfos podem estar propensos a problemas cardíacos e circulatórios. Portanto, esforce-se para se exercitar todas as semanas, na maioria dos dias, incluindo uma sessão aeróbica completa que termine com um segmento relaxante de flexibilidade. Talvez você deseje desenvolver naturalmente ainda mais o seu físico muscular aumentando de forma gradual a resistência usada durante os Movimentos de Fortalecimento e Tonificação.

Mesomorfos respondem rapidamente ao treinamento com resistência tornando-se assim firmes e tonificados com menos esforço em relação aos ectomorfos ou endomorfos. O somatotipo mesomórfico perde com maior rapidez a gordura corporal, que geralmente se acumula em torno do abdome. Entretanto, ele precisa trabalhar constantemente a flexibilidade para relaxar músculos rígidos e o condicionamento aeróbico, o que melhora a resistência cardiorrespiratória e a força. Uma vez que mesomorfos aparentam estar em boa forma, mesmo quando não estão, alguns podem sentir-se menos motivados para exercitar-se, o que com frequência leva ao acúmulo gradual de gordura abdominal.

Tonifique e Emagreça

Nos Estados Unidos, mais de 68% das pessoas estão acima do peso ou são obesas. Esse fenômeno existe também em muitos outros países. Uma vez que a administração do peso é uma prioridade para um número crescente de pessoas e para a sociedade como um todo, esta seção é voltada para a prática dos exercícios aquáticos e de outras técnicas ligadas ao estilo de vida para ter sucesso com o controle do peso. Use as dicas a seguir para obter resultados.

Aumente a duração e a intensidade dos exercícios aeróbicos gradualmente, ao longo de um período de vários meses, aumentando também o treinamento de resistência muscular de forma gradual. O excesso de gordura corporal é queimado aerobicamente. Para concentrar seus esforços para controle do peso, a fim de perder peso e manter-se magro, aumente a massa corporal magra e reduza a massa corporal gorda. Atividades de resistência aeróbica podem treinar seu corpo tornando-o mais eficiente na queima de gordura. O fortalecimento muscular pode aumentar a massa de tecido magro, o qual queima mais calorias, mesmo estando em repouso. Assim, inclua exercícios de força e resistência muscular não apenas para tonificar-se, mas também para aumentar a taxa na qual você queima calorias todo o tempo.

Mapeie seu progresso medindo centímetros. Evite usar a balança e, em vez disso, meça a circunferência da cintura a cada 4 a 8 semanas para acompanhar seu progresso. Um punhado de músculos pesa muito mais que um punhado de gordura, de modo que a balança poderá enganá-lo. Meio quilo de músculo ocupa muito menos espaço que meio quilo de gordura; é por isso que duas pessoas que pesam 73 kg – uma musculosa e em boa forma e a outra com alta taxa de gordura corporal – têm aparências totalmente diferentes. A pessoa musculosa tem uma medida de circunferências significativamente menor na cintura e em muitas outras partes do corpo, assim como mais energia, confiança e vitalidade!

Aumente a frequência dos exercícios gradualmente. Se for sedentário, comece exercitando-se a cada 2 dias. Quando o nível de aptidão aumentar, estenda os exercícios para 5 dias por semana. Mais adiante, torne a atividade física e os exercícios uma parte integrante de praticamente todos os dias da semana. Para mudar sua composição corporal pelo aumento do tecido magro, inclua o fortalecimento e a tonificação em pelo menos duas de suas sessões, todas as semanas. Uma regra ideal para o treinamento de força é trabalhar o grupo muscular de 2 em 2 dias. Se os grupos musculares forem alternados, o treinamento com resistência poderá ser executado todos os dias, mas evite trabalhar o mesmo grupo muscular 2 dias seguidos. Quando estiver começando, concentre-se em fortalecer o tronco, especialmente os músculos abdominais, das costas e os glúteos. Se preferir incentivar maior queima de gordura durante os exercícios, aumente a duração da atividade aeróbica de forma gradual, em vez de buscar a maior intensidade possível. A atividade aeróbica de alta intensidade em geral provoca fadiga e produz lesões, a menos que esteja extremamente apto.

Para melhores resultados, combine o seu programa de condicionamento com um plano alimentar saudável. Faça sempre o desjejum, dentro de 1 hora após despertar; reduza gradualmente o consumo de calorias sem nutrientes de alimentos calóricos, como frituras e carnes processadas, e corte os alimentos com excesso de açúcar. (Leia os rótulos com atenção: o açúcar é adicionado de várias maneiras.) Coma menos batata inglesa, menos grãos refinados, como farinha de trigo branca, e mais grãos integrais. Elimine a gordura trans (gordura hidrogenada e parcialmente hidrogenada) e beba muito líquido, especialmente água. Elimine no máximo algo em torno de 500 calorias do seu consumo diário, já que de outra maneira seu organismo poderá desacelerar o metabolismo.

Para abastecer o seu metabolismo e evitar a fome excessiva, faça três refeições e dois lanches ou minilanches por dia, intervalando as refeições durante o dia. Consuma pelo menos dois terços das suas calorias ou porções até a metade do dia. Pare de comer 2 ou 3 horas antes de dormir.

Use esta orientação para o controle das porções, baseada no novo Guia da Pirâmide Alimentar. A cada dia, consuma estas porções, de forma intervalada durante o dia:

- **Grãos.** Consuma seis porções (do tamanho da palma da mão), sendo pelo menos três de grãos integrais; para grãos em flocos, porções duas vezes o tamanho da palma da mão.
- **Vegetais.** Consuma cinco ou mais porções (do tamanho da palma da mão); vegetais folhosos, duas vezes o tamanho da palma da mão.
- **Frutas.** Consuma duas porções (do tamanho de uma mão fechada). Consuma frutas inteiras para consumir mais fibras e absorver o açúcar de forma mais lenta que com frutas processadas.
- **Óleo.** Consuma de seis a dez porções (do tamanho da ponta do dedo mais largo, ou aproximadamente uma colher de chá). As melhores fontes de óleo são azeite de oliva extravirgem, óleo de amêndoas ou óleo de gergelim. O consumo de gorduras saudáveis em quantidade adequada é muito importante para a boa nutrição. Leia os rótulos, especialmente de alimentos assados e processados e evite gordura trans e óleos vegetais parcialmente hidrogenados. A menos que seja isenta de gordura trans, elimine a maior parte das margarinas e gorduras vegetais.
- **Proteína.** Consuma duas porções (do tamanho da palma da mão). Fontes de proteína incluem peixe, aves, legumes ou feijões (p. ex., feijão-roxo, grão-de-bico, feijão rajado ou preto), nozes (especialmente a noz propriamente dita e amêndoas), cortes magros de carne vermelha (moderadamente) e ovos (moderadamente). Ovos, peixe, nozes, aves e carne vermelha também contêm gordura.
- **Água.** Beba seis copos. Cada copo equivale a 200 mL. Em geral, ingerimos cerca de dois copos de água por dia quando consumimos todas as porções de frutas e vegetais recomendadas; para completar a quantidade, beba líquidos que não sejam diuréticos. Bebidas cafeinadas e cítricas são diuréticas e, portanto, estimulam a perda de fluidos do sistema. Beba

mais água quando estiver muito ativo em clima quente. Se não gosta de água, experimente adicionar suco de fruta não adoçado a ela.
- **Cálcio.** Consuma três porções. O tamanho varia. Consuma mais alimentos com baixo teor de gordura e menos gordura total que contenham cálcio: uma fatia de queijo com baixo teor de gordura, meia xícara de queijo *cottage* com pouca gordura, uma xícara de iogurte com baixo teor de gordura, aproximadamente 250 gramas de leite de soja ou de arroz enriquecido ou leite de vaca, meia xícara de tofu enriquecido ou uma xícara de vegetais verdes e folhosos.
- **Calorias opcionais.** Como opção, você pode incluir de 132 a 512 calorias por dia em sua dieta, dependendo do nível de atividade, do gênero (sexo) e dos objetivos. Alimentos opcionais incluem gordura sólida, biscoitos, rosquinhas, bolos, biscoitos salgados contendo gordura, balas, refrigerantes, batatinhas fritas, carnes, manteiga, chantilly, requeijão, alimentos com leite e gordura vegetal ou creme de leite azedo. Um biscoito tipo *cookie*, de tamanho médio, contém 100 calorias. Algumas gorduras vegetais também se encaixam na categoria de gordura sólida: azeite de dendê ou outros de coco e manteiga de cacau. A gordura contém cerca de 100 calorias por colher de sopa, aproximadamente o dobro das calorias por grama, comparada com outros alimentos. A gordura saudável (ver óleo e gordura) exerce papel fundamental na alimentação saudável e apoia muitos processos corporais. Você pode incluir alimentos opcionais consumindo de qualquer um dos outros grupos alimentares.

Não tente lidar com tudo de uma só vez; dê um passo de cada vez e não tenha pressa. Faça uma *pequena* mudança e a torne parte do seu estilo de vida, até acostumar-se com ela. Depois, dê o próximo passo quando estiver preparado.

Adicionando Variedade aos Exercícios

Por que a variação é tão importante para o sucesso do condicionamento? As razões estão relacionadas com os princípios básicos da boa forma e com os fatores para a mudança rumo ao comportamento saudável. Em primeiro lugar, as pessoas geralmente se aborrecem quando fazem a mesma coisa repetidas vezes, dia após dia; a variedade recarrega os níveis de interesse. Em segundo lugar, o corpo exige desafios variados frequentes, que resultem em melhoras no nível de aptidão física (p. ex., o desafio do treinamento intervalado para incentivar novas adaptações que aperfeiçoem a condição do sistema cardiovascular). Em terceiro lugar, o princípio de condicionamento chamado de "treinamento cruzado" exige mudanças no tipo de choque de impacto ou nos métodos de resistência para evitar ou superar lesões por estresse repetitivo. Um exemplo de modificação do choque de impacto é quando movimentos aeróbicos são executados na parte mais rasa da piscina, exigindo assim um nível moderado de impacto contra o fundo da piscina nos exercícios de flutuação, para eliminar completamente o choque de impacto. Outro exemplo é quando caminhadas ou corridas em terra são alternadas com pedaladas em bicicleta. A variedade ajuda a prevenir e a superar empecilhos que podem perturbar a manutenção do programa de condicionamento ou o progresso desejado em sua jornada vitalícia para a aptidão física e o bem-estar.

Exercícios aquáticos representam uma oportunidade excelente para diversão durante o treinamento cruzado, para aqueles que já estejam em nível avançado de capacidade para o condicionamento. A sequência apresentada na Tabela 8.3, a seguir, combina muitas das técnicas mais avançadas, que certamente proporcionarão ao seu corpo, mente e espírito um desafio maior e inspiração em suas sessões. Para uma variação que envolva sensualidade, que certamente estimulará a sua natureza interna nesse sentido, desafiará a sua aptidão aeróbica, fortalecerá a região central do seu corpo e aumentará o seu equilíbrio e coordenação, experimente a sequência aquática de Yoga Booty Ballet, encontrada na Tabela 9.1.

TABELA 8.3 Amostra de uma Sessão Aquática Avançada

Aquecimento Térmico (5 minutos)	Movimento 82: Circulando o Tambor
	Movimento 83: Abraçando a Lua
	Movimento 84: Chute para Trás e para a Frente
	Movimento 85: Círculos com os Braços
	Movimento 86: Cavar a Terra
	Movimento 87: Carinho no Pescoço do Cavalo: Afagar e Puxar
	Movimento 88: Dividindo a Crina do Cavalo Selvagem
Alongamento de Aquecimento (também melhora o equilíbrio e a força) (5 minutos)	Movimento 94: Saudação ao Sol
	Movimento 95: Postura do Guerreiro com Arco e Flecha
	Movimento 96: Postura de Flamingo ou Super-Homem
	Movimento 97: Lótus Parcial
	Movimento 98: Meia-Lua
	Movimento 99: Postura da Árvore
	Movimento 100: Pose de Ângulo Estendido de Triângulo
	Alongamento 3: Alongamento para Região Anterior da Coxa
	Alongamento 7: Alongamento de Panturrilha com Perna Reta
	Alongamento 8: Alongamento da Panturrilha com Joelho Flexionado
	Alongamento 9: Alongamento dos Isquiotibiais
	Alongamento 10: Alongamento Profundo dos Músculos do Quadril, das Coxas e das Nádegas
	Alongamento 11: Alongamento Total para as Costas
	Alongamento 17: Alongamento do Tronco e do Ombro
	Alongamento 18: Alongamento do Ombro e da Região Superior do Braço
Movimentos Aeróbicos e Pliométricos (30 a 45 minutos). Crie combinações e repita os movimentos como desejar	Movimento 15: Esqui *Cross-country*
	Movimento 13: Passada Lateral Ampla
	Movimento 14: Polichinelos Aquáticos
	Movimento 17: Salto para a Frente, Salto para Trás
	Movimento 18: Escalada de Montanha

Continua

TABELA 8.3 Continuação

	Movimento 19: Esqui e Polichinelo Combinados
	Movimento 20: Salto do Mogul
	Movimento 23: Avançar e Voltar ao Centro
	Movimento 24: Chute Quadrado com Avanço
	Movimento 25: Salto com Giro
	Movimento 26: Esqui Aquático
	Movimento 31: Escalada de Montanha com Flutuação
	Movimento 37: Passada de Corredor com Flutuação
	Movimento 66: Salto Lateral de Peter Pan
	Movimento 67: Salto de Obstáculo
	Movimento 68: Salto do Golfinho
	Movimento 69: Polichinelo Pliométrico
	Movimento 70: Esqui Pliométrico
	Movimento 71: Hip, Hop, Urra!
Potência e Força Anaeróbicas	Movimento 60: Agachamento Simples
	Movimento 61: Agachamento com Pressão
	Movimento 62: Elevação de Joelho com Agachamento
	Movimento 63: Flexão de Joelho com Agachamento
	Movimento 64: Levantamento em Tesoura com Agachamento
	Movimento 65: Passada com Agachamento
	Movimento 75: Subida em Prancha
	Movimento 89: Soco para a Frente
	Movimento 90: Soco Cruzado
	Movimento 91: Bloqueio de Canela
	Movimento 92: Golpe com o Joelho
	Movimento 93: Chute Frontal da Perna Posterior ou Perna Anterior
Construtores da Força Central	Movimento 101: Serra
	Movimento 73: "Vento de Lado" com "Espaguete"
	Movimento 74: "Espaguete" em Anel
	Movimento 102: Toque de Meia-Lua na Corda-Bamba
	Movimento 103: Círculos com Pernas
	Movimento 104: Bombeamento na Bicicleta em Diagonal
	Movimento 51: Abdominal Concentrado (Abdominal Sentado contra a Parede, Afastado da Parede)
	Movimento 105: Prancha e Pressão
Amplitude de Movimento: Liberação para Músculos da Coluna	Movimento 106: Lontra
Alongamento para Resfriamento	Repita a sequência de Alongamento para Aquecimento, mantendo cada alongamento por mais tempo, durante 20 segundos. Para aumentar o desafio, execute os alongamentos sem tocar a parede da piscina.

CAPÍTULO 9

Um Estímulo à sua Rotina

A melhor maneira de dar continuidade aos exercícios em longo prazo é introduzindo novas técnicas com frequência e adicionando variedade como um estímulo. A variação mantém o interesse, desafia o corpo de um modo diferente e aumenta a aptidão física. Extraia deste Capítulo informações preciosas sobre exercícios e ideias variadas para recarregar sua rotina e renovar o ânimo. Escolha a Dança Country Aquática por pura e simples diversão, o Tai Chi Aquático pela graciosidade e energia, o Kickboxing Aquático pelo poder de eliminação do estresse, o Ioga Aquático pela paz e satisfação, a força central do Pilates Aquático ou o Yoga Booty Ballet na água pela sensualidade.

Exercícios Criativos na Água

A criatividade supre a motivação e ajuda a manter o interesse por exercitar-se regularmente. Introduza os movimentos a seguir para desafiar seu corpo, mente e espírito de maneira que eles possam aumentar sua aptidão física e nutrir seu bem-estar geral. Saia do habitual, mude seu jeito de fazer as coisas. Deixe que sua imaginação, interesses e personalidade o guiem de forma que esses movimentos sejam introduzidos em sua rotina ou uma nova sequência completa seja criada. Crie combinações que estimulem seus sentidos e o mantenham sempre em frente em sua jornada para a boa forma física.

Movimentos com Rolos de Espuma (Espaguetes)

A genialidade dos baratos rolos de espuma está na liberdade de movimentos que eles proporcionam por seu formato simples e flexível. Acrescente diversão em sua rotina e conquiste maior estabilização musculoesquelética, melhor saúde das costas, abdominais mais firmes e um tronco mais forte e tonificado com os movimentos praticados nesse acessório. Insira-os em sua rotina aquática para conquistar uma combinação de condicionamento aeróbico e tonificação do tronco. Concentre-se nesses movimentos de condicionamento após um leve aquecimento e alongamento acompanhando-os com uma série de alongamentos que incluam aqueles para tronco, costas, quadril e coxas. Existem espaguetes longos e curtos; use os mais curtos se planeja sentar-se neles para boiar. Uma dica: economize comprando rolos longos em lojas de brinquedo, e depois corte-os no tamanho desejado.

A seção sobre Pilates Aquático, que se inicia na página 197, contém movimentos adicionais com espaguetes.

Movimento 72 — **Abdominal Reto**

Músculo Visado: este movimento trabalha os músculos abdominais.

Posição Inicial: este exercício é executado com o espaguete posicionado atrás da região lombar e sob os braços, que devem estar estendidos nas laterais do corpo, no nível dos ombros, e repousando sobre o espaguete. Comece com as solas dos pés unidas e os joelhos levemente flexionados, em posição sentada, com flexão abdominal parcial (abdominais parcialmente contraídos). Imagine que os músculos abdominais ou da barriga são um acordeão.

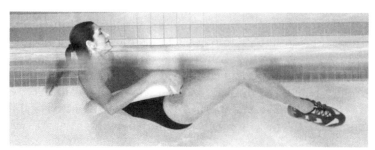

Ação:
1. Com os calcanhares unidos, aperte ou contraia os músculos abdominais para "fechar o acordeão" enquanto, ao mesmo tempo, leva os joelhos para cima e para fora.
2. Estenda as pernas enquanto empurra os pés para a frente (abra o acordeão). Mantenha uma contração parcial dos músculos abdominais.
3. Inspire no começo, expire enquanto contrai e inspire enquanto alonga o corpo.
4. Repita de 8 a 32 vezes.

Variação: a Flexão Lateral com Rolo trabalha os abdominais oblíquos nas laterais do corpo. Comece com os pés unidos, em posição sentada, e as pernas relativamente estendidas, com leve contração abdominal. Vire o quadril ligeiramente para a direita encurtando a distância da caixa torácica até o quadril. Repita de 4 a 16 vezes. Vire o quadril levemente para a esquerda e repita de 4 a 16 vezes.

"Vento de Lado" com Espaguete — Movimento 73

Músculo Visado: este movimento aeróbico trabalha os músculos de movimentação e estabilização do tronco, incluindo os abdominais, os oblíquos, o serrátil anterior, o quadrado lombar e o eretor da coluna (áreas anterior, posterior e laterais do tronco).

Posição Inicial: este exercício tonificador é executado com o espaguete posicionado sob a região torácica e sob os braços, que devem estar estendidos nas laterais do corpo, no nível dos ombros, e repousando sobre o espaguete. Para maior estabilidade e leve aumento da resistência, segure o espaguete com as duas mãos horizontalmente em frente ao corpo por um segundo. Mantenha os abdominais contraídos com firmeza durante todo o movimento.

Ação:
1. Pedale como se estivesse em uma bicicleta.
2. Contraia os músculos do lado direito para levar o pé para o lado oposto. Use os músculos da lateral do corpo como faria em uma Flexão Lateral. O movimento de pedalada nessa posição desafia os músculos oblíquos nos dois lados do abdome, de modo que esses músculos e os abdominais frontais (reto do abdome) devem ser usados para manter a estabilidade enquanto pedala em um movimento circular.
3. Continue pedalando enquanto gira em círculo. Continue por 10 a 20 segundos.
4. Repita no lado esquerdo, girando na direção oposta.

MOVIMENTO 74 — ESPAGUETE EM ANEL

Músculo Visado: este exercício aeróbico trabalha os músculos do tronco, fortalecendo-o, e também pode ajudar a aliviar e a prevenir dores lombares.

Posição Inicial: posicione o espaguete na região torácica e sob os braços, que devem estar estendidos para os dois lados, na altura dos ombros, e repousados sobre o espaguete. Mantenha o corpo em linha reta, da cabeça aos dedos dos pés; mantenha o peito projetado para a frente e o abdome contraído, mantendo a postura pélvica neutra. Para maior estabilidade e resistência levemente aumentada, segure o espaguete com as duas mãos na posição horizontal e à frente do corpo por um segundo.

Ação:
1. Este movimento exige o uso do tronco como meio de locomoção, formando um "cone" parecido com um tornado invertido que se movimenta lentamente. Contraia alternadamente os músculos do tronco à direita, à frente, à esquerda e nas costas, para traçar um grande círculo no sentido anti-horário com os pés. Você girará no sentido horário porque, como disse Newton, "para cada ação, há uma reação igual e oposta." Continue por 10 a 20 segundos.
2. Repita na direção oposta, movendo todo o corpo para que os pés façam um círculo no sentido horário: à esquerda, à frente, à direita e às costas. Você girará no sentido anti-horário ao fazer um funil que realiza um movimento circular no sentido horário.

Variação: Torção do Espaguete
Execute o exercício da mesma maneira que com o Espaguete em Anel, exceto que os calcanhares estarão juntos e os joelhos, para fora e para os lados. Este movimento abre a coluna para liberar a tensão e trabalha os músculos oblíquos do abdome e as laterais do corpo.

Dicas de Segurança: mantenha as escápulas abaixadas e para trás. Não deixe que os ombros subam em direção às orelhas. Firme os músculos abdominais para proteger as costas.

Movimentos com Prancha: incorpore o uso da prancha para adicionar novos desafios e um toque de exuberância à sessão, com muito pouco investimento financeiro. A sua flutuabilidade cria um desafio à força, ao equilíbrio, à coordenação e à estabilização.

ESCALADA COM PRANCHA — MOVIMENTO 75

Finalidade: este movimento trabalha a parte inferior do corpo de um modo aeróbico, fortalecendo e tonificando os abdominais e as pernas; também trabalha os abdominais e os estabilizadores da parte superior do corpo em uma contração isométrica e desafia o equilíbrio e a coordenação.

Posição Inicial: na parede da piscina, com água na altura do peito, segure a prancha com ambas as mãos. Adote a posição de Prancha – com o corpo e as pernas em linha reta.

Ação: contraia os músculos abdominais com firmeza. Mantenha uma contração firme ao longo de todo o exercício.
1. Eleve o joelho direito com força enquanto mantém o pé esquerdo no chão.
2. Arranque com a perna esquerda trocando a posição.
3. Continue pulando enquanto alterna as pernas para cima e para baixo, por 8 a 32 repetições.

Variação: aumente o desafio movendo o corpo em um ângulo de 45° em relação ao piso da piscina.

Dicas de Segurança: mantenha os joelhos levemente flexionados e os abdominais contraídos com firmeza. Evite esse exercício em caso de dor no pescoço.

PASSEIO PELA ÁGUA — MOVIMENTO 76

Finalidade: este movimento proporciona diversão, ao passo que você se movimenta pela piscina e exercita as regiões superior e inferior do corpo aerobicamente, enquanto desafia o equilíbrio e a coordenação.

Posição Inicial: sentado em uma prancha, mantenha o equilíbrio usando os músculos estabilizadores do tronco.

Ação:
1. Execute com as pernas movimentos de flexão e extensão, alternando-as.
2. Arraste a água para trás em um movimento de nado de peito ou palmateio (empurre a água para os lados e para trás, eleve os braços e torne a empurrar a água, como se remasse) (Figuras a e b).
3. Para aumentar a intensidade, use movimentos de braços e pernas para mover-se pela piscina, percorra com o máximo de rapidez que puder.

a

b

Dicas de Segurança: use os músculos abdominais e estabilizadores nas laterais do corpo e nas costas para permanecer em posição vertical, em vez de permitir que a coluna se curve em forma de "C".

Dança Country Aquática

Ouça sua música *country* favorita e se anime com a dança *country* aquática. Dê um toque a mais aos movimentos adicionando quaisquer passos que conheça e goste; diminua o ritmo para permitir maior viscosidade da água, em comparação com a dança executada em terra. Ao executar os passos por estrofe musical, mova-se com metade da rapidez que possui em terra.

Finalidade

Inclua esses movimentos aeróbicos de dança *country* em suas sessões de aquecimento e resfriamento aeróbico, para dar um toque rítmico às suas passadas e para desafiar o equilíbrio e a coordenação.

Posição Inicial

Todos os passos são iniciados com os pés confortavelmente afastados; fique em pé na posição neutra protegida.

Dicas Técnicas e de Segurança

Para todos os passos de dança *country*, mantenha sempre uma postura ereta saudável, com o peito aberto, as escápulas abaixadas e para trás, os abdominais contraídos, a coluna na posição neutra (sem incliná-la para a frente ou para trás, isto é, na postura neutra protegida). Mova-se a partir do quadril e, para executar os movimentos, use principalmente os glúteos e as coxas. Mova os braços para posições que permitam manter o equilíbrio, ou apoie os polegares na cintura, para criar mais área de superfície e desafiar o equilíbrio. Mantenha, na água, uma velocidade menor do que aquela usada em terra.

Sequência para Dança *Country* Aquática

Para transformar todo o treino em uma sessão coreográfica de dança *country*, inicie com uma caminhada leve na água no ritmo *"two step"*, em um padrão circular ou serpenteante (com dois passinhos rápidos, um lento, dois passinhos rápidos, outro lento). Complete uma sequência de alongamento antes de começar, adicione alguns saltos e Elevação dos Joelhos aos movimentos de dança e finalize com uma série de resfriamento e alongamento.

PASSADA COM BALANÇO — MOVIMENTO 77

Posição Inicial: posicione o pé direito à frente e o pé esquerdo atrás, separados aproximadamente na metade da distância entre o calcanhar direito e os dedos do pé esquerdo (Figura a).

Ação:
1. Passadas com balanço são semelhantes ao Cavalo de Balanço, sendo que no primeiro são executados passos curtos o suficiente para uma leve mudança no ponto onde o peso corporal é colocado, isto é, no pé posicionado à frente ou atrás.
2. Balance o corpo para a frente, sobre o pé direito (concentre seu peso sobre o pé direito).
3. Volte e concentre o peso corporal para trás, sobre o pé esquerdo.
4. Repita de 8 a 32 vezes.

a   b

5. Mude para uma posição inicial, com o pé esquerdo na frente do pé direito. Repita de 8 a 32 vezes.

Variação: Balanço Cruzado

Cruze o pé direito sobre o esquerdo. Dê uma passada posicionando o pé direito na frente e à esquerda do dedinho do pé esquerdo (o peso corporal se concentra à direita) (Figura b). Faça a Passada com Balanço sem sair do lugar (concentre seu peso corporal para trás, sobre o pé esquerdo). Balance o corpo para a frente, sobre o pé direito. Repita, balançando-se para a frente e para trás, de 8 a 32 vezes. Cruze o pé esquerdo sobre o direito e repita o movimento de balanço para a frente e para trás, de 8 a 32 vezes. Com intuito de aumentar a intensidade, adicione uma Elevação dos Joelhos ou salto.

| MOVIMENTO 78 | PASSO BALANÇO DO MARINHEIRO |

Ação:
1. Movendo-se para a esquerda, cruze o pé direito atrás da perna esquerda (Figura a).
2. Dê um passo com o pé esquerdo para o lado esquerdo (Figura b).
3. Dê um passo com o pé direito para a direita e levemente para a frente; o peso se concentra à direita (Figura c).
4. O movimento segue esta sequência: passo para trás, passo para o lado, passo para o lado.

a

b

c

5. Execute a sequência novamente no lado oposto, enquanto se movimenta para a direita.
6. Repita de 8 a 32 vezes.

Variação: para maior intensidade, eleve o joelho direito no fim do Passo Balanço do Marinheiro para a direita e o joelho esquerdo, para a esquerda.

PASSADA E UNIÃO DAS PERNAS

MOVIMENTO 79

Ação:
1. Mova-se para a direita: dê um passo aproximadamente da largura dos ombros para a direita e, então, junte o pé esquerdo ao pé direito (Figuras a, b). Coloque as mãos sobre a cintura ou adicione alguns movimentos de braço para maior diversão.
2. Mova-se para a esquerda: dê um passo aproximadamente da largura dos ombros para a esquerda e, então, junte o pé direito ao pé esquerdo.
3. Repita de 8 a 32 vezes.

a   b

Variação: Passada com União das Pernas e Nova Passada

Mova-se para a direita: dê um passo com o pé direito para o lado direito (aproximadamente a distância equivalente ao tamanho do pé). Seu peso estará sobre o pé direito. Mova o pé esquerdo para a direita, para unir os pés (seu peso vai para a esquerda). Dê um passo com o pé direito para a direita (seu peso vai para a direita). Mova-se para a esquerda: dê um passo com o pé esquerdo para o lado esquerdo (aproximadamente a distância equivalente ao tamanho do seu pé); seu peso vai para a esquerda. Dê um passo com o pé direito para a esquerda, para unir os pés; seu peso vai para a direita. Dê um passo com o pé esquerdo para a esquerda (seu peso vai para a esquerda). Repita de 8 a 32 vezes. Para aumentar a intensidade, em vez do passo, dê um salto para o lado.

MOVIMENTO 80 — HIP-HOP CAUBÓI: PISAR E SAPATEAR

Ação:
1. Dê um passo para a frente, com o pé direito (Figura a).
2. Com o pé esquerdo, dê um passo bem largo para a esquerda e una os pés (Figura b).
3. Com o pé direito, dê um passo para a esquerda, atrás da perna esquerda (Figura c).
4. Com o pé esquerdo, dê um passo para a esquerda.
5. Com uma passada firme com o pé direito, una as pernas (acrescente um salto, para maior impacto) (Figura d).
6. Repita de 8 a 6 vezes.
7. Execute a mesma sequência, iniciando com o pé esquerdo, e repita de 8 a 16 vezes.

a

b

c

d

CHUTE HONKY-TONK: CHUTE CRUZADO PARA A DIREITA E PARA A ESQUERDA

MOVIMENTO 81

a   b

Ação:
1. Com o pé direito, chute para o lado direito (Figura a).
2. Cruze o pé direito atrás do pé esquerdo (Figura b).
3. Com o pé esquerdo, chute para o lado esquerdo.
4. Cruze o pé esquerdo em frente do direito.

Variação: para maior intensidade, adicione um salto enquanto cruza o pé na frente e chuta com a perna oposta para o lado.

Tai Chi Aquático

O Tai Chi baseia-se nas leis da natureza. Os movimentos e as posturas relacionam-se aos animais, ao mar, ao céu e aos cursos d'água da Terra. Os movimentos harmoniosos, fluidos e leves se aplicam muito bem a adaptações criadas especialmente para a água: os movimentos graciosos, únicos a essa antiga arte marcial, mesclam-se de um modo complementar às qualidades de resistência, mas ainda assim relaxantes, do movimento na água.

Finalidade

O Tai Chi Aquático conecta a mente ao corpo em um ambiente aquático, com práticas que aumentam a vitalidade e a energia, renovando o espírito. Ele oferece benefícios que se somam às qualidades dos exercícios aquáticos, melhorando equilíbrio, agilidade, força, flexibilidade, graciosidade, coordenação, postura e clareza mental. Os resultados são aumento na energia e melhora do bem-estar, do relaxamento e da tranquilidade.

Os movimentos lentos do Tai Chi, uma forma antiga de autodefesa chinesa, movem corpo e mente por incrementos que trazem o crescimento espiritual. A definição de Tai Chi é "máximo supremo", e a palavra "Chi" pode ser traduzida como "energia" que flui pelos 14 meridianos do corpo. Essas trilhas de mente-corpo-espírito são como os cursos d'água da Terra: quando estão abertos, a água flui livremente. Força e vitalidade surgem do fluxo de Chi ou da energia vital universal, que pode habilitá-lo a descobrir o equilíbrio e a energia interiores.

Princípios Básicos

O estilo Yang consiste em uma série de 100 movimentos contínuos ou posturais. Os movimentos selecionados são aqueles que representam a beleza do Tai Chi na água. O estilo Yang desenvolve suavidade e força simultaneamente.

Dicas Técnicas e de Segurança

Yin e Yang, os elementos básicos do Tai Chi, podem ser descritos como energia calma e energia ativa. O Chi flui apenas quando essas duas forças estão em equilíbrio. Em muitas posturas de Tai Chi, os pés estão firmemente fixados na Terra, enquanto a parte superior do corpo permanece livre e tênue. Dessa forma, o Tai Chi move o corpo por meio de uma disciplina centrada e leve, enraizada na Terra pela colocação dos pés firmemente no solo, emerge pelas pernas, proporciona controle do quadril, da pelve e da cintura (o centro do corpo) e é expresso pelas mãos de um modo fluido.

Para que os trajetos de energia permaneçam abertos, mantenha as costas retas e a cabeça ereta, como se estivesse suspensa por um fio ao alto. A respiração deve ser profunda e relaxada, mantendo, porém, a mente alerta e focada. O movimento e a energia originam-se do centro do corpo, e as posições das mãos são graciosas e expressivas. Mantenha as articulações dos braços relaxadas, com os ombros e os cotovelos abaixados, liberando toda a tensão e rigidez do pescoço e dos ombros. Para que haja compreensão da fluidez dos movimentos, imagine-se movimentando os braços como se fossem água que flui suavemente. Pense no seu corpo como uma de muitas ligações graciosas e, então, coordene os movimentos como um colar de pérolas.

A velocidade dos movimentos de Tai Chi na água é mais rápida do que na terra. Tal diferença permite manter uma temperatura corporal confortável, apesar de o ambiente aquático retirar o calor do corpo. Vá para a parte mais funda da piscina, onde o nível da água fique na altura da caixa torácica, para garantir boa estabilidade e posicionamento dos pés. No Tai Chi, a base está nos pés: calçados aquáticos os protegem e melhoram a sua fixação e estabilização.

Sequência de Tai Chi Aquático

Execute uma sequência de Tai Chi realizando os movimentos a seguir ou inserindo-os em sua rotina aquática durante o aquecimento e o resfriamento, para maior variedade e suavidade.

CIRCULANDO O TAMBOR

MOVIMENTO 82

Posição Inicial: coloque-se em pé, com o pé direito na frente do esquerdo, a uma distância que proporcione boa estabilidade.

Ação: as ações básicas dizem respeito a empurrar e puxar.
1. Recue para transferir o peso para a perna posicionada atrás.
2. Transfira o peso para a perna que está à frente e movimente as mãos como se estivesse batendo em círculo em um grande tambor preso ao tronco, como faria em uma banda de marcha. Faça dois grandes círculos paralelos, lado a lado, movendo-se para a frente, afastando-o do corpo e movendo para baixo, em direção ao corpo novamente (Figuras a-c) e depois para cima, refazendo o círculo.
3. Ao pressionar para a frente, pressione as palmas para a mesma direção, longe do corpo. Esse é o aspecto vazio (Yin) do movimento. Ao puxar para trás, vire as palmas em direção ao corpo. Esse é o aspecto cheio (Yang) do movimento.
4. Transfira o peso da perna que está na frente para a que está atrás enquanto as mãos movem-se para trás.
5. Transfira o peso da perna que está atrás para a que está na frente enquanto as mãos movem-se para a frente.
6. Gire sobre os calcanhares e execute os movimentos com a perna esquerda na frente.
7. Mantenha a suavidade do movimento nas mãos e nos braços.
8. Repita de 8 a 16 vezes.

a

b

c

MOVIMENTO 83 — ABRAÇANDO A LUA

Posição Inicial: faça uma transição de modo a poder colocar os pés a uma distância confortável um do outro.

Ação:
1. Imagine que está segurando suavemente uma bola de energia Chi com cerca de 15 cm de diâmetro entre as mãos. Faça um número oito horizontalmente, da esquerda para a direita, usando o movimento do tronco e dos braços.
2. Adicione Elevações Laterais das Pernas: comece elevando a perna no lado oposto ao das mãos.
3. Repita de 8 a 16 vezes.

MOVIMENTO 84 — CHUTE PARA TRÁS E PARA A FRENTE

Posição Inicial: posicione-se em uma perna só.

Ação:
1. Chute para a frente e para trás, sem tocar o pé no chão (Figuras a, b).
2. Feche as mãos, mas frouxamente (as pontas dos dedos tocam de forma suave o centro da palma). Mantenha o polegar levemente sobre os dedos, com as palmas voltadas para baixo e os braços erguidos para os lados.
3. Gire sobre o pé que está no chão em ângulos de 45°, para chutar nas quatro direções.
4. Contraia os abdominais e os glúteos na posição neutra.
5. Repita de 8 a 16 vezes.

a

b

CÍRCULOS COM OS BRAÇOS `MOVIMENTO 85`

Posição Inicial: mantenha os pés afastados.

Ação:
1. Movimente o braço de maneira fluida cruzando o tórax, como se estivesse alisando o ar, e então faça o movimento para o lado oposto, cruzando o tórax novamente, formando um amplo movimento oval: estenda-o para fora, cruze até o outro lado e puxe-o, chegando a um ponto levemente atrás da lateral do corpo. O tronco gira levemente com os movimentos do braço (Figuras a, b).
2. Transfira o peso de uma perna para a outra na mesma direção dos braços.
3. Complete 8 repetições; repita com o lado oposto.

a

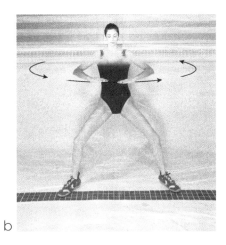
b

CAVAR A TERRA `MOVIMENTO 86`

Posição Inicial: adote a posição Avançar para a Frente, com o joelho que está na frente flexionado enquanto apoia o peso sobre a ponta dos pés (Figura a).

Ação:
1. Deixe os braços flutuarem até a superfície da água.
2. Leve a mão em forma de concha sob a água para "cavá-la", a fim de colher a energia da Terra (cheia) (Figura b); depois, eleve os braços para cima e para os lados, deixando que a energia flua pelos braços e saia pelas pontas dos dedos (vazia) enquanto o peso é transferido para a perna de trás (Figura c).
3. Gire sobre a ponta dos pés, com os braços erguidos para os lados, de modo que o avanço se dê na direção oposta. Repita no outro lado.

4. Alterne por 8 a 32 repetições.

a

b

c

MOVIMENTO 87 — CARINHO NO PESCOÇO DO CAVALO: AFAGAR E PUXAR

Posição Inicial: adote a posição Avançar para a Frente, com o pé esquerdo posicionado para a frente, o joelho que está à frente flexionado, o pé direito para trás e voltado levemente para fora. Flexione os cotovelos, com as mãos em prontidão em frente ao tórax.

Ação:
1. Vire a palma esquerda para a frente e a palma direita para trás (Figura a). Empurre a palma esquerda e puxe a palma direita. Observe a mão movendo-se para a frente.
2. Vire as palmas, voltando a palma direita para a frente e a palma esquerda para trás (Figura b). Depois, empurre a palma direita e puxe a palma esquerda.
3. Empurre as mãos ao longo da linha central do corpo, mantendo os cotovelos levemente flexionados e os ombros e as mãos relaxados.
4. Repita de 8 a 16 vezes.
5. Gire sobre os calcanhares e execute os movimentos com a perna direita posicionada à frente.
6. A fim de adicionar movimentos para a parte inferior do corpo, inicie com o movimento de empurrar com a palma esquerda transferindo o peso corporal para a frente, sobre a perna esquerda.

7. Enquanto leva a mão esquerda para trás, transfira o peso corporal para a perna direita.
8. Gire e, enquanto empurra a palma direita, transfira o peso do corpo para a frente, sobre a perna direita.
9. Enquanto leva a mão direita para trás, transfira o peso corporal para trás, sobre a perna esquerda.
10. Repita de 8 a 16 vezes.

a   b

Variações:
- Varie a mão e a posição do braço. Leve os cotovelos para baixo e vire as mãos para que as pontas dos dedos apontem para cima.
- Combine com passadas para a frente e para trás.
- Combine Passada com Agachamento com Carinho no Pescoço do Cavalo: Agache-se ligeiramente e dê passadas para a frente e para trás, gire o corpo para virar o quadril a cada passo. Adicione o movimento de empurrar e de puxar com a mão.

DIVIDINDO A CRINA DO CAVALO SELVAGEM — MOVIMENTO 88

Posição Inicial: adote a posição Avançar para a Frente, com o pé esquerdo posicionado para a frente, o joelho esquerdo flexionado e o pé direito para trás e voltado levemente para fora.

Ação:
1. Posicione os braços, em direção à lateral do corpo, como se estivesse segurando um bebê (Figura a).
2. Vire a palma que está à frente para cima e a que está atrás, para baixo; leve uma das mãos para a frente e a outra para trás (Figura b). Transfira o peso para a perna que está atrás.

3. Volte à posição de segurar o bebê e transfira o peso para a perna que está posicionada à frente.
4. Gire e repita.
5. Repita de 8 a 16 vezes.

a   b

Variação: baixe o corpo em um agachamento parcial e adicione uma passada com aganhamento a cada repetição.

Muitos desses movimentos do estilo do Tai Chi foram adaptados para o meio aquático, inspirados nos exercícios aquáticos adaptados por Carol Argo, da Aquatic Exercise Association, foram incluídos neste livro com permissão especial. Para solicitar um exemplar do DVD *Water Tai Chi with Carol Argo*: *A Graceful, Flowing Shallow Water Workout,* ligue para 1-888-544-0547 ou visite o site www.CarolArgo.com.

Kickboxing Aquático

O Kickboxing Aquático proporciona um modo divertido de liberar a tensão e o estresse acumulados, ao mesmo tempo em que mantém o corpo em boa forma. Cada movimento dessa modalidade fortalece o centro de força corporal e os músculos das regiões superior e inferior do corpo de modo integrado. De acordo com a International Fitness Association, o kickboxing segue essas diretrizes básicas.

Finalidade

O kickboxing aquático desenvolve o condicionamento geral de força e agilidade e a tonificação muscular, além de liberar o estresse.

Posição Inicial

Todos os movimentos de kickboxing começam com esta posição inicial: execute-os com água na altura do tórax; mantenha o corpo em posição neutra – não encurve as costas – e os músculos abdominais contraídos; fique em pé com os pés afastados na largura dos ombros. Para maior estabilidade, execute os movimentos em posição de avanço para a frente.

Dicas Técnicas e de Segurança

- Nunca tensione os joelhos e os cotovelos (mantenha-os "frouxos").
- Mantenha o corpo em posição neutra – não encurve as costas.
- Mantenha sempre os músculos abdominais contraídos.
- Todos os chutes devem ser baixos.
- A música deve ter entre 122 e 128 batidas por minuto, para que cada movimento possa ser completado de forma correta (mais lentamente na água).
- Enquanto estiver realizando alto impacto de trabalho com os pés, toque o solo com as pontas dos pés suavemente. Imagine-se pisando em um chão de vidro.
- Faça com que todo o movimento com pernas absorva o choque.

Sequência de Kickboxing

Insira estes movimentos em sua rotina aquática geral como uma transição após a sessão aeróbica ou como parte de exercícios de fortalecimento e tonificação.

SOCO PARA A FRENTE MOVIMENTO 89

Ação:
1. Soque com os dois primeiros nós dos dedos, usando a parte plana.
2. Mantenha o cotovelo bem próximo ao corpo, para evitar irritação do manguito rotador e dos músculos deltoides (do ombro). Manter o cotovelo próximo do corpo também adiciona potência ao soco.
3. Mantenha um alinhamento perfeito da mão com o ombro.
4. Repita de 8 a 16 vezes.

Dicas de Segurança: mantenha o equilíbrio. Mantenha as escápulas abaixadas e evite levantar artificialmente o ombro; permita apenas um leve levantamento dele.

| MOVIMENTO 90 | **SOCO CRUZADO** |

Ação:
1. Este movimento é o mesmo que o Soco para a Frente, exceto que cruza a linha central do corpo.
2. Gire o lado esquerdo do quadril para a frente.
3. Enquanto dá um soco para a frente com o punho direito, gire o tronco acompanhando o soco.
4. Saia do chão impulsionando-se com o calcanhar.
5. Repita de 8 a 16 vezes.

Dica de Segurança: mantenha o joelho alinhado com os dedões do pé, para evitar que ele gire. O joelho deve apontar na mesma direção que o primeiro e segundo dedos dos pés.

| MOVIMENTO 91 | **BLOQUEIO DA CANELA** |

Ação:
1. Eleve o joelho direito em direção ao peito (Figura a).
2. Leve ligeiramente o ombro oposto em direção à água, similar a um Abdominal em Pé (Figura b).
3. Leve a perna novamente à posição inicial.
4. Repita de 8 a 16 vezes.

a   b

GOLPE COM JOELHO

MOVIMENTO 92

Ação:
1. Eleve o joelho em direção ao peito (Figura a).
2. Estenda ambas as mãos para cima, na altura do peito, e puxe o alvo (imaginário) para baixo, sob o joelho.
3. Traga a perna novamente à posição inicial (Figura b).
4. Repita de 8 a 16 vezes.

a b

CHUTE FRONTAL DA PERNA POSICIONADA À FRENTE OU ATRÁS

MOVIMENTO 93

Ação:
1. Inicie o Chute Frontal elevando o joelho (Figura a).
2. Aponte o joelho para o alvo e então chute estendendo (chute) a outra perna. Evite hiperestender o joelho (Figura b).
3. Baixe a perna até a posição inicial com controle, mantendo o equilíbrio.
4. Repita de 8 a 16 vezes.

Variação: Chute com Virada

Adote a Postura de Chute Lateral, em posição defensiva, com um dos pés posicionado para a frente. O Chute com Virada é semelhante ao Chute Frontal, exceto por uma leve virada durante o movimento. Concentre o peso para a ponta do pé de trás, em seguida eleve o joelho em direção ao alvo alongando-o; faça contato com o alvo (imaginário) com o dorso do pé. Baixe a perna até a posição inicial. Repita de 8 a 16 vezes.

a b

Ioga Aquático

Os movimentos fluidos do ioga adaptam-se naturalmente ao ambiente aquático. Pratique os exercícios dentro do Ioga tradicional, com foco na respiração e com a mente leve e tranquila.

Finalidade

As técnicas de ioga aquática melhoram a flexibilidade, o equilíbrio e a força usando uma série de movimentos suaves que acalmam a mente. Com a sua prática regular, a integração de mente-corpo-espírito pode trazer relaxamento, melhora na postura e na respiração e maior senso de conscientização corporal.

Dicas Técnicas e de Segurança

Execute os movimentos com água até a metade da caixa torácica ou mais abaixo se houver dificuldade para manter os pés em contato com o piso da piscina. Use calçados aquáticos para ter maior controle e estabilidade. Mantenha a respiração ativa, inspirando e expirando pelo nariz. A respiração profunda é fundamental na prática dessa modalidade.

Todos os movimentos e posições do ioga exigem a manutenção da força central corporal para manter o corpo na posição neutra, sem encurvar as costas.

Sequência de Ioga Aquático

Primeiro, aqueça-se com caminhada na água realizando passadas para a frente e para trás, que aumentem de forma gradual, seguidas por passadas laterais. Continue com a postura e os movimentos do ioga, que precisam ser especialmente modificados para outros para funcionarem bem na água. Finalize com alongamentos que resfriem o tronco, as pernas e os braços em uma posição relaxada e alongada (Alongamentos 1 a 19).

SAUDAÇÃO AO SOL

Finalidade: tradicionalmente, a Saudação ao Sol comunica que a luz divina presente em todos enaltece a luz divina que há em cada um. Esse movimento pode aquecer o corpo, como se você estivesse sob os raios solares, e melhora a amplitude de movimentos. Ele abre a mente e o corpo, aumentando assim a conscientização espiritual em relação ao universo.

Posição Inicial: execute o exercício com água na altura entre o tórax e os ombros. Fique em pé, com um pé na frente do outro em uma distância confortável que proporcione boa estabilidade. Contraia os músculos abdominais e os glúteos para proteger a coluna na posição neutra. Mantenha o peito projetado para a frente e as escápulas abaixadas e para trás. Os ombros devem estar parcialmente submersos.

Ação:
1. Contraia os músculos abdominais para evitar o arqueamento da região lombar.
2. Posicione uma das pernas para trás enquanto flexiona o joelho posicionado à frente, como se estivesse em posição de avanço, e eleve os braços para cima, sobre a cabeça.
3. Mantenha a postura por vários segundos.
4. Baixe os braços.
5. Una os pés.
6. Repita com a outra perna.
7. Repita a sequência por 8 a 16 repetições.

Dicas de Segurança: faça um esforço para manter as escápulas comprimidas uma contra a outra e abaixadas.

POSTURA DO GUERREIRO COM ARCO E FLECHA — MOVIMENTO 95

Finalidade: a Postura do Guerreiro ensina a alcançar sabedoria, coragem e concentração para as ações da vida quotidiana. Essa é uma postura poderosa, e, à medida que o alinhamento e a atitute íntima da postura são explorados, começa-se a descobrir a capacidade que cada um tem. Como um arqueiro concentrado em um alvo – que aprende apenas segurando o arco durante dois anos, antes de sequer lançar uma flecha –, encontre equilíbrio dentro do seu foco, mantendo-se atento e calmo intimamente. Melhore a força e a amplitude de movimentos integrados no tórax, na região superior das costas, nas regiões superior e inferior do tronco, no quadril e nos glúteos.

Posição Inicial: fique em pé, com as pernas bem afastadas e o joelho direito flexionado. Alinhe o joelho que está posicionado à frente diretamente sobre o tornozelo. Vire para fora o pé que está atrás. O calcanhar da perna que está à frente deve estar alinhado com o pé que está atrás.

Ação:
1. Estenda o braço esquerdo para a frente.
2. Estenda a mão direita em direção à mão esquerda e então puxe, como se fosse uma flecha em um arco.
3. Repita a sequência por 8 a 16 repetições.

194 — Exercícios de Hidroginástica

MOVIMENTO 96 — POSTURA DE FLAMINGO OU SUPER-HOMEM

Finalidade: nesta postura, você deverá equilibrar-se como um flamingo, em uma só perna. O movimento possibilita relaxar a mente e o corpo, melhorar a força central corporal e aumentar o alinhamento musculoesquelético.

Ação:
1. Estenda uma perna para trás, com os braços estendidos para os lados e levemente para trás. Crie uma postura de Super-Homem voando, mas com uma perna abaixada e os braços para os lados, no nível dos ombros.
2. Baixe o queixo, para alongar a parte posterior do pescoço (Figura a).
3. Mantenha a postura por 10 a 20 segundos em cada perna.

a

b

Variação: Postura de Guerreiro: eleve os braços à frente (Figura b).

MOVIMENTO 97 — SEMILÓTUS

Finalidade: a flor de lótus indiana simboliza divindade, fertilidade, abundância, conhecimento e iluminação. A postura de Semilótus recebe tal nome porque a posição coloca as solas dos pés para cima, lembrando uma flor de lótus. O movimento alonga os músculos profundos dos glúteos e desfaz a tensão acumulada. Essa postura é similar ao Alongamento 10, Alongamento Profundo dos Músculos do Quadril, das Coxas e das Nádegas.

Posição Inicial: coloque-se de frente para a parede da piscina, com as duas mãos em sua borda.

Ação:
1. Cruze o tornozelo direito pouco acima do joelho esquerdo baixando o corpo lentamente, como se estivesse sentando em uma ca-

deira. Mantenha as costas retas e pressione o quadril bem para trás (Figura a).
2. Relaxe os glúteos, o quadril e a região externa das coxas; contraia os músculos abdominais e respire profundamente. Mantenha a postura por 10 a 20 segundos.
3. Estenda as mãos para os lados e então reme (deslize as mãos em forma de concha pela água). Mova os braços para a frente e para trás, pouco abaixo da superfície da água, para manter o equilíbrio e o calor do corpo (Figura b).
4. Fique em pé; então, repita com o tornozelo esquerdo sobre o joelho direito.
5. Mantenha a postura por 10 a 20 segundos em cada perna.

a

b

MEIA-LUA

MOVIMENTO 98

Finalidade: este movimento transmite força de forma tranquila, como a luz da lua. O forte envolvimento de todo o corpo torna esta pose revigorante e eficiente para a força e a boa postura.

Ação:
1. Eleve uma perna para o lado, com o braço oposto abaixado e o outro elevado. Irradie força a partir do centro do corpo, estendendo-o para imitar a forma de uma estrela do mar.
2. Mova-se lentamente de uma perna para a outra, projetando fortes vibrações de energia para fora do corpo.
3. Depois de diversas repetições, mantenha a posição por alguns segundos em cada lado.

MOVIMENTO 99 — POSTURA DE ÁRVORE

Finalidade: a árvore simboliza o crescimento, com suas raízes ligadas à Terra. A postura desse movimento melhora o equilíbrio e acalma a tensão nos músculos, o que cria a sensação de estar centrado e focado de forma segura.

Ação:
1. Coloque a sola do pé na parte interna da coxa ou inferior da perna.
2. Mantenha as palmas juntas em frente ao esterno, com os dedos apontando para cima e os cotovelos para fora (Figura a).
3. Faça um movimento amplo com os braços, separando-os e elevando-os sobre a cabeça, em direção ao céu. Mantenha as palmas unidas sobre a cabeça, com os cotovelos flexionados (Figura b).
4. Baixe os braços suavemente.
5. Mantenha a postura por 10 a 20 segundos.

a　　　　　　　　b

Variação: vá até a parede da piscina, para maior estabilidade. Volte-se de costas colocando o calcanhar da perna de apoio contra ela.

MOVIMENTO 100 — POSE DE ÂNGULO ESTENDIDO DE TRIÂNGULO

Finalidade: este movimento demonstra o princípio de ioga chamado de alinhamento ativo; ele ajuda a centrar a postura e a mente. Fortalece e alonga os tornozelos, os joelhos, a virilha e os isquiotibiais, além de abrir o tórax e os ombros; melhora a circulação para os músculos em torno da coluna e estimula os órgãos.

Ação:
1. Inspire profundamente; ao expirar, dê um passo ou salte levemente, com os pés afastados aproximadamente 1 a 1,20 m. Eleve os braços paralelamente ao piso e estenda-os para os lados, com as palmas voltadas para baixo e o peito aberto.

2. Vire ligeiramente o pé esquerdo para a direita e o pé direito, em 90°. Alinhe o calcanhar esquerdo com o direito. Contraia os músculos das coxas e vire a coxa direita para fora. Flexione o joelho direito afastando os pés o suficiente para que ele esteja diretamente alinhado sobre o centro do tornozelo esquerdo. Inspire.
3. Expire; estenda o tronco para a direita, diretamente sobre a perna direita, flexionando a partir da articulação do quadril, e não da cintura. Estabilize o movimento pelo engajamento dos músculos da perna esquerda e pressionando firmemente o calcanhar posicionado do lado externo no chão. Gire o tronco para a esquerda. Deixe que o quadril esquerdo vá ligeiramente para a frente, e alongue o cóccix em direção ao calcanhar posicionado posteriormente.

4. Repouse a mão direita sobre a canela ou a coxa, pouco acima do joelho, o que seja possível sem distorcer o posicionamento alinhado nas laterais do tronco. Alongue o braço esquerdo em direção ao céu, alinhado com a ponta dos ombros, criando uma linha diagonal. Mantenha a cabeça e o pescoço em posição neutra ou vire a cabeça para a direita, com os olhos mirando suavemente o polegar esquerdo.
5. Permaneça nessa posição por 10 a 30 segundos a 1 minuto. Inspire para subir, pressionando fortemente no chão o calcanhar na posição posterior estendendo o braço posicionado acima rumo ao teto.
6. Inverta os pés; mude de lado e repita a postura durante o mesmo tempo para a direita.
7. Sinta o seu corpo inteiro envolvido no movimento e alongue.

Muitos desses movimentos inspirados pela Hatha Ioga e adaptados para o meio aquático foram incluídos com permissão especial de Carol Argo, da **Aquatic Exercise Association**. O DVD *Water Yoga with Carol Argo, Stretch, Strengthen, & Center the Mind and Body* oferece uma sessão completa de ioga adaptada para a água. Para solicitar o DVD, ligue para 1-888-544-0547 ou visite o site www.CarolArgo.com.

Pilates Aquático

Inclua o Pilates Aquático na sua sessão de fortalecimento e tonificação ou em toda a sessão aquecendo-se suavemente, executando uma sequência detalhada de alongamentos, completando cada um dos movimentos e finalizando com uma sequência abrangente de alongamento de resfriamento.

Finalidade

O Pilates treina o corpo para ele movimentar-se como um todo de forma integrada. Os métodos concentram-se na melhora da conscientização corporal, da energia, da postura e da respiração. Ele desenvolve um centro de força mais potente trabalhando a partir do centro do corpo e a parte exterior. A execução dos movimentos de Pilates Aquático pode ajudá-lo a desenvolver e a manter-se forte, flexível e alongado, resultados que são benéficos para todas as idades e níveis de aptidão física.

A vantagem do Pilates é que ele treina o corpo de um modo consistente com maior força e flexibilidade, necessárias para as tarefas do dia a dia e em atividades recreativas ou esportivas. O foco está sobre os músculos que estabilizam a coluna e as articulações; os movimentos desafiam essa estabilização, para a promoção da força e da estabilidade.

Dicas Técnicas e de Segurança

Para cada um dos movimentos, inicie em pé com água no nível entre o tórax e o ombro. Mantenha as costas alongadas e retas, baixe os ombros e contraia os músculos abdominais. Concentre-se primeiro na estabilização e, depois, no movimento. Após dominar os movimentos e começar a sentir dificuldade apenas moderada, adicione equipamento de resistência para a parte inferior do corpo, a parte superior ou para ambas, a fim de aumentar o desafio. Certifique-se de que os músculos estabilizadores estejam preparados para o desafio para que não haja risco de sofrer lesões.

Se deixar de praticar o Pilates Aquático por alguns dias ou semanas, reinicie no nível mais baixo de desafio, em geral, sem equipamento. As técnicas de Pilates podem ser extremamente eficazes em um curto espaço de tempo, em comparação a outras. Em virtude de seus efeitos intensivos, postura e técnicas de treinamento adequadas – como aderir ao princípio de retornar às sessões com menor intensidade quando o treinamento é suspenso por algum tempo – tornam-se ainda mais cruciais e imperativos.

Durante cada exercício, concentre-se no alinhamento corporal adequado e na respiração apropriada, inspirando profundamente pelo abdome, ao invés de respirar superficialmente apenas pela cavidade torácica.

Sequência de Pilates Aquático

Uma sequência de Pilates inicia com um aquecimento que consiste em uma corrida leve, passadas laterais, Pompa e Circunstância, Elevações de Joelho, avanços e movimentos que combinem esses exercícios. Execute movimentos sem pulos ou saltos para o aquecimento: o Pilates envolve movimentos lentos e constantes. Seguindo o aquecimento, execute uma sequência completa de alongamento, concentrando-se principalmente na parte inferior do corpo.

SERRA

MOVIMENTO 101

Músculo Visado: este movimento trabalha os músculos do quadril, da pelve, os glúteos, os abdominais oblíquos e os isquiotibiais pela rotação do quadril e do tronco.

Posição Inicial: afaste bem as pernas, da esquerda para a direita, e leve os braços para os lados.

Ação:
1. Agache-se com os braços para os lados, com as palmas voltadas para baixo.
2. Gire lentamente para a direita enquanto olha para o braço que está estendido para trás; mantenha a posição (Figura a). Inspire e expire profundamente.
3. Novamente, vire-se lentamente para a esquerda e mantenha a posição enquanto olha para o braço que está estendido para trás.
4. Rotação externa: Eleve a perna esquerda (flexione-a levemente) para o lado enquanto gira o quadril para fora. Simultaneamente, vire o tronco na direção da perna elevada levando o braço direito em direção ao pé oposto (Figura b). Leve o dedinho da mão em direção ao dedo mínimo do pé. Repita de 8 a 32 vezes com a perna esquerda e depois com a direita, ou alterne as pernas.
5. Rotação interna: chute em diagonal para a frente, cruzando o corpo, enquanto leva a mão oposta em direção aos dedos dos pés (Figura c). Traga a perna à posição inicial e repita. Repita de 8 a 32 vezes com a perna esquerda e depois com a direita.

a

b

c

Variação: ao girar lentamente, ao invés de manter o braço que está atrás estendido, flexione o cotovelo para que os braços estejam na posição de arco e flecha.

Dicas de Segurança: curve-se a partir do quadril; mantenha a coluna alongada e o tronco ereto, evitando assim o colapso da caixa torácica. Finalize com amplitude de movimentos de rotação e alongamento. Ao alongar-se, execute uma amplitude de movimentos confortável, com fácil rotação na cintura, deslizando lentamente da esquerda para a direita e da direita para a esquerda, com os braços estendidos. Alcance ao redor do corpo, com um antebraço repousando na frente, na linha da cintura, e o outro posicionado atrás, nas costas. Alongue e mantenha a posição. Troque os braços e repita.

MOVIMENTO 102   **TOQUE DE MEIA-LUA NA CORDA BAMBA**

Músculo Visado: este movimento melhora a postura ao fortalecer o centro de força corporal e trabalha os músculos do quadril, os glúteos e as coxas.

Posição Inicial: imagine-se em pé em uma corda bamba, com a perna direita posicionada para a frente e os braços estendidos para os lados, pouco abaixo da superfície da água (Figura a).

Ação:
1. Estabilize o centro do corpo e use os músculos da pelve, da cintura, do quadril e dos glúteos para trocar a posição da perna: com a perna estendida, toque com os dedos dos pés a corda bamba à frente.

a   b   c

2. Deslize a perna para o lado e para trás, com o dedão do pé traçando um semicírculo, e toque a corda bamba às suas costas (Figuras b, c).
3. Deslize a perna para a frente, traçando um semicírculo para tocar outra vez a corda à sua frente.
4. Repita de 8 a 16 vezes, primeiro com a perna direita e depois com a esquerda.

Variação: adicione rotação do tronco: enquanto toca à frente, vire-o lentamente em direção à perna oposta posicionada à frente e depois para longe dela, para trás. Ao levar a perna esquerda para a frente, gire o lado direito em direção à perna esquerda, com os braços estendidos na superfície da água.

Dicas de Segurança: alongue bem a perna, a partir do quadril. Alongue também a coluna, envolvendo os músculos abdominais e mantendo as escápulas abaixadas e para trás. Mantenha a pelve em posição neutra, com o abdome firme e rígido, usando os músculos estabilizadores. O movimento irradia-se a partir do centro do corpo, portanto, alongue-o durante todo o movimento. Mova-se de forma suave, fluida e graciosa. Depois de completar o exercício, afaste bem as pernas e libere a tensão nas costas, com uma rotação suave do tronco e os braços estendidos para os lados.

CÍRCULOS COM AS PERNAS

MOVIMENTO 103

Músculo Visado: este movimento trabalha os músculos do quadril, das coxas e dos glúteos, desafiando os estabilizadores do tronco.

Posição Inicial: fique em pé junto à parede da piscina e, com um dos braços, apoie-se nela para ter estabilidade; estenda o outro braço em direção ao meio da piscina.

Ação:
1. Eleve uma perna para o lado, para fazer grandes círculos. Mantenha o tronco ereto e a pelve protegida na posição neutra.
2. Aponte o dedão do pé para máximo estiramento forçando-o, a fim de obter maior resistência.
3. Repita de 8 a 16 vezes em cada direção. Vire-se e repita do mesmo modo no lado oposto.

Variações:
- Mova o braço estendido para a frente e para trás.

- Varie o tamanho do círculo. Faça círculos pequenos e imagine que está movimentando a perna dentro de um pequeno círculo.
- Com um espaguete sob as costas, estenda os braços para cada lado enrolando-os no espaguete. Contraia os músculos abdominais e eleve as pernas para a frente, mantendo-as relativamente estendidas. Forme círculos de tamanhos variados com ambas as pernas ao mesmo tempo. Repita de 8 a 32 vezes.

Dicas de Segurança: envolva os músculos dos glúteos e abdominais. Estenda o tronco para cima para abrir a coluna vertebral. No Pilates, grande parte do trabalho é feito na estabilização. Para modificar isso, reduza a amplitude de movimentos fazendo círculos menores. Faça com que os movimentos em círculos se originem do alto da perna e da articulação do quadril.

MOVIMENTO 104 — BOMBEAMENTO NA BICICLETA EM DIAGONAL

Músculo Visado: este movimento trabalha os músculos do quadril, das coxas e dos glúteos, desafiando os estabilizadores do tronco.

Posição Inicial: coloque-se junto à parede da piscina e, com um dos braços, apoie-se nela para ter estabilidade; Estenda o outro braço em direção ao meio da piscina. Desafie os músculos estabilizadores, executando o movimento na posição diagonal para aumentar a aptidão do tronco enquanto trabalha as pernas, o quadril e os glúteos. Em outras palavras, incline o corpo em diagonal. Apoie-se na parede com uma das mãos e dê algumas passadas para o lado afastando-se da parede. Mantenha todo o tronco firme e alinhado com as pernas, formando uma linha diagonal reta da cabeça ao dedão do pé. Concentre o peso no braço que está apoiado na parede e estenda o braço oposto para o meio da piscina. Concentre o peso na borda externa do pé (Figura a).

a b

Ação:
1. Levante o joelho, com a perna oposta à parede da piscina (Figura b).
2. Estenda a perna, pressionando para baixo em círculo, como faria ao pedalar uma bicicleta.
3. Repita de 8 a 32 vezes e, depois, vire e repita com a outra perna.

Variação: enquanto pedala, pressione a perna para baixo e depois para trás, ao invés de simplesmente estendê-la para baixo e, ao pedalar para trás, concentre-se em envolver os músculos abdominais e alongar o músculo psoas, flexor do quadril entre a coxa e o tronco.

Dica de Segurança: mantenha uma contração abdominal muito firme, para proteger as costas e fortalecer o centro de força corporal.

PRANCHA E PRESSÃO — MOVIMENTO 105

Músculo Visado: este movimento desafia a musculatura do tronco e a do peito e fortalece a coluna, os abdominais, a parte superior do corpo e a estabilidade pélvica, melhorando a postura.

Posição Inicial: segure com ambas as mãos dois espaguetes ou halteres flutuantes longos na frente do corpo, deixando os braços um pouco mais afastados do que a largura de um ombro a outro. Estabilize o corpo em linha reta: mantenha as pernas estendidas, proteja a pelve em posição neutra e mantenha o peito aberto e levantado. O fundamento desse exercício está em manter a posição estabilizada. Contraia os glúteos e alongue o corpo para cima, com as escápulas abaixadas e para trás. Alongue o pescoço, erguendo-se como se fosse puxado pela cabeça, abrindo o espaço entre as vértebras do pescoço.

Ação:
1. Movimente os pés para trás, formando uma linha diagonal com o corpo a partir da cabeça até o dedão do pé, com as pernas posicionadas para trás e o espaguete sendo segurado em frente ao corpo.
2. Estabilize o tronco: contraia os músculos abdominais e os glúteos; as escápulas devem permanecer abaixadas e para trás. Mantenha essa estabilização durante todo o movimento. Isso representa a ação de fortalecimento do tronco no exercício.
3. Execute uma pressão para o peitoral: pressione o espaguete para a frente e então puxe-o lentamente.
4. O mais importante, neste exercício, é manter a estabilidade ao longo da coluna, da cabeça ao cóccix, e nas pernas, enquanto é executada uma pressão para o peitoral contra a resistência do espaguete. Esse exercício trabalha os músculos estabilizadores centrais do corpo, o que melhora seu funcionamento no dia a dia, além de melhorar o

desempenho esportivo e aumentar a resistência a lesões.

Dicas de Segurança: inspire enquanto aproxima o espaguete em direção ao corpo; expire ao afastá-lo. Este exercício exige concentração e foco: mantenha o corpo bem firme. Para liberar a tensão nas costas após o exercício, leve os glúteos para trás e curve as costas na forma de "c" enquanto o espaguete é segurado em frente ao corpo. Para aumentar o desafio de forma segura, comece segurando dois espaguetes juntos; depois, à medida que a força aumentar, reduza para apenas um.

MOVIMENTO 106   **LONTRA**

Objetivo: este divertido exercício relaxa a coluna após um trabalho concentrado no tronco, propiciando uma sensação muito agradável.

Posição Inicial: segure o espaguete com as duas mãos em frente do corpo, deixando-as apenas um pouco mais afastadas que a distância entre um ombro e outro.

Ação:
1. Segurando o espaguete, estenda as pernas para a frente.
2. Gire a parte superior do corpo fazendo um círculo. Deixe que o tronco se flexione suavemente, o que melhora o fluxo sanguíneo nas costas e na coluna, e relaxe os músculos.

a   b   c

3. As pernas ficam primeiro no lado esquerdo, atrás do tronco, e em seguida à direita, enquanto a parte superior do corpo é girada de forma bem lenta no sentido horário (Figuras a-c).
4. Repita na direção oposta, no sentido anti-horário.

Yoga Booty Ballet

O Yoga Booty Ballet funde o ioga, a modelagem corporal e a dança em uma técnica de movimentos divertidos e agradáveis. Seus criadores, Gillian Marloth Clark e Teigh McDonough, combinaram o poder da respiração tranquila; o rejuvenescimento do corpo, da mente e do espírito por meio do ioga; a modelagem corporal concentrada; o balé gracioso; e a energia da cardiodança, que melhora o humor.

Dicas Técnicas e de Segurança

A palavra *ioga* significa "unir", e a sua prática inclui posturas físicas, técnicas de respiração e meditação terapêutica. O Yoga Booty Ballet Aquático adota a tradição universal de união ou unicidade do ioga e instrui os participantes a começarem com o pensamento "estou aberto, sou receptivo e digno."

As técnicas de postura são importantes para os movimentos do Yoga Booty Ballet. Mantenha a barriga rígida, em posição pélvica neutra e protegida, mantendo o cóccix para baixo, sem arquear a região lombar e inclinar a pelve para a frente. Mantenha os músculos abdominais e os glúteos envolvidos no exercício. O exercício de Projeção da Pelve Para Trás é específico e pode ser usado para fortalecer os músculos de estabilização pélvica. Por exemplo, ele é executado durante agachamentos, no topo da subida do movimento contraindo os abdominais e os glúteos enquanto a pelve é projetada brevemente para trás. Ele também ajuda a aquecer e fortalecer os músculos de estabilização da pelve durante Círculos com o Quadril e a Pelve, que serão explicados em breve.

Seja criativo e exercite a parte superior do corpo e do quadril com "atitude", para soltar corpo, mente e espírito. A adaptação do Yoga Booty Ballet ao ambiente aquático exige que os movimentos de dança se tornem consideravelmente mais lentos, para acomodar a maior viscosidade da água.

Ao longo de todo o movimento, não se esqueça de contrair e envolver os músculos abdominais, a fim de fortalecer o centro do corpo e proteger as costas. Os movimentos do Yoga Booty Ballet exigem uma base de aptidão central; considere-os como um treinamento avançado.

Sequência de Yoga Booty Ballet Aquático

Os criadores do Yoga Booty Ballet realizado em terra sugerem que a sessão seja iniciada com um senso de ânimo e disposição, aspirando atingir o potencial máximo. Defina um propósito no início de cada sessão. Um exemplo é "Estou presente no momento, disposto a exercitar e a atentar para os meus sinais internos". Predetermine a sua intenção antes de começar, repita-a e deixe que ela emane do seu coração e da alma enquanto se diverte dançando o Yoga Booty Balllet Aquático. Finalize com uma respiração meditativa e profunda.

Execute um aquecimento térmico e de alongamento completo. Aumente a intensidade de forma gradual e resfrie o corpo lentamente. Sempre termine com alongamentos relaxantes. Garanta a inclusão do Alongamento Total para as costas e do Alongamento para a Região Média das Costas. Realize o Yoga Booty Ballet Aquático com água na altura da cintura até o peito. Complete uma sessão seguindo a sequência relacionada na Tabela 9.1 ou insira movimentos em sua sessão aquática de acordo com a finalidade de cada um. A sessão apresentada na Tabela 9.1 inclui movimentos para Exercícios Aquáticos que se tornam os de Yoga Booty Ballet pela aceleração da ação com dança, pela emoção ou apenas pela atitude mais ousada.

Esses movimentos são inspirados pelo Yoga Booty Ballet e aparecem com permissão neste livro. Para obter os DVDs do Yoga Booty Ballet, acesse o site www.BeachBody.com ou ligue para 1-800-207-0420.

TABELA 9.1 Exemplo de Sequência Criativa de Exercícios Aquáticos Inspirados pelo Yoga Booty Ballet

Sequência da Sessão	Movimentos	Variação no Estilo do Yoga Booty Ballet
Aquecimento Térmico e Alongamento	94 Saudação ao Sol 86 Cavar a Terra	Pense no seu propósito e esteja presente no momento
	77 Passada com Balanço	Anime o movimento com rolagens sensuais de ombro ou rotação de quadril (contraia os músculos abdominais).
	78 Passo de Jazz do Marinheiro	Acrescente mais energia com balanços de ombros enquanto mantém os braços estendidos para os lados.
	107 Agitar o Pote Alongamentos 1-19	Mova-se sensualmente em cada alongamento, sinta o fluxo e mova o corpo em toda a amplitude de movimentos, especialmente no quadril e na pelve.
Exercícios Aeróbicos	108 Para Lá e Para Cá, Exercício para o Cóccix	
	79 Passada e União das Pernas	Balance os ombros, faça rotação de quadril ou pressão dupla para baixo com encolhimento dos ombros. Module o tronco com ação do quadril para harmonizar o movimento.
	80 Hip-Hop Caubói: Passada e Sapateado	Adicione algum movimento de ondulação do quadril. Pressione os cotovelos para trás com ritmo.
	81 Chute Honky-Tonk: Chute Cruzado para a Direita e para a Esquerda	Deslize os braços cruzando o corpo em oposição ao movimento dos chutes.
	16 Balanço do Marinheiro e Balanço com Elevação do Joelho	Adicione uma dupla contração ritmada no ápice de cada elevação.

Exercícios Aeróbicos	109 Menina Levada, Menina Recatada	
	17 Salto para a Frente, Salto para Trás	Pressione os braços para baixo enquanto pula. Use a Projeção da Pelve para Trás (veja o Movimento 122 do Yoga Booty Ballet, Agitar o Pote).
	93 Variação de Kickboxing: Chute com Virada	
	21 Elevação dos Joelhos com Extensão do Quadril	1) Duplique a Elevação de Joelho e mude a Flexão Posterior de Perna para o Chute de Karatê para Trás com Rotação do Quadril.
		2) Duplique a Elevação de Joelho e adicione o Abdominal Reto e o Oblíquo no alto da Elevação de Joelho.
Exercícios de Fortalecimento e Tonificação Muscular	96 Postura de Flamingo	Adicione uma contração ritmada no ponto mais alto da elevação (adicione pequenas elevações repetidas na posição mais alta).
	102 Toque de Meia-Lua na Corda Bamba	Contraia os abdominais com firmeza e eleve a perna em vários pontos de meia-lua mantendo a posição; em cada elevação, adicione contrações ritmadas por 8 a 16 segundos e depois siga até o próximo ponto. Adicione a postura e o encanto do balé usando posições com o braço na forma de arco – sobre a cabeça, para a frente, para o lado – para equilibrar as elevações.
	110 Dança de Rua: Fazendo Trilhas	
	34 Tesouras para as Regiões Externa e Interna das Coxas	Execute os movimentos afastado da parede da piscina. Adicione um impulso duplo (pequeno empurrão para cima) no ponto mais alto da elevação. Para equilibrar-se, use os braços em oposição à elevação e mantenha-os para os lados; levante o braço oposto sobre a cabeça, em um arco gracioso de balé. Execute Elevação Lateral para Perna com rotação do quadril para dentro, para trabalhar os músculos dos glúteos.
	54 Prancha ou 105 Prancha e Pressão 101 Serra	Eleve as mãos com as palmas para cima e os cotovelos voltados para fora na altura da orelha, em uma pose de dançarina hindu.
	61 Pressão com Agachamento	Adicione contração ritmada na posição de agachamento parcial. Afaste mais as pernas, vire os dedos dos pés para fora e adicione rotação do quadril para fora, elevando os calcanhares. Adicione de 8 a 16 contrações ritmadas e execute 3 séries.
	41 Toque com Agachamento	Execute o movimento afastado da parede da piscina, com os braços estendidos em frente ao corpo. Mova-se para um Avanço Lateral e toque o piso entre os agachamentos.
	85 Círculos com os Braços	Aprofunde e aumente o agachamento enquanto faz círculos com os braços.
	82 Circulando o Tambor	Adicione Elevação do Joelho e Chute, alternando pernas a cada círculo completo.
	95 Postura do Guerreiro com Arco e Flecha	Incremente com impulsos duplos ao puxar para trás.

| Alongamentos Finais de Resfriamento | 99 Postura de Árvore
Alongamentos 1-19 | Relaxe.
Mova-se com sensualidade durante cada alongamento, sinta o fluxo e mova o corpo em toda a amplitude de movimentos, especialmente no quadril e na pelve. Finalize com respiração meditativa profunda. |

MOVIMENTO 107 — AGITAR O POTE

Objetivo: este movimento consiste em circundução do quadril e da pelve, para aquecer os músculos do tronco, da pelve e da coluna.

Posição Inicial: fique em pé, com os pés afastados na distância entre os ombros, envolvendo os músculos abdominais para apoiar a pelve neutra; mantenha a barriga contraída.

Ação:
1. Faça círculos com o quadril lentamente no sentido horário, envolvendo os músculos abdominais. Feche as mãos em um punho frouxo, mantenha-as perto do quadril e siga o movimento do quadril com movimentos circulares menores das mãos (Figuras a, b).
2. Mude a direção. Faça círculos lentos com o quadril e com as mãos no sentido anti-horário.
3. Repita de 8 a 16 vezes em cada direção.

a

b

Variação: use os músculos da pelve para executar Rolamentos da Pelve: faça círculos lentos com o quadril e a pelve, com uma contração de projeção pélvica na parte anterior do círculo.

PARA LÁ E PARA CÁ – EXERCÍCIO PARA O CÓCCIX MOVIMENTO 108

Objetivo: execute este movimento para aquecer, relaxar e fortalecer os músculos da pelve. Ele fortalece e tonifica os músculos abdominais.

Posição Inicial: afaste as pernas à distância de um passo e projete o quadril para o lado direito.

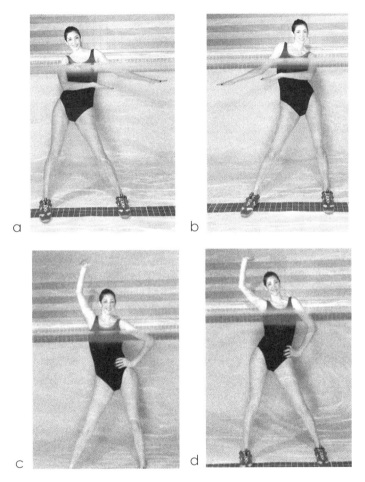

Ação:
1. Contraia os músculos abdominais e flexione os cotovelos na altura da caixa torácica. Balance o cóccix para a frente e para trás 4 vezes ou mais. Ao mesmo tempo, balance os antebraços para lá e para cá a partir do cotovelo (Figuras a, b).
2. Incline o quadril para a esquerda repetindo seu movimento de vai-e-vem e o balanço dos braços.

3. Contraia os músculos abdominais, projete o quadril levemente para fora, para a esquerda, balançando o cóccix para trás e para a frente 4 vezes ou mais. Ao mesmo tempo, pouse a mão esquerda sobre o quadril e balance a mão direita no ar, de frente para trás, a partir do punho (Figuras c, d).
4. Incline o quadril para a direita e repita o seu movimento de vai-e-vem e o de laçar com a mão.

MOVIMENTO 109 — MENINA LEVADA, MENINA RECATADA

Objetivo: este movimento eleva a frequência cardíaca para o condicionamento aeróbico, além de fortalecer e tonificar o tronco.

Posição Inicial: coloque-se em pé com as pernas bem afastadas; vire-se parcialmente para a direita.

Ação da Menina Levada:
1. Dê uma passada rápida sem sair do lugar, com um "toque duplo", e avance para a direita enquanto direciona a mão esquerda para baixo e para o lado direito do corpo (Figura a).
2. Puxe o cotovelo para trás e para cima à esquerda fazendo uma "garra de gato" com a mão suspensa enquanto retorna à postura ereta (Figura b). Repita 4 vezes.
3. Vire-se parcialmente para a esquerda e repita o movimento para o outro lado, direcionando e puxando para trás o braço direito. Repita 4 vezes.
4. Repita toda a sequência de 8 a 16 vezes, intercalando com outros movimentos.

a b c

Ação da Menina Recatada:
1. Torne o movimento mais lento. Dê passadas suaves sem sair do lugar e avance para a direita enquanto contrai e encurta os abdominais oblíquos (o lado direito do tronco) e mergulha sensualmente o ombro esquerdo para baixo (contraindo os músculos abdominais) (Figura c). Evite rolar o ombro para a frente. Repita 4 vezes.
2. Vire-se parcialmente para a esquerda e repita o movimento, contraindo os abdominais oblíquos enquanto mergulha sensualmente o ombro direito. Repita 4 vezes.
3. Repita toda a sequência de 8 a 16 vezes e intercale com outros movimentos.

DANÇA DE RUA: FAZENDO TRILHAS — MOVIMENTO 110

Objetivo: este movimento aumenta a resistência aeróbica, tonifica as pernas, o quadril e os glúteos, além de desafiar a força central corporal.

Posição Inicial: coloque-se em pé, com os pés afastados na distância entre os ombros e imagine que eles estejam sobre os trilhos de um trem. Fique ereto, com o tronco e as costas estabilizados na posição neutra protegida. Contrações firmes da barriga de pedra fazem com que este movimento trabalhe os abdominais e fortaleça o centro de força corporal.

Ação:
1. Incremente o movimento enquanto se imagina andando sobre os trilhos.
2. Eleve o joelho direito bem alto em direção ao tórax enquanto se agacha e salta sobre o trilho direito (Figura a).
3. Pise com força com um dos pés fora do trilho (Figura b).
4. Eleve o joelho esquerdo bem alto em direção ao tórax enquanto se agacha e pisa com força com o pé fora do trilho.
5. Eleve o joelho direito bem alto e pise forte com o pé dentro dos trilhos.
6. Levante vigorosamente o joelho esquerdo bem alto e pouse com força dentro dos trilhos.
7. Repita a sequência de 8 a 32 vezes.

Variação: adicione movimentos de braços. Faça pressão para fora ao pisar fora do trilho e pressão para baixo ao pisar dentro dele.

Dicas de Segurança: comece com movimentos lentos e aumente a velocidade enquanto ganha força e controle sobre os movimentos. A viscosidade da água dificulta a rapidez do movimento. Mantenha a posição estável do tronco ao longo de todo o exercício; sua capacidade de estabilização determina a rapidez com que é possível se mover de forma segura.

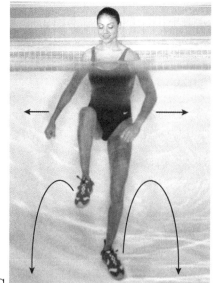

Rotinas Específicas para Necessidades Especiais

As propriedades aquáticas que tornam os exercícios na água uma excelente opção para o condicionamento físico geral podem beneficiar imensamente pessoas com condições especiais de saúde a objetivos específicos. Muitos anos de experiência demonstraram que os exercícios aquáticos cuidadosamente personalizados podem melhorar de forma significativa a saúde e o bem-estar de gestantes, pessoas da terceira idade, as em reabilitação por lesões ou em recuperação cardíaca e pessoas com artrite, fibromialgia, diabetes, esclerose múltipla ou com outras limitações dos movimentos. Siga as orientações apresentadas neste capítulo para adaptar seu programa às suas necessidades específicas. Discuta o seu programa de exercícios aquáticos com um profissional especializado da saúde ou de *fitness* antes de prosseguir.

Reabilitação Física

A água tem sido usada por suas propriedades curativas desde tempos remotos. Os exércitos romanos da antiguidade tratavam soldados feridos em fontes de águas termais. Atualmente, a hidroterapia é usada para tratar pessoas com ampla variedade de lesões e condições. Projetistas de equipamentos continuam desenvolvendo formas inovadoras para levarem as propriedades benéficas da água a novos rumos e novas descobertas, para a boa forma e a reabilitação.

Os benefícios dos exercícios aquáticos para a reabilitação podem ser desfrutados pela maioria das pessoas, mas são especialmente apropriados para aquelas com dor nas articulações, lesões esportivas, dificuldades ortopédicas, excesso de peso, limitações dos movimentos ou dor lombar. As pessoas que obtêm o maior benefício incluem pacientes pós-cirúrgicos, com dor crônica e atletas de elite ou entusiastas.

Programas de hidroterapia usam as propriedades físicas da água, como flutuabilidade, pressão hidrostática (que exerce nível de pressão igualada sobre todas as articulações na água) e viscosidade (resistência). Exercícios de reabilitação usam essas propriedades criativamente, para aumentar o equilíbrio, a força e a flexibilidade, melhorar a coordenação, as habilidades de movimentos e o funcionamento cardiopulmonar (fortalecimento do coração, dos pulmões e do sistema circulatório), retreinar o cérebro e o sistema musculoesquelético em um ambiente altamente facilitador e promover o relaxamento e o senso de bem-estar.

Fisioterapeutas que trabalham com a reabilitação usam o ambiente aquático em razão de as propriedades da água minimizarem a pressão em todas as articulações e nos músculos. A água permite que as pessoas que estejam se recuperando de qualquer lesão lidem com programas de exercício e condicionamento físico impossíveis de serem executados em terra, acelerando assim o processo frequentemente longo de reabilitação e cura. Além disso, o movimento do exercício na água morna aumenta a circulação na área lesionada, o que melhora os mecanismos de cura do organismo.

A água é um ambiente seguro e protetor para os exercícios terapêuticos, por diversas outras razões. Nela, há muito pouco estresse negativo ou desgaste do corpo. Quando caminhamos em terra, temos menos resistência ao movimento e podemos mover os braços e as pernas livremente. Na água, precisamos combater a sua resistência para mantermos o equilíbrio. Trabalhando contra a resistência (estresse positivo) dela, aumentamos a força, a coordenação e a resistência.

Para aqueles que precisam emagrecer a fim de recuperar a mobilidade e a boa saúde, a reabilitação aquática é a mais indicada; exercitar-se na água queima mais calorias em menos tempo que executar exercícios similares em terra. Uma sessão de 30 minutos nesse meio, de acordo com o Fórum de Fisioterapia (*Physical Therapy Forum*), podem equivaler a uma sessão de 45 minutos em terra, tornando os exercícios aquáticos uma forma excelente de obter trabalho cardiorrespiratório com queima de calorias em uma base regular.

Elementos Fundamentais dos Exercícios de Hidroterapia

Igor Burdenko, importante hidroterapeuta, recomenda um enfoque científico baseado em evidências que salienta seis qualidades essenciais para a hidroterapia eficaz: equilíbrio, coordenação, flexibilidade, resistência, velocidade e força. A melhora do equilíbrio envolve o uso de visualização, desafiando o senso de equilíbrio e aumentando a propriocepção, que é a percepção inconsciente do movimento e a orientação espacial em resposta a estímulos internos. A coordenação envolve o uso de múltiplos grupos musculares ao mesmo tempo em movimentos que simulam as exigências do dia a dia, como contrair os abdominais enquanto se abre uma porta pesada ou se executa a função de determinado esporte. A flexibilidade envolve o aumento da amplitude de movimentos trabalhando as articulações em múltiplas direções, como nos movimentos do Capítulo 6, Fortalecimento e Tonificação, e os movimentos do Tai Chi, no Capítulo 9, e resfriando e relaxando os músculos em posições alongadas, como nos alongamentos no Capítulo 4, Aquecimento e Resfriamento, e nas posições de ioga, no Capítulo 9. Resistência significa o número de repetições que se consegue executar enquanto se mantém a estabilização adequada; aumente a resistência aos poucos, para prevenir a ocorrência de lesões como consequência de avançar rápido demais. Melhore a velocidade trabalhando contra a viscosidade da água em um ritmo que seja aumentado de forma gradual ao longo do tempo; quanto mais rápido for o movimento, maior será a resistência encontrada e maior o desafio às estruturas dos músculos estabilizadores. Ganhe força, começando com a construção de um centro estabilizado mais forte na pelve, nos abdominais, nas costas, no pescoço e nos ombros, acrescentando depois a força periférica nos membros. Para adicionar maior resistência, use o corpo como uma ferramenta de resistência contra a viscosidade da água e, depois, adicione equipamentos de flutuação e resistência gradualmente, como descrito nos Capítulos 6, 7 e 9.

A hidroterapia exige temperaturas mais elevadas (29 a 34°C) e posturas relaxadas durante o exercício, resultando em melhoras na circulação em áreas lesionadas e aumento do processo de cura. Um excelente exercício geral de reabilitação é dar passadas ou correr para a frente e para trás com o corpo ereto em flutuação, sem tocar o fundo da piscina. O Tai Chi aquático é um excelente método para aumentar a circulação, a recuperação e a amplitude de movimentos. Exercícios de reabilitação na água envolvem movimentos naturais que, em alguns casos, podem reproduzir os movimentos de um esporte e auxiliar na recuperação das habilidades importantes de um atleta em seu desempenho esportivo. Um tenista, por exemplo, pode praticar movimentos de raquete com a mão voltada para a frente e para trás (ver Movimento 45, Saque de Tênis); um golfista, a tacada; um jogador de softball, o movimento de rebatida, arremesso ou pegada.

As técnicas que melhoram a estabilidade são usadas em exercícios com pranchas, espaguetes e halteres flutuantes, que auxiliam no equilíbrio e proporcionam desafio enquanto ganhos na propriocepção são conquistados. Para compor a estabilidade preliminar da postura e melhorar a força em torno das articulações, use equipamento de flutuação para auxiliar no equilíbrio e criar resistência durante os exercícios. Melhore o equilíbrio com o Movimento 55, Postura do Cão de Caça, o Movimento 38, Abdução Unilateral do Quadril, e o Movimento 34, Tesouras para Regiões Interna e Externa das Coxas. No início, segure-se na parede da piscina e execute gradualmente os movimentos, tocando a parede apenas com a ponta dos dedos e, depois, sem tocar na parede. Execute o Movimento 102, Toque de Meia-Lua na Corda Bamba, primeiro segurando-se na parede da piscina, depois executando o movimento sem tocá-la. Introduza de forma gradual os movimentos de Ioga Aquática e Tai Chi Aquático, no Capítulo 9, Um Estímulo à sua Rotina. Para desafios avançados ao equilíbrio, execute o Movimento 76, Passeio pela Água, o Movimento 75, Escalada com Prancha e o Movimento 105, Prancha e Pressão. Para focar a reabilitação, inicie com os movimentos abdominais para as costas e para a região inferior do corpo, apresentados no Capítulo 6, Fortalecimento e Tonificação; depois, aumente a força no tronco e na pelve executando o Movimento 54, Prancha; o Movimento 73, "Vento de Lado" com Espaguete, e o Movimento 74, Espaguete em Anel.

Exercícios de flutuação são, em geral, realizados para proteger ou remediar a dor nas articulações ou na região lombar. Eles criam uma tração natural sobre os ossos, as articulações e o tecido conjuntivo. A posição de equilíbrio neutro não é possível com um colete salva-vidas tradicional ou mesmo com alguns halteres de flutuação, que criam uma sensação de oscilação e instabilidade, forçando o corpo a enrijecer-se. Os espaguetes, o Wet Vest, o Wet Vest AT, o cinturão HYDRO-FIT Wave e o cinturão de hidroginástica oferecem opções de flutuação mais estável.

Algo fundamental a ser lembrado é evitar a dor. Descarte aquele conselho de que é preciso doer para funcionar. A dor é um sinal para parar ou mudar o que você está fazendo. Ela indica que a posição está errada, o número de repetições está alto demais, o exercício é muito avançado ou a intensidade está alta demais; além disso, a área afetada pode ter sido exercitada demais. Às vezes, o processo de encontrar o equilíbrio requer um "trabalho de detetive": registre as respostas a cada sessão, o conteúdo, a intensidade e a duração. Com paciência e automonitoramento (escutar o seu corpo) você conseguirá determinar seu limite; quanto é demais e que tipos de revisões será necessário fazer no conteúdo, na forma e na técnica.

Aumentar a intensidade gradualmente é um segundo fator importante. Em vez de trabalhar primeiro a área lesionada, comece nos músculos em torno da lesão ou da área afetada. Depois que tiver conquistado força suficiente para que os tecidos adjacentes ofereçam apoio e a área lesionada possa ser trabalhada praticamente sem dor, exercite essa região.

O terceiro fator importante é trabalhar simetricamente, isto é, de um modo uniforme na parte frontal do corpo e nas costas, nos lados esquerdo e direito, no alto e embaixo, assim como em todas as outras nuanças de direção. Burdenko explica: "Precisamos trabalhar os músculos em todas as direções para desenvolver harmonia e trabalhar com simplicidade – movimentos simples, equipamentos simples e exercícios simples."

O quarto fator fundamental envolve a importância de continuar exercitando-se durante todo o processo de cura. No passado, os médicos às vezes prescreviam repouso absoluto após lesões. Entretanto, o exercício apropriado de reabilitação produz circulação curativa que não pode ser gerada sem a combinação de exercícios de reabilitação e recuperação com repouso adequado.

Áreas Comuns de Lesão

Os tipos mais comuns de lesões que causam dor, de acordo com estatísticas de seguradoras e de acidentes de trabalho, são dores lombar e no pescoço. A dor nos joelhos vem em terceiro lugar, seguida por problemas nos pés, nos ombros, nas mãos e nos antebraços. Para movimentos específicos em determinadas lesões ou síndromes dolorosas, use as tabelas a seguir e os Movimentos 111 a 117 (descritos neste Capítulo) para os ombros, os pés, as mãos e os braços. Para o alívio da dor nos pés, veja uma sessão completa na Tabela 10.9. Crie uma sequência que possibilite recuperar e fortalecer as áreas afetadas, melhorar o condicionamento e o bem-estar geral. As Tabelas 10.1, 10.2 e 10.3 oferecem sessões relacionadas a dores nas costas, no pescoço, nos joelhos e nos ombros. As técnicas abordadas foram planejadas especialmente para oferecer sequências apropriadas e determinados exercícios a cada condição ou problema, a fim de ajudá-lo a:

- aquecer-se sem agravar o problema;
- melhorar a amplitude de movimentos e obter um alongamento que melhore a função e reduza a dor, começando com as áreas distais (mais afastadas) da área afetada;
- fortalecer músculos importantes para o funcionamento saudável da área afetada;
- refrescar os músculos afetados em uma posição alongada no fim da sequência, quando estão mais receptivos para a adaptação da flexibilidade.

TABELA 10.1 Exercícios para dor nas Costas e no Pescoço

Aquecimento Térmico (5-10 minutos)	Repita esta sequência de Aquecimento Térmico 2-3 vezes
	Movimento 1 — Caminhada na Água: 1 minuto
	Movimento 3 — Pompa e Circunstância: 8 vezes para a frente, 8 vezes para trás (se o equilíbrio permitir)
	Movimento 85 — Círculos com os Braços
	Movimento 86 — Cavar a Terra
	Movimento 87 — Carinho no Pescoço do Cavalo
	Movimento 10 — Pressão Posterior das Pernas: 8-16 vezes, sem balançar (execute de frente para a parede ou a escada da piscina e segure-se com as duas mãos, se não sentir dor no pescoço).
Alongamento para Aquecimento (5-10 minutos)	Não tenha pressa para posicionar-se e mantenha cada alongamento por 10 segundos. É essencial executar cada exercício indicado. A estabilidade é fundamental; assim, use a parede para obter apoio e siga as instruções com atenção para a posição neutra protegida, apresentadas nas páginas 19-23. Se o alongamento estiver desconfortável, recue e verifique novamente a sua posição. Não faça os movimentos de braços planejados para manter o corpo aquecido. Se sentir frio, execute os movimentos em uma piscina mais aquecida ou use *leggings* de *lycra* resistentes ao cloro ou uma roupa de mergulho com pernas e braços.

	Alongamento 1	Alongamento para Região Externa das Coxas
	Alongamento 2	Alongamento para Região Lombar com Rotação do Tornozelo
	Alongamento 3	Alongamento para Região Anterior da Coxa
	Alongamento 4	Alongamento para Canela e Encolhimento do Ombro
	Alongamento 5	Alongamento para Região Interna da Coxa
	Alongamento 6	Alongamento para Flexores do Quadril
	Alongamento 7	Alongamento para Panturrilha com Perna Estendida
	Alongamento 8	Alongamento para Panturrilha com Flexão do Joelho
	Alongamento 9	Alongamento dos Isquiotibiais
	(Repita a sequência anterior no outro lado do corpo).	
	Alongamento 10	Alongamento Profundo dos Músculos do Quadril, das Coxas e das Nádegas
	Alongamento 11	Alongamento Total para as Costas (confira com seu fisioterapeuta se pode realizá-lo)
	Alongamento 12	Alongamento para Região Média das Costas (3 partes)
	Alongamento 13	Alongamento para Área Posterior do Cotovelo
	Alongamento 14	Rolamento do Ombro e Alongamento para Peitoral
	Alongamento 15	Alongamento para Peitoral
	Alongamento 16	Alongamento para Região Superior da Coluna
	Alongamento 17	Alongamento para Tronco e Ombro
	Alongamento 18	Alongamento de Ombro e Região Superior do Braço
	Alongamento 19	Alongamento Seguro para o Pescoço
Exercícios Aeróbicos (1-30 minutos)	Opcionais. Escolha os exercícios desta lista com os quais se sinta confortável e execute-os na ordem apresentada.	
	Movimento 1	Caminhada na Água: 1 minuto
	Movimento 3	Pompa e Circunstância: 8 vezes para a frente, 8 vezes para trás (se o equilíbrio permitir)
	Movimento 4	Corrida ou Marcha com Elevação do Joelho: marche por 15 segundos, sem balançar o corpo
	Movimento 10	Pressão Posterior das Pernas: 8-16 vezes, sem balançar o corpo. (Execute de frente para a parede ou escada da piscina e segure-se com as duas mãos, se não sentir dor no pescoço).
	Movimento 12	Rastejar da Cobra
	Movimento 13	Passada Lateral Ampla
Aeróbicos com Flutuação	Movimento 26	Esqui Aquático
	Movimento 27	Tesouras Laterais Flutuantes
	Movimento 28	Chute para Trás com Flutuação e Agitação dos Braços
	Movimento 30	Tremulação Vertical com Chute

	Movimento 31	Escalada de Montanha com Flutuação
	Movimento 32	Bombeamento na Bicicleta
	Movimento 33	Chute do Can-Can
	Movimento 12	Rastejar da Cobra
	Movimento 13	Passada Lateral Ampla
Exercícios de Fortalecimento e Tonificação Muscular	Deixe a sessão com exercícios para os músculos abdominais e do tronco por último, antes do alongamento, a fim de garantir que eles não estarão cansados durante outros exercícios para proporcionarem assim a contração firme necessária para os músculos vertebrais, resultando na proteção adequada contra lesões.	
	Movimento 34	Tesouras para as Regiões Interna e Externa das Coxas: 8-32 vezes
	Movimento 36	Chute a Partir do Joelho: 8-16 vezes
	Movimento 37	Passada do Corredor: 8-16 vezes
	Movimento 38	Flexão Lateral do Quadril: 8-32 vezes
	Movimento 39	Mergulho do Pino: 4-8 vezes
	Movimento 40	Agachamento na Parede: 8-32 vezes
	Movimento 42	Extensão dos Tornozelos: 8-16 vezes
	Movimento 43	Elevação dos Dedos dos Pés: 8-16 vezes
	Movimento 44	Deslizamento para Peitoral e Dorsais: 8-16 vezes
	Movimento 46	Flexão para Tórax e Costas: 8-32 vezes
	Movimento 48	Pressão do Ombro com Giro: 8-32 vezes
	Movimento 50	Flexão para Tríceps: 8-16 vezes
	Movimento 57	Guarda de Trânsito: 8-32 vezes
	Movimento 59	Balanço do Pescoço de Galinha: com suavidade
	Movimento 58	Encolhimento e Rotação do Ombro: 8-16 vezes
	Movimento 51	Abdominal Reto Sentado Contra a Parede: execute de 8 a 16 vezes sem resistência. Adicione resistência quando tiver chegado a um estado sem dor.
	Movimento 54	Prancha: apenas quando estiver recuperado. Deve ser relativamente isento de dor.
	Movimento 104	Bombeamento na Bicicleta em Diagonal: execute apenas quando tiver alcançado um nível avançado de força.
	Movimento 106	Lontra: libere a tensão nas costas e no tronco.
	Movimento 55	Postura do Cão de Caça: 8-16 vezes
	Movimento 56	Espreguiçar do Gato: lentamente, 8-16 vezes
Alongamentos Finais para Resfriamento (10 minutos)	Execute os mesmos alongamentos recomendados durante o aquecimento, mas mantenha as posições estáticas por 20 a 30 segundos.	

Execute esta sequência quando estiver se sentindo relativamente bem. Repouse ao sentir dor intensa. Seu médico poderá recomendar o uso de uma bolsa gelada nas áreas doloridas antes e após o exercício, para minimizar inflamações.

TABELA 10.2   Exercícios para Dor no Joelho[1]

Aquecimento Térmico (5-10 minutos)	Execute esta sequência de Aquecimento Térmico 2 ou 3 vezes.	
	Movimento 1	Caminhada na Água: 1 minuto
	Movimento 3	Pompa e Circunstância: 8 vezes para a frente, 8 vezes para trás
	Movimento 5	Marcha do Soldado: 16 vezes para a frente, 16 vezes para trás
	Movimento 10	Flexão Posterior das Pernas: 8-16 vezes
Alongamento de Aquecimento (5-10 minutos)	Não tenha pressa em se posicionar e mantenha cada alongamento por 10 segundos. Execute os alongamentos que podem ser realizados sem dor.	
	Alongamento 1	Alongamento para Região Externa da Coxa
	Alongamento 2	Alongamento para Região Lombar com Rotação do Tornozelo
	Alongamento 3	Alongamento para Região Anterior da Coxa: não flexione o joelho além de 90° (ângulo reto)
	Alongamento 4	Alongamento para Canela *sem* Encolhimento do Ombro
	Alongamento 5	Alongamento para Região Interna da Coxa
	Alongamento 6	Alongamento para Flexores do Quadril
	Alongamento 7	Alongamento para Panturrilha com Perna Estendida
	Alongamento 8	Alongamento para Panturrilha com Flexão do Joelho
	Alongamento 9	Alongamento para Isquiotibiais
	(Repita a sequência anterior no outro lado do corpo)	
	Alongamento 10	Alongamento Profundo dos Músculos do Quadril, das Coxas e das Nádegas
	Alongamento 11	Alongamento Total para as Costas
	Alongamento 12	Alongamento para Região Média das Costas (3 partes)
Exercícios Aeróbicos (opcionais: 5-30 minutos)	Movimento 1	Caminhada na Água: 1 minuto
	Movimento 3	Pompa e Circunstância: 8 vezes para a frente e 8 vezes para trás
	Movimento 5	Marcha do Soldado: 16-32 vezes para a frente e para trás
	Movimento 10	Pressão Posterior das Pernas
	Movimento 13	Passada Lateral Ampla: 16-32 vezes (mantenha os joelhos posicionados atrás da linha dos dedos dos pés contraindo as regiões anterior e posterior das coxas para estabilizar a sua posição)
Aeróbicos com Flutuação	Movimento 26	Esqui Aquático: 1-10 minutos (não se esqueça de manter as pernas *estendidas*, mas *sem travá-las*, durante todo o movimento)
	Movimento 32	Bombeamento na Bicicleta (execute lentamente e com muito controle)
	Movimento 27	Tesouras Laterais Flutuantes: 1-10 minutos
Exercícios de Fortalecimento e Tonificação Muscular	Movimento 34	Tesouras para as Regiões Externa e Interna das Coxas
	Movimento 35	Deslizamento de Pernas para a Frente e para Trás
	Movimento 38	Flexão Lateral do Quadril (versão 1)
	Adicione agachamentos, Movimentos 60-65, gradualmente, enquanto se recupera	
	Movimento 42	Elevação de Calcanhar
	Movimento 43	Elevação dos Dedos dos Pés
Alongamentos Finais para Resfriamento	Execute os mesmos alongamentos recomendados durante o aquecimento, mas mantenha as posições estáticas por 20 a 30 segundos.	

TABELA 10.3 Exercícios para Dor no Ombro[2]

Aquecimento Térmico (5-10 minutos)	Repita esta sequência de Aquecimento Térmico 2 a 3 vezes.	
	Movimento 1	Caminhada na Água: 1 minuto
	Movimento 3	Pompa e Circunstância: 8 vezes para a frente, 8 vezes para trás (se o equilíbrio permitir)
	Movimento 4	Corrida ou Marcha com Elevação do joelho: marche por 15 segundos
	Movimento 10	Pressão Posterior das Pernas: 8-16 vezes
Alongamento de Aquecimento (5-10 minutos)	Mantenha cada alongamento por 10 segundos e execute-os na ordem apresentada.	
	Alongamento 12	Alongamento para Região Média das Costas (3 partes)
	Alongamento 13	Alongamento para Área Posterior do Cotovelo
	Alongamento 14	Rotação do Ombro e Alongamento para Peitoral
	Alongamento 15	Alongamento do Tronco
	Alongamento 16	Alongamento para Região Superior das Costas
	Alongamento 17	Alongamento para Tronco e Ombro
	Alongamento 18	Alongamento de Ombro e Região Superior do Braço
	Alongamento 19	Alongamento Seguro para o Pescoço
Exercícios para Amplitude de Movimentos e Fortalecimento Muscular	Execute estes exercícios lentamente. Comece com um número baixo de repetições e aumente de forma gradual.	
	Movimento 44	Deslizamento para Peitoral e Dorsais: 4-32 vezes
	Movimento 46	Flexão para Tronco e Costas: 4-32 vezes
	Movimento 47	Flexão e Extensão Frontal e Diagonal do Ombro: 4-32 vezes
	Movimento 48	Pressão do Ombro com Giro: 4-32 vezes
	Movimento 49	Bombeamento Lateral do Braço: 4-32 vezes, as duas variações
	Movimento 50	Flexão e Extensão do Braço: 4-32 vezes
	Movimento 57	Guarda de Trânsito: 4-32 vezes
	Movimento 58	Encolhimento e Rotação do Ombro: 4-32 vezes
Alongamentos Finais para Resfriamento (10-15 minutos)	Execute os mesmos alongamentos recomendados durante o Aquecimento, mas mantenha a posição estática por 20 a 30 segundos.	

[1] Uma vez que o ganho de peso é às vezes um elemento que influencia a dor no joelho, foi incluída uma sessão aeróbica opcional. Não se esqueça de incluir alongamentos para a parte superior do corpo ao executar movimentos para essa região. Execute essa sequência quando estiver se sentindo relativamente bem. Repouse ao sentir dor intensa. Seu médico poderá recomendar o uso de uma bolsa de gel gelada nas áreas doloridas antes e após o exercício, para minimizar o risco de inflamação.

[2] A sequência apresentada visa ajudar no alívio da dor no ombro. Comece sem equipamento. À medida que o exercício começar a parecer fácil, adicione gradualmente luvas de hidroginástica, depois remos e, então, halteres não flutuantes. Para obter uma sessão bem equilibrada, você pode incluir exercícios adicionais da "Sessão para Dor nas Costas e no Pescoço".

Gestação

Manter-se em forma durante a gestação pode trazer diversos benefícios. Durante a gravidez, a mulher obtém um aumento de peso gradual (ideal entre 9 e 11 kg) e sustenta seu inevitável estresse sobre a região lombar. Gestantes precisam de exercícios de fortalecimento muscular para que o aumento do peso corporal seja melhor sustentado e, após o parto, para ajudá-las a carregar o bebê. No passado, alguns médicos desencorajavam o treinamento com pesos por temerem lesões devido ao relaxamento dos ligamentos e a alterações no centro de gravidade do corpo, associados com a gestação. Entretanto, estudos atuais sobre o fortalecimento muscular durante a gestação mostram que tais lesões são raras, provavelmente porque mulheres que sentem dores nas articulações ou problemas com o equilíbrio interrompem o exercício quando este causa desconforto.

O trabalho de parto representa em si um desafio físico de proporções substanciais para a maioria das mulheres. Na primeira gravidez, elas podem permanecer em trabalho de parto por uma média de 17 horas. As que têm se exercitado durante a gravidez adquirem mais resistência e energia para o parto, estão menos propensas a necessitar de intervenções médicas e voltam com maior rapidez ao nível de condicionamento físico anterior à gravidez. Após o parto, as mães que se exercitaram durante a gestação são capazes de controlar os estresses da maternidade melhor do que aquelas que evitaram a atividade física.

Estudos realizados pelo Dr. Robert G. McMurray examinaram os efeitos de exercícios baseados em terra e na água em mulheres grávidas. Exercitar-se na água reduz o estresse térmico, mantendo a temperatura da futura mãe dentro de níveis mais seguros para o feto, e reduz a pressão sanguínea e a frequência cardíaca. A flutuabilidade da água alivia o peso da gravidez, tornando o exercício uma opção muito mais confortável.

A água também elimina o perigo de pulos ou trepidações. Os seus efeitos de amortecimento e refrescância tornam a atividade aeróbica aquática ideal para mulheres grávidas. Embora a água minimize os efeitos potencialmente perigosos do esforço exagerado durante a gravidez, ainda é muito importante aquecer-se e resfriar-se gradualmente. Respirar profunda e pausadamente também incentiva o envio de oxigênio para o organismo.

Gestantes que desejem realizar exercícios pré-natais devem obter a aprovação de seus médicos. Exceto por histórico de abortos espontâneos, sangramento vaginal ou algum outro problema clínico grave, os exercícios devem se tornar uma rotina desde o início da gestação ou, melhor ainda, antes da gravidez. De acordo com a Dra. Barbara B. Holstein, da International Childbirth Education Association – Associação Internacional de Educação para o Parto –, os exercícios têm recompensas reais para as gestantes, pois reduzem muitos dos desconfortos comuns desse período, ajudam a preparar a futura mãe para os rigores do parto e facilitam a adaptação pós-parto. A Dr. Holstein identificou diversos benefícios específicos:

1. Melhoram a circulação e aumentam a força muscular, o que por sua vez reduz a dor, o desconforto e a gravidade das veias varicosas, problema comum entre gestantes.

2. Ajudam a corrigir problemas de postura associados com a gestação e a prevenir dor lombar pela redução do desequilíbrio muscular e pelo aumento da força.
3. Aliviam o desconforto e a imobilidade de articulações inchadas pelo aumento da circulação, aliviando assim o edema (inchaço causado pelo acúmulo de líquido dos tecidos) causado pela gravidez.
4. Aliviam desconfortos digestivos e constipação.
5. Os exercícios com o tornozelo flexionado, em vez de na ponta dos pés, reduzem câimbras nas pernas. Flexione os tornozelos elevando os dedos dos pés em direção à canela.
6. Fortalecem os músculos abdominais e das coxas, o que é essencial durante o segundo estágio do parto (quando o bebê passa pelo canal do parto).
7. Abdominais firmes voltam ao normal mais rapidamente após o parto. Além disso, os exercícios ajudam as mulheres a lidarem com a depressão pós-parto.
8. Ajudam a gestante a sentir-se bem consigo mesma e a mover-se com graça e maior agilidade.

Lista adaptada de B. B. Holstein, 1998, "Shaping up for a healthy pregnancy" (Champaign, IL: Human Kinetics), 5:36-40; 47-55.

Certas atividades podem ser benéficas durante a gestação, enquanto outras devem ser evitadas. O American College of Obstetrician and Gynecologists (ACOG) (CAOG – Colégio Americano de Obstetrícia e Ginecologia) criou uma série de orientações para gestantes que desejam se exercitar.

Diretrizes do CAOG

O CAOG descreve a atividade de exercícios aquáticos como "ótima para o corpo, porque trabalha muitos músculos. A água sustenta o peso e, assim, previne lesões e tensão muscular. Ela também ajuda a refrescar e a prevenir inchaços nas pernas." A CAOG oferece as seguintes recomendações para gestantes.

Rotina de Exercícios

- Exercícios durante a gestação são mais fáceis de serem praticados durante as primeiras 24 semanas. Durante os 3 últimos meses, pode ser difícil realizar muitos exercícios que antes pareciam fáceis, o que é normal.
- Se já faz algum tempo que não se exercita, o melhor é começar devagar. Inicie com apenas 5 minutos de exercícios por dia e adicione 5 minutos a cada semana, até conseguir permanecer ativa durante 30 minutos por dia.
- Sempre comece cada sessão de exercício com um período de aquecimento de 5 a 10 minutos. Essa atividade deve ser leve, como uma ca-

minhada lenta que prepara os músculos. Durante o aquecimento, alongue os músculos para evitar rigidez e dor. Mantenha cada alongamento por pelo menos 10-20 segundos.
- Após os exercícios, resfrie o corpo reduzindo lentamente a atividade. Isso permite que a frequência cardíaca volte aos níveis normais. O resfriamento por 5-10 minutos e um novo alongamento também ajudam a prevenir dores musculares.

Pontos a Observar

As mudanças pelas quais seu corpo passa podem contraindicar posições e atividades para você e seu bebê. Enquanto se exercita, tente evitar atividades que exijam saltos, trepidações ou rápidas mudanças de direção, o que ocasiona tensão nas articulações e lesões.

Sinais de Alerta

Pare de se exercitar e consulte seu médico se observar qualquer um destes sintomas:

- sangramento vaginal;
- tontura ou sensação de vertigem;
- falta de ar;
- dor no tórax;
- dor de cabeça;
- fraqueza muscular;
- dor ou inchaço no tornozelo;
- contrações uterinas;
- redução dos movimentos fetais;
- vazamento de fluidos pela vagina.

Existem alguns riscos no superaquecimento corporal durante a gestação que podem causar perda de fluidos e levar à desidratação e a complicações durante a gravidez. Ao exercitar-se, siga estas diretrizes gerais para um programa de exercícios seguro e saudável:

- após o primeiro trimestre de gestação, evite fazer qualquer exercício nas costas;
- evite exercícios rápidos em climas quente e úmido ou em caso de estar com febre;
- vista roupas confortáveis que a ajudem a permanecer refrescada;
- use um sutiã com bom ajuste que proporcione apoio necessário para proteger as mamas;
- beba bastante água para prevenir superaquecimento e desidratação;
- consuma sempre as calorias diárias adicionais necessárias durante a gestação.

Enquanto se exercita, preste atenção no seu corpo. Não se exercite ao ponto de sentir-se exausta. Tenha consciência sobre os sinais de alerta para quando estiver exagerando. Se perceber quaisquer desses sintomas, pare de se exercitar e consulte seu médico.

American College of Obstetricians and Gynecologists. Exercise during pregnancy. ACOG Patient Education Pamphlet AP119. Washington, DC: ACOG; 2003.

Exercícios e Fisiologia Esportiva Durante a Gestação

A maioria dos especialistas recomenda exercícios antes da gestação; se você começar em boa forma, terá mais facilidade para continuar bem. A ginecologista esportiva Mona Shangold sugere que, para mulheres com gestação normal e sem complicações, "provavelmente não há problema em continuar exercitando-se no mesmo nível de esforço ao qual se estava acostumado antes da gestação, mas pode não ser seguro exercitar-se com mais vigor ou com mais frequência do que antes".

O mesmo nível de esforço pode não significar o mesmo nível de intensidade ou frequência. Para compensar o ganho de peso, talvez seja preciso fazer ajustes no programa de exercícios enquanto a gestação progride. O peso adicional aumenta a carga de trabalho, de modo que talvez seja necessário reduzir a intensidade e a frequência dos exercícios para continuar exercitando-se no mesmo nível de esforço de antes do ganho de peso. A boa notícia para as gestantes é que, de acordo com o estudo do Dr. James Clapp, a capacidade cardiopulmonar da mulher é imensamente aumentada durante a gestação e permanece assim após o parto; uma mãe que deu à luz recentemente pode enviar mais oxigênio por batimento cardíaco aos músculos em funcionamento em relação ao período anterior da gravidez. O dilema é descobrir um modo realista de manter essa vantagem em termos de boa forma juntamente com todos os outros desafios de ser mãe.

As classificações de esforço percebido – isto é, julgamento pelo modo como você se sente – podem ser um meio mais seguro de medir o nível de intensidade aeróbica do que monitorar a frequência cardíaca. A International Association of Fitness Professionals – Associação Internacional de Profissionais de Fitness – recomenda o uso da escala de esforço percebido (p. 11), por incentivar a observação da intensidade com que o corpo em transformação está trabalhando. Ou, ainda, você pode usar o Teste da Fala para manter a atividade dentro dos limites de intensidade aeróbica: se não conseguir realizar uma conversa levemente ofegante durante o exercício, significa que o esforço está intenso demais.

O corpo em gestação envia sinais, embora possa não dizer as mesmas coisas ocorridas nas sessões anteriores à gestação. O entusiasmo físico e cheio de energia geralmente cede lugar à sabedoria de que é melhor não forçar demais. Se estiver planejando tornar-se mãe, pratique escutar os sinais transmitidos por seu corpo, pois, na gravidez, eles fornecerão importantes informações.

Exercícios na Gestação

Moderação é a palavra-chave para qualquer programa de exercícios pré-natal. O pulso e a pressão arterial da futura mãe sobem mais rapidamente durante os exercícios e, enquanto ela se adapta a todas as mudanças pelas quais o corpo passa, pode não ser capaz de enviar oxigênio aos músculos com a rapidez habitual. Assim, pode cansar-se mais rápido. Movimentos intensos súbitos de exercícios de alta energia ou sessões prolongadas são inadequados. Siga o conselho: "Se doer, pare".

Faça um pequeno e nutritivo lanche (baixo teor de gordura, alto teor de fibras, carboidratos completos; evite farinhas e açúcares refinados) aproximadamente 1 hora antes de se exercitar e uma refeição bem balanceada após os exercícios. Limitar o consumo alimentar de modo a queimar os depósitos de gordura do seu próprio corpo é absolutamente inadequado e pode prejudicar o feto.

Holstein recomenda as seguintes orientações:

- evite movimentos com giros rápidos, saltos ou mudanças súbitas de direção, nível ou velocidade;
- exclua quaisquer exercícios que causem hiperextensão de qualquer articulação ou flexão além do ponto máximo de resistência;
- evite arquear ou afundar as costas;
- elimine exercícios que requeiram curvatura para a frente no quadril com as costas retas. Se os pés estiverem no chão, a flexão para a frente deve ser sempre executada com os joelhos flexionados.

Lista adaptada de B.B. Holstein, 1998, Shaping up for a healthy pregnancy (Champaign, IL: Human Kinetics), 5:36-40; 47-55.

Execute a versão do Treinamento para Gestação da Rotina de Exercícios Aquáticos Básicos apresentados na Tabela 10.4 e concentre-se em fazer ajustes com base nas recomendações anteriores. Interrompa qualquer exercício que pareça desconfortável ou doloroso.

As sequências de exercícios devem salientar movimentos que fortaleçam as costas e os músculos abdominais. O avanço e os movimentos como os da Pressão Posterior das Pernas são particularmente úteis, porque fortalecem os músculos enquanto promovem o equilíbrio e o alinhamento. Elimine movimentos com giros rápidos para os lados e avanços para a frente. Use a parede para obter equilíbrio e estabilidade sempre que precisar – em alguns dias, será mais necessário do que em outros.

Execute o Resfriamento Final para ensinar seu corpo e mente a relaxar e a manter a flexibilidade. Habilidades de redução da tensão e a capacidade para relaxar conscientemente são bem úteis durante o parto, quando for preciso relaxar durante as contrações. Você pode desenvolver habilidades básicas de relaxamento concentrando sua atenção em relaxar os músculos envolvidos em cada alongamento. Permita conscientemente que as fibras musculares se destorçam, e respire profundamente. Imagine ser possível levar sua respiração até o músculo que está relaxando; expire profundamente. Esse método de "liberação consciente" pode ser usado em cada parte do corpo e ajuda a eliminar a rigidez e a tensão. Use música instrumental calma e agradável. Talvez você deseje executar esses exercícios de relaxamento fora da piscina, em uma cadeira espreguiçadeira sob toalhas aquecidas, se o seu corpo estiver muito frio.

Movimentos Criativos para Exercícios Durante a Gestação

Para acrescentar mais interesse ou desafio à sessão básica para a gestação, consulte os movimentos no Capítulo 7, Intensificando os Exercícios, e no Capítulo 9, Um Estímulo à sua Rotina. Escolha movimentos que possam aderir às orientações de Holstein apresentadas anteriormente nesta seção. Se esteve executando movimentos similares antes da gravidez, poderá mesclá-los em sua sequência para maior variedade ou intensidade:

- Movimentos de Potência com Agachamento 60 a 65;
- Espaguete em Anel, Movimento 74 (similar aos movimentos de Pilates);
- Tai Chi Aquático, Movimentos 82 a 88;
- Ioga Aquático, Movimentos 94 a 100;
- Yoga Booty Ballet aquático, Movimentos 107 a 110.

Se tiver problemas nos tornozelos e nos pés, siga as orientações para exercícios na água para fasciite plantar na Tabela 10.9.

TABELA 10.4   Exercícios para a Gestação

Aquecimento Térmico (5 minutos)	Comece lentamente, aumentando a intensidade de forma gradual.	
	Movimento 2	Corrida com Pedalada: 30 segundos
	Movimento 3	Pompa e Circunstância: 8 vezes em cada direção
	Movimento 1	Caminhada na Água: dê passadas amplas, lentamente, por 60 segundos
	Movimento 4	Corrida ou Marcha com Elevação do Joelho: 15 segundos, sem balançar o corpo
	Movimento 10	Pressão Posterior das Pernas: 16 vezes
	Movimento 12	Rastejar da Cobra: lentamente por 2 minutos
Alongamento para Aquecimento (5 minutos)	Alongamento 1	Alongamento para Região Externa da Coxa
	Alongamento 2	Alongamento para Região Lombar com Rotação do Tornozelo
	Alongamento 3	Alongamento para Região Anterior da Coxa

	Alongamento 4	Alongamento para Canela e Encolhimento do Ombro
	Alongamento 5	Alongamento para Região Interna da Coxa
	Alongamento 6	Alongamento para Flexores do Quadril
	Alongamento 7	Alongamento para Panturrilha com Perna Estendida
	Alongamento 8	Alongamento para Panturrilha com Flexão do Joelho
	Alongamento 9	Alongamento dos Isquiotibiais
	(Repita a sequência anterior no outro lado do corpo)	
	Alongamento 10	Alongamento Profundo dos Músculos do Quadril, das Coxas e das Nádegas
	Alongamento 11	Alongamento Total para as Costas
	Alongamento 12	Alongamento para Região Média das Costas (elimine a primeira posição)
	Alongamento 13	Pressão para Região Posterior do Cotovelo
	Alongamento 14	Rolamento de Ombro e Alongamento do Tórax
	Alongamento 15	Alongamento para Peitoral
	Alongamento 16	Alongamento para Região Superior da Coluna
	Alongamento 17	Alongamento para Tronco e Ombro
	Alongamento 18	Alongamento de Ombro e Região Superior do Braço
	Alongamento 19	Alongamento Seguro para o Pescoço
Exercícios Aeróbicos	Aqueça-se de forma gradual, mantenha um ritmo moderado e resfrie-se lentamente.	
	Movimento 2	Corrida com Pedalada: 30 segundos
	Movimento 3	Pompa e Circunstância: 8 vezes em cada direção
	Movimento 1	Caminhada na Água: 60 segundos
	Movimento 4	Corrida ou Marcha com Elevação do Joelho: 15 segundos, sem balançar o corpo
	Movimento 10	Pressão Posterior das Pernas: 16 vezes
	Movimento 13	Passada Lateral Ampla: 8 vezes em cada direção
	Movimento 12	Rastejar da Cobra: 1-2 minutos
	Exercícios de flutuação: use dois garrafões de água vazios, espaguete ou braçadeiras de flutuação para região superior do braço.	
	Movimento 26	Esqui Aquático: 10-30 segundos
	Movimento 27	Tesouras Laterais Flutuantes: 10-30 segundos
	Movimento 29	Salto Vertical do Sapo: 8 vezes
	Movimento 30	Tremulação Vertical com Chute: 10-30 segundos
	Movimento 31	Escalada de Montanha com Flutuação: 30-60 segundos
	Movimento 32	Bombeamento na Bicicleta: 10-30 segundos
	Movimento 33	Chute do Can-Can: 10-30 segundos

	Movimento 12	Rastejar da Cobra: 1-2 minutos
	Movimento 13	Passada Lateral Ampla: 8 vezes para a direita, 8 vezes para a esquerda. Repita.
	Movimento 10	Pressão Posterior das Pernas: 16 vezes
	Movimento 4	Corrida ou Marcha com Elevação do Joelho: 15-30 segundos, sem balançar o corpo
	Movimento 1	Caminhada na Água: 1-2 minutos
	Movimento 3	Pompa e Circunstância: 8 vezes em cada direção
	Movimento 2	Corrida com Pedalada: 30 segundos
Exercícios de Fortalecimento e Tonificação Muscular (5-10 minutos)	Comece com poucas repetições e adicione mais à medida que as semanas passarem.	
	Movimento 51	Flexão Sentado Contra a Parede: 8-16 vezes
	Movimento 53	Sentado em V: 6-16 vezes
	Movimento 34	Tesouras para as Regiões Externa e Interna da Coxa: 8-16 vezes
	Movimento 35	Deslizamento de Pernas para a Frente e para Trás: 8-16 vezes cada lado
	Movimento 36	Chute a Partir do Joelho: 8-16 vezes cada lado
	Movimento 38	Abdução Unilateral do Quadril: 8 vezes
	Movimento 40	Agachamento na Parede: 8-16 vezes
	Movimento 42	Extensão dos Tornozelos: 8-16 vezes
	Movimento 43	Elevação dos Dedos dos Pés: 8-16 vezes cada pé
	Movimento 44	Deslizamento para o Tórax e para a Região Superior do Corpo: 8-16 vezes
	Movimento 46	Pressão para o Tórax e as Costas: 8-16 vezes
	Movimento 48	Pressão do Ombro com Giro: 8-16 vezes
	Movimento 49	Bombeamento Lateral do Braço: 4-8 vezes
	Movimento 50	Flexão e Extensão do Braço: 8-16 vezes
	Movimento 58	Encolhimento e Rolagem do Ombro: 4-8 vezes cada
	Movimento 55	Postura do Cão de Caça: 8-16 vezes
	Movimento 56	Espreguiçar do Gato: 8-16 vezes
Alongamentos Finais para Resfriamento (10-15 minutos)	Repita a sequência de Alongamento para Aquecimento, mantendo cada posição por 20-30 segundos. Adicione o Alongamento Final de Resfriamento a seguir:	
	Alongamento 19	Alongamento Seguro para o Pescoço

Adultos Mais Velhos

Adultos que já passaram da meia-idade precisam de mais tempo para se aquecer e devem resfriar o corpo de forma mais gradual. À medida que se envelhece, exercícios súbitos e cansativos podem ser perigosos para o coração. O Aquecimento Térmico de 10 a 15 minutos no início da sequência aeróbica, que estende o aquecimento aeróbico em 5 a 10 minutos, ajuda a preparar as articulações e os músculos para maior esforço, aumentando a circulação e a frequência cardíaca. Adicione mais passadas para a frente e para trás, assim como para os lados, e mais repetições dos movimentos restantes de aquecimento em sua sequência. Movimente-se em um ritmo que permita manter a estabilidade musculoesquelética, e respire plena e profundamente. Esse ajuste previne fadiga, dor e lesões após os exercícios. O treinamento de força também é importante para adultos mais velhos. Assim, inclua 8-10 exercícios de fortalecimento e tonificação com 10-15 repetições de cada exercício, 2 ou 3 vezes por semana. Além disso, para reduzir o risco de quedas, acrescente exercícios de equilíbrio à rotina.

Durante a sessão Aeróbica Aquática, aqueça-se lentamente e, depois, aumente a intensidade bem aos poucos e monitore-a, trabalhando rumo a um nível moderado de esforço percebido. Reduza a intensidade quando indicado, dando passos menores, reduzindo a resistência (p. ex., deslizando com a mão estendida pela água, como se estivesse cortando a água, em vez de no formato de concha), movendo-se mais lentamente e minimizando sacolejos e pulos. Use essas mesmas técnicas para resfriar o corpo no término do segmento de Aeróbica Aquática. A cessação abrupta de exercícios vigorosos pode causar acúmulo de sangue nos membros, o que coloca tensão desnecessária no coração, enquanto o corpo se esforça para levar o sangue de volta ao tronco. Para prevenir esse estresse indesejado sobre o sistema cardiovascular, reduza gradualmente a intensidade durante o período de resfriamento no fim da Aeróbica Aquática durante pelo menos 10 minutos. Resfriando o corpo gradualmente, previne-se dor muscular após os exercícios.

A regulagem da temperatura corporal também pode ser mais difícil em adultos mais velhos. Se você tende a sentir frio com facilidade, use um traje de banho de duas peças resistente ao cloro e com mangas compridas ou um colete de neoprene (ver p. 31). Beba muita água fria (mas não gelada) antes, durante e depois da sessão para ajudar a regular a temperatura corporal com eficiência e para prevenir o início precoce de fadiga. A água gelada é mais difícil de absorver e pode causar cãibras.

Uma sessão bem planejada ajuda a melhorar e a manter a flexibilidade, mantendo-o forte e fisicamente independente; melhora a saúde e a longevidade do coração, dos pulmões e do sistema circulatório, além de renovar a energia e o vigor. Exercícios adequados para postura corporal, aquecimento, resfriamento e flexibilidade, como descritos nos Exercícios Aquáticos Básicos, ajudam a prevenir dores musculares.

Para aumentar a variedade e a profundidade dos Exercícios Aquáticos Básicos, adicione os seguintes movimentos:

- Dança *Country* Aquática, movimentos 77 a 81;
- Tai Chi Aquático, movimentos 82 a 88;
- Ioga Aquático, movimentos 94 a 100.

Para aqueles que estão em um nível mais avançado de condicionamento físico, amplie os Exercícios Aquáticos Básicos concentrando-se em movimentos que desafiem a força central e aumentem a força e o tônus muscular:

- Movimentos de Fortalecimento e Tonificação, Capítulo 6;
- Movimentos com Agachamento, 60 a 65;
- Abdominal na Água, movimento 72;
- Vento de Lado, com Espaguete, movimento 73;
- Espaguete em Anel, movimento 74.

Se você recomeçou a entrar em forma há pouco tempo, talvez seja melhor iniciar seu novo programa de exercícios aquáticos com uma sequência que não inclua condicionamento aeróbico até que os músculos estejam um pouco fortalecidos (ver "Estágio Inicial de Condicionamento", p. 20 e 21). Uma sequência inicial desse tipo pode incluir Aquecimento Térmico, Alongamento para Aquecimento, Movimentos de Fortalecimento e Tonificação e Alongamentos Finais de Resfriamento. Depois de conquistar um senso de equilíbrio e força na água, adicione uma sessão de Movimentos Aeróbicos por cerca de 5 a 10 minutos. Siga as instruções dos Exercícios Aquáticos para Adultos Mais Velhos descritas na Tabela 10.5 e junte a essa sessão os seus exercícios favoritos extraídos das descrições dos Exercícios Aquáticos Básicos. Execute a variação sem balanço e de baixo impacto de cada exercício. Se um dos exercícios não for agradável, tente outro até encontrar o mais adequado. Execute todos os exercícios de alongamento e alongue os músculos apenas até um ponto confortável de resistência.

TABELA 10.5 Exercícios Aquáticos para Adultos Mais Velhos

Aquecimento Térmico (10 minutos)	Escolha a intensidade de exercícios mais apropriada para o seu nível atual de aptidão física. Adultos mais velhos podem ter todos os tipos corporais, pesos e níveis de condicionamento e muitos estão mais ativos e móveis do que outros. Caminhadas na água são um modo excelente de aquecimento para quase todos, incluindo adultos mais velhos. Concentre-se em manter alinhamento corporal correto. Ande lentamente para a frente e para trás e faça corrida com pedaladas leves. Omita caminhadas para trás se sentir que pode cair. Use calçados aquáticos ou tênis de lona velhos e leves para melhorar a tração, a estabilidade e a confiança nos movimentos. Movimentos de Tai Chi aquático proporcionam um excelente aquecimento térmico, melhoram a amplitude de movimentos e a consciência corporal e acalmam a mente.
Alongamento de Aquecimento (5 minutos)	Complete toda a sequência de alongamento. Estude e execute as instruções de posição com atenção e evite alongar-se além de uma amplitude normal e confortável de movimentos. Talvez você deseje eliminar os movimentos que o mantém aquecido, que trabalham as regiões superior e inferior do corpo, a fim de se concentrar na estabilidade do alongamento. Portanto, recomenda-se a realização dos exercícios em piscina aquecida. Movimentos de Ioga Aquático são uma boa opção para aumentar a flexibilidade, a amplitude de movimentos e o relaxamento.

Aeróbicos Aquáticos (aumentar até 20-30 minutos)*	Comece lentamente e use os 10 primeiros minutos para elevar a intensidade de forma gradual até um nível moderado e confortável, monitorando com atenção. Se estiver recomeçando um programa de exercício ou sentir dor lombar ou no pescoço, evite impacto nos movimentos eliminando pulos, sacolejos e saltos. Durante os 10 últimos minutos, baixe gradualmente a intensidade até a respiração tornar-se fácil, uniforme e tranquila. Elimine quaisquer exercícios aeróbicos que pareçam cansativos demais ou desconfortáveis. Aumente a duração dos exercícios ao longo de um período de meses se o objetivo for o controle de peso.
Exercícios de Fortalecimento e Tonificação (10-15 minutos)	Execute cada um dos movimentos de forma constante e controlada. Inicie com 8 repetições de cada exercício e aumente para 16 ou mais repetições ao longo de um período de meses ou anos. Preste muita atenção à posição e à estabilidade do corpo. Elimine quaisquer exercícios que pareçam desconfortáveis, tente executá-los novamente em outro momento quando estiver mais forte e tiver desenvolvido maior amplitude de movimentos.
Alongamentos Finais de Resfriamento (10-15 minutos)	Complete todos os Alongamentos Finais de Resfriamento, conferindo sua posição, para garantir um alinhamento corporal correto. Mantenha cada alongamento por 10 a 30 segundos. Se uma posição for desconfortável, confira se ela está correta e alivie o alongamento reduzindo a extensão ou o grau de alongamento. Por exemplo, se a panturrilha estiver tensa durante o Alongamento da Panturrilha, leve o pé na posição frontal e o pé na posição posterior um pouco mais próximos um do outro para reduzir o alongamento. Se isso ainda causar desconforto, elimine esse alongamento e execute-o em outro momento quando sua flexibilidade geral estiver melhor desenvolvida.

* Você tem a opção de começar com 5-10 minutos de exercícios aeróbicos e adicionar gradualmente um minuto a cada semana.

É necessário um dia de descanso entre os períodos de exercícios, para aumentar a força e evitar dor ou lesão por uso exagerado. Exercite-se de 2 em 2 dias, começando com 5 a 10 minutos, se esteve inativo por alguns anos, e adicionando 1 minuto por semana, até alcançar um tempo que considera apropriado. Um bom objetivo de saúde cardiovascular e condicionamento geral é iniciar com 10 minutos por sessão e aumentar para 30 minutos de exercícios aeróbicos por sessão. Adicionar até mesmo alguns minutos por vez pode melhorar efetivamente a saúde cardiovascular. Inicie cada sessão com Aquecimento Térmico e Alongamentos de Aquecimento; finalize cada uma com uma sessão completa de alongamento que inclua todos os exercícios apresentados no Capítulo 4, Aquecimento e Resfriamento. Se você se exercita regularmente, quase todos os dias, vá em frente e pratique diariamente exercícios aquáticos, mas dê ao seu corpo uma chance para adaptar-se de forma gradual aos novos desafios apresentados pelas propriedades físicas da água. Você ficará surpreso ao ver como o exercício parece fácil dentro da água e como uma sessão parece intensa quando se está fora dela por algum tempo.

Recuperação Cardíaca

Pessoas com risco de distúrbio cardíaco precisam de um tempo maior de aquecimento e períodos de resfriamento mais gradual. Os profissionais de reabilitação cardíaca recomendam o treinamento aeróbico 3 a 5 dias por semana. Pode ser necessário diminuir a intensidade e a duração do treinamento aeróbico, sendo preciso exercitar-se 4 a 6 vezes por semana e, finalmente, aumentar a duração das sessões.

Para promover o desempenho sem lesões, as sessões devem incluir treinamento de força e trabalho com flexibilidade, assim como exercícios aeróbicos ou cardiovasculares. Concentre-se em respirar profundamente durante a sessão. Faça "respiração abdominal", expandindo toda a barriga ao respirar, em vez de apenas as costelas e o tórax. Para desenvolver melhor a habilidade para respirar com o abdome, pratique empurrar a barriga contra a cintura ao inspirar. Tente respirar em um ritmo uniforme (estudos sugerem que a frequência respiratória mais eficiente durante exercícios aeróbicos vigorosos é de cerca de 30 respirações por minuto). Embora nenhum exercício deste livro inclua esforços que exijam prender o fôlego (manobra de Valsalva), deve-se evitar qualquer tendência nesse sentido, especialmente ao manter um músculo contraído, e atividades como exercícios isométricos, erguer objetos pesados ou pressionamentos contra a parede. Essas manobras elevam a pressão sanguínea e podem desencadear um evento cardíaco. Enquanto contrai um músculo para trabalhar a força muscular, faça a "respiração com canudinho": inspire profundamente e sopre com os lábios semicerrados enquanto contrai o músculo com firmeza.

Especialistas concordam que um programa de recuperação cardíaca bem planejado (que inclua condicionamento cardiorrespiratório, treinamento de força e exercícios para flexibilidade), tão logo possível após uma cirurgia, pode ajudar a preparar os pacientes para voltarem ao trabalho e às atividades de lazer. Os componentes básicos de uma sessão de treinamento para pessoas em recuperação cardíaca aparecem na Tabela 10.6. Os estudiosos renomados dessa área, Pollock, Wilmore e Fox, sugerem que as primeiras 6 a 8 semanas do programa de exercícios de recuperação devem ser monitoradas por cardiologistas.

Profissionais de saúde qualificados podem determinar se há fatores de saúde que exigem restrições nos exercícios. Eles podem criar um programa adequado de exercícios conforme seu estado de saúde e acompanhar suas respostas aos exercícios a fim de garantir um programa ideal.

TABELA 10.6 Componentes Básicos de uma Sessão de Treinamento Cardíaco

Componente	Duração
Aquecimento Térmico	10 minutos
Alongamento de Aquecimento	10 minutos
Condicionamento Muscular	10 minutos
Exercícios Aeróbicos (intensidade leve, com aquecimento e resfriamento muito graduais)	5-60 minutos
Resfriamento (alongamento para flexibilidade)	5-10 minutos

Exercícios para Recuperação Cardíaca

Cardiologistas e pesquisadores do Laboratório de Performance Humana da Universidade de Rhode Island revelaram informações preciosas relacionadas às qualidades térmicas, à intensidade ajustável e à melhor dinâmica da água para o condicionamento cardiorrespiratório. Seus estudos científicos cuidadosamente monitorados sobre exercícios baseados na água e em terra revelaram fatores não documentados anteriormente, que podem tornar os exercícios na água uma alternativa superior para exercícios de reabilitação cardíaca.

Exercícios baseados na água produzem, como foi revelado, uma incidência menor de arritmias ou batimentos irregulares, o que pode sinalizar perturbações cardíacas. O fator atenuante é a sua temperatura. Como resultado de seus achados, os pesquisadores da Universidade de Rhode Island recomendam exercícios na água em uma temperatura que chamam de "termoneutra", que durante exercícios aeróbicos verticais, geralmente fica em 28 a 30°C.

Parada cardíaca e outros eventos cardiovasculares importantes não são comuns em programas de reabilitação cardíaca. A melhor maneira de lidar com possíveis situações de emergência é exercitar-se sob supervisão especializada. Para prevenir emergências médicas, um profissional da área de saúde pode ajudá-lo a monitorar sua frequência cardíaca, a pressão sanguínea e a intensidade de trabalho orientando-o por meio das fases progressivas de recuperação. Depois de progredir além das três fases da recuperação estabelecidas pela medicina, você poderá continuar o programa aquático por conta própria e submeter-se a avaliações regulares. Sempre que alterar a sua rotina, consulte novamente o seu médico para avaliação profissional dos exercícios.

Antes de iniciar o treinamento, confira a temperatura da piscina para garantir que esteja entre 28 e 30°C. Siga a sequência de Exercícios para Recuperação Cardíaca na Tabela 10.7. Comece com níveis de intensidade bem moderada e de curta duração. Durante os Exercícios Aeróbicos, aqueça-se muito lentamente, aumentando a intensidade de forma bem gradual. Depois, execute um longo resfriamento aeróbico enquanto reduz gradualmente o esforço, reduzindo lentamente a intensidade e retornando a uma frequência cardíaca de repouso.

TABELA 10.7 Exercícios de Recuperação Cardíaca

Aquecimento Térmico	Mova-se lentamente e aumente a intensidade de forma bem gradual	
(10-15 minutos)	Movimento 2	Corrida com Pedalada: 30 segundos
	Movimento 3	Pompa e Circunstância: 8 vezes em cada direção
	Movimento 1	Caminhada na Água: dê passadas lentas por 60 segundos
	Movimento 4	Corrida ou Marcha com Elevação do Joelho: 30 segundos, sem balanço
	Movimento 9	Polichinelos com Flexão dos Calcanhares: 8 vezes
	Movimento 10	Pressão Posterior das Pernas: 8 vezes
	Movimento 12	Rastejar da Cobra: muito lentamente por 2 minutos

Alongamento para Aquecimento (5-10 minutos)	Mantenha cada posição de alongamento por 10 segundos e respire profundamente

	Alongamento 1	Alongamento para Região Externa da Coxa
	Alongamento 2	Alongamento para Região Lombar com Rotação do Tornozelo
	Alongamento 3	Alongamento para Região Anterior da Coxa
	Alongamento 4	Alongamento para Canela e Encolhimento do Ombro
	Alongamento 5	Alongamento para Região Interna da Coxa
	Alongamento 6	Alongamento para Flexores do Quadril
	Alongamento 7	Alongamento para Panturrilha com Perna Estendida
	Alongamento 8	Alongamento para Panturrilha com Flexão do Joelho
	Alongamento 9	Alongamento dos Isquiotibiais
	(Repita a sequência anterior no outro lado do corpo)	
	Alongamento 10	Alongamento Profundo dos Músculos do Quadril, das Coxas e das Nádegas
	Alongamento 11	Alongamento Total para as Costas
	Alongamento 12	Alongamento para Região Média das Costas
	Alongamento 13	Alongamento para Região Posterior do Cotovelo
	Alongamento 14	Rolamento de Ombro e Alongamento do Tórax
	Alongamento 15	Alongamento para Peitoral
	Alongamento 16	Alongamento para Região Superior da Coluna
	Alongamento 17	Alongamento para Tronco e Ombro
	Alongamento 18	Alongamento de Ombro e Região Superior do Braço
	Alongamento 19	Alongamento Seguro para o Pescoço
Exercícios de Fortalecimento e Tonificação Muscular	Comece com poucas repetições e adicione mais à medida que as semanas passarem. Respire profundamente durante cada exercício.	
	Movimento 50	Flexão Sentado Contra a Parede: 8-16 vezes
	Movimento 52	Flexão com Flutuação: 8-16 vezes
	Movimento 34	Tesouras para as Regiões Externa e Interna da Coxa: 8-16 vezes
	Movimento 35	Deslizamento de Perna para a Frente e para Trás: 8-16 vezes cada lado
	Movimento 36	Chute a Partir do Joelho: 8-16 vezes cada lado
	Movimento 39	Mergulho do Pino: 4-8 vezes cada lado
	Movimento 42	Extensão dos Tornozelos: 8-16 vezes
	Movimento 43	Elevação dos Dedos dos Pés: 8-16 vezes cada pé
	Movimento 44	Deslizamento para o Tórax e para a Região Superior das Costas: 8-16 vezes
	Movimento 46	Flexão para Tórax e Costas: 8-16 vezes
	Movimento 47	Pressão do Ombro com Giro: 8-16 vezes
	Movimento 49	Bombeamento Lateral de Braço: 4-8 vezes
	Movimento 50	Flexão e Extensão do Braço: 8-16 vezes

	Movimento 58	Encolhimento e Rotação do Ombro; 4-8 vezes cada
	Movimento 55	Postura do Cão de Caça: 8 vezes
Exercícios Aeróbicos	Comece com 5 minutos e aumente aos poucos para 30 minutos durante um período de 15 semanas. Seu médico pode recomendar um aumento gradual da duração dos exercícios aeróbicos para uma hora ou mais. Para cada exercício, comece a sessão aeróbica lentamente, aumente de forma progressiva para um esforço moderado e, então, reduza gradualmente a intensidade.	
	Movimento 2	Corrida com Pedalada: 30 segundos
	Movimento 3	Pompa e Circunstância: 8 vezes em cada direção
	Movimento 1	Caminhada na Água: 60 segundos
	Movimento 4	Corrida ou Marcha com Elevação do Joelho: marcha durante 30 segundos
	Movimento 9	Polichinelos com Flexão dos Calcanhares: 8 vezes
	Movimento 10	Pressão Posterior das Pernas: 8 vezes
	Movimento 12	Rastejar da Cobra: 1-2 minutos
	Movimento 13	Passada Lateral Ampla: 8 vezes em cada direção
	Movimento 14	Polichinelos Aquáticos: 8-16 vezes
	Movimento 15	Esqui *Cross-country*: 16 vezes
	Movimento 16	Balanço do Marinheiro: 8-16 vezes
	Movimento 25	Salto com Giro: 8 vezes
	Movimento 26	Esqui Aquático: 10-30 segundos
	Movimento 27	Tesouras Laterais Flutuantes: 10-30 segundos
	Movimento 28	Chute para Trás com Flutuação e Agitação dos Braços: 10-30 segundos
	Movimento 30	Tremulação Vertical com Chute: 10-30 segundos
	Movimento 31	Escalada de Montanha com Flutuação: 30-60 segundos
	Movimento 32	Bombeamento na Bicicleta: 10-30 segundos
	Movimento 33	Chute do Can-Can: 10-30 segundos
	Movimento 12	Rastejar da Cobra: 1-2 minutos
	Movimento 13	Passada Lateral Ampla: 8 vezes para a direita, 8 vezes para a esquerda. Repetir
	Movimento 10	Pressão Posterior das Pernas: 8 vezes
	Movimento 9	Polichinelos com Elevação dos Calcanhares: 8 vezes
	Movimento 4	Corrida ou Marcha com Elevação do Joelho: marcha por 15-30 segundos
	Movimento 1	Caminhada na Água: 1-2 minutos
	Movimento 3	Pompa e Circunstância: 8 vezes em cada direção
	Movimento 2	Corrida com Pedalada: 30 segundos
Alongamentos Finais de Resfriamento (10 minutos)	Repita a sequência de Alongamentos para Aquecimento, mantendo cada posição por 20 a 30 segundos.	

Aqueça-se de forma bem gradual, mantenha um ritmo moderado e resfrie o corpo muito lentamente.

Para intensificar os exercícios de reabilitação cardíaca, adicione desafios em *uma dimensão do condicionamento por vez:* depois de ter dominado o nível atual, aumente, a uma razão de aproximadamente 5%, a frequência, a intensidade ou a duração. Esta é o melhor ponto de partida, mas mude-a ao longo do tempo para dar ao corpo diferentes desafios e, para o seu aumento, acrescente incrementos bem aos poucos. Esse aumento gradual dá ao corpo uma chance de se adaptar ao maior desafio, enquanto reduz o risco de eventos cardíacos negativos. Reduza a intensidade, a duração ou a frequência se sentir cansaço. Na maioria das vezes, se você não se sentir bem, é melhor esperar até que esteja preparado para recomeçar os exercícios. Ao retornar aos exercícios aquáticos, comece em um nível um pouco mais baixo do que estava acostumado e aumente de forma gradual o nível, com o tempo.

Artrite

Mais de 670 milhões de pessoas no mundo inteiro, ou 10% da população mundial, sofre de artrite, de acordo com Glenn McWaters, autor de *Deep Water Exercise for Health and Fitness*. Uma vez que a hidrodinâmica reduz o estresse sobre as articulações e também o peso, exercícios executados na água são considerados um dos métodos mais benéficos para lidar com todos os tipos de artrite.

Existem mais de cem tipos diferentes de artrite. A maioria caracteriza-se por inflamação das articulações, que causa inchaço doloroso e pode resultar em perda dos movimentos ou função das articulações. Com diagnóstico e tratamento adequados, o dano às articulações causado pela artrite pode ser limitado ou prevenido, e o movimento e a flexibilidade das articulações podem melhorar. Uma vez que existem muitos modos de minimizar a dor e a perda de movimento causada pela artrite, pessoas que sofrem desse problema precisam realizar o tratamento com profissionais de saúde e condicionamento físico qualificados para que seja determinado o programa de tratamento mais apropriado. A maioria experimenta alívio com atividade aquática regular. Na verdade, a atividade na água é considerada como a melhor terapia para osteoartrite ou artrite reumatoide, de acordo com Edward A. Abraham, cirurgião ortopédico e autor de *Freedom from Back Pain*.

A dor nas articulações pode causar o desejo de mantê-las imóveis. Contudo, a falta de uso faz com que articulações, ligamentos e músculos percam a amplitude de movimentos e enfraqueçam com o tempo. A imobilidade também pode fazer com que os músculos se encurtem e tornem-se rígidos, causando mais dor e rigidez e limitando a capacidade de realizar tarefas desejadas.

Exercícios regulares ajudam a manter as articulações em movimento. Eles restauram e preservam a flexibilidade e a força, protegendo contra danos adicionais. Uma vez que os exercícios ajudam a melhorar a coordenação, a resistência e a mobilidade, eles levam a uma sensação de bem-estar e estimulam a sua capacidade de executar mais tarefas. A água proporciona um ambiente confortável para pacientes com artrite se exercitarem com suavidade e sem dor. A sua flutuabilidade sustenta o corpo, reduz o estresse sobre as articulações e libera os movimentos, proporcionando maior amplitude de movimentos. Além disso, ela age como uma força de resistência que ajuda a aumentar a força muscular.

Se você tem artrite, tente exercitar-se diariamente por aproximadamente 45 minutos para manter e melhorar a flexibilidade, a força e a resistência; em muitos casos, 15 minutos em 3 vezes por dia pode funcionar melhor que 45 minutos de uma vez só. Para conquistar benefícios máximos, mergulhe completamente as articulações que estejam sendo exercitadas. Submergi-las ajuda no alívio do estresse da gravidade, e a flutuabilidade deve ajudá-lo a mover essa parte do corpo em toda a amplitude de movimentos normal e plena. A intensidade dos exercícios deve ser determinada pelo nível de tolerância à dor em determinado dia. Articulações inflamadas podem piorar com exercícios excessivos; portanto, reduza-os de forma significativa durante episódios de inflamação.

Aqui estão algumas precauções especiais recomendadas pela Fundação (norte-americana) para a Artrite:

- Consulte seu médico para determinar se os exercícios aquáticos são adequados.
- Certifique-se de ter outra pessoa próxima para ajudá-lo a entrar e a sair da piscina, se preciso.
- Confira a temperatura antes de entrar na piscina. A temperatura da água deve ser confortável e relaxante, não quente. Temperaturas entre 28 e 31°C são apropriadas para pessoas com artrite.
- Se você sentir tontura ou náusea, saia imediatamente da água, mas com cuidado.
- Se o inchaço, a rigidez ou a dor na articulação aumentar, interrompa o exercício e consulte seu médico.
- Nunca entre em uma piscina após usar álcool ou drogas. A sonolência, a sedação e o aumento ou queda na pressão arterial consequentes podem resultar em lesões ou morte. Se toma algum medicamento, consulte seu médico antes de entrar na piscina para se exercitar.
- Comece lentamente e não exagere. Aprenda a reconhecer as reações do seu corpo e interrompa os exercícios antes de se cansar. Sintomas de artrite surgem e desaparecem com o tempo, de modo que exercícios que parecem fáceis em um dia podem parecer difíceis no outro. Mude seu programa de exercícios considerando seus sintomas atuais.
- Preste muita atenção aos sinais de dor. Se continuar se exercitando com dor, os danos poderão ser aumentados.

Se a água morna alivia a artrite, significa que este é o exercício mais apropriado. Certifique-se de que a temperatura da água esteja entre 28 e 31°C antes de entrar na piscina. Relaxe e aprecie a sua sensação relaxante. Quando os músculos e as articulações parecerem confortáveis e livres de tensão, inicie lentamente a sua rotina de exercícios. Dê a si mesmo tempo suficiente após se exercitar para relaxar totalmente os músculos antes de sair da água. É possível exercitar-se com água mais quente se nenhum exercício aeróbico estiver em seus planos.

A Fundação para a Artrite fornece importantes orientações para os exercícios aquáticos:

- Submerja a parte do corpo que você planeja exercitar.
- Mova essa parte do corpo lenta e suavemente.
- Respire em um padrão rítmico normal e profundo e evite prender o fôlego.
- Inicie e finalize com exercícios simples.
- Alterne entre atividades mais avançados e simples para minimizar a fadiga.
- Use dispositivos de flutuação para conservar melhor a sua energia.
- Não adicione equipamento de resistência, a menos que sob instrução de um profissional de saúde. Se chegar a usá-lo, empregue versões de baixa resistência.
- Evite agarrar-se com força na borda da piscina ou no equipamento. Segure-se de leve na parede ou pouse o cotovelo na borda para melhorar a estabilidade durante exercícios na parede da piscina.
- Execute movimentos em toda a amplitude em torno de uma articulação. Não force o movimento. Interrompa se sentir dor repentina ou se a dor já presente aumentar.
- Complete de 3 a 8 repetições, com base no que seja mais adequado. Com o tempo, aumente aos poucos o número de repetições para 15, se tolerar bem o aumento.
- Se determinado exercício for desconfortável, não o execute. Se machucar, pare.
- Uma dor que dura mais de 1 ou 2 horas após os exercícios pode sinalizar uso excessivo. Reduza na próxima vez em que se exercitar. Se ela persistir após a redução, mude de exercício.
- Comece gradual e lentamente. Não exagere. Não execute mais repetições do que seja confortável.
- Em caso de um sério dano articular ou substituição de uma articulação, consulte seu médico ou cirurgião antes de executar quaisquer exercícios.

O programa de exercícios na Tabela 10.8 pode ser executado enquanto se está sentado ou em pé na piscina ou usando equipamento de flutuação. Para instruções detalhadas sobre os exercícios, veja os Capítulos 4, 5 e 6. Inclua o Movimento 111, Círculos com os Ombros, em caso de dor no ombro, na região superior das costas ou no pescoço e os Movimentos 112 a 117 se a artrite afetar mãos, braços ou pés.

TABELA 10.8 Exercícios para Artrite

Aquecimento Térmico (5 minutos)	Escolha um ou mais dos seguintes exercícios:	
	Movimento 1	Caminhada na Água
	Movimento 4	Corrida ou Marcha com Elevação do Joelho
	Movimento 5	Marcha do Soldado
	Movimento 13	Passada Ampla Lateral
Alongamento de Aquecimento (5 minutos)	Complete todos os alongamentos que considerar confortáveis. Mantenha cada alongamento levemente por 10 segundos. Alongamentos *nunca* devem ser dolorosos.	
	Alongamento 1	Alongamento para Região Externa da Coxa
	Alongamento 2	Alongamento para Região Lombar com Rotação do Tornozelo
	Alongamento 3	Alongamento para Região Anterior da Coxa
	Alongamento 4	Alongamento para Canela e Encolhimento do Ombro
	Alongamento 5	Alongamento para Região Interna da Coxa
	Alongamento 6	Alongamento para Flexores do Quadril
	Alongamento 7	Alongamento para Panturrilha com Perna Estendida
	Alongamento 8	Alongamento para Panturrilha com Flexão do Joelho
	Alongamento 9	Alongamento dos Isquiotibiais
	(Repita a sequência anterior no outro lado do corpo)	
	Alongamento 10	Alongamento Profundo dos Músculos do Quadril, das Coxas e das Nádegas
	Alongamento 12	Alongamento para Região Média das Costas (3 partes)
	Alongamento 13	Alongamento para Região Posterior do Cotovelo
	Alongamento 14	Rolamento de Ombro e Alongamento do Tórax
	Alongamento 15	Alongamento para Peitoral
	Alongamento 16	Alongamento para Região Superior da Coluna
	Alongamento 17	Alongamento para Tronco e Ombro
	Alongamento 18	Alongamento de Ombro e Região Superior do Braço
	Alongamento 19	Alongamento Seguro para o Pescoço

Exercícios Aeróbicos com Flutuação (5-15 minutos)	Este segmento é opcional e deve ser executado apenas quando não houver cansaço. Lembre-se de aquecer-se e resfriar o corpo gradualmente e executar os exercícios na velocidade que for mais confortável. Use um cinturão de flutuação, colete, braçadeiras ou espaguete.
	Movimento 26 — Esqui Aquático
	Movimento 27 — Tesouras Laterais Flutuantes
	Movimento 29 — Salto Vertical do Sapo
	Movimento 32 — Bombeamento na Bicicleta
Exercícios para Amplitude de Movimentos e Fortalecimento (15-20 minutos)	Movimento 34 — Tesouras para Regiões Externa e Interna da Coxa
	Movimento 35 — Deslizamento de Perna para a Frente e para Trás
	Movimento 36 — Chute a Partir do Joelho
	Movimento 37 — Passada do Corredor
	Movimento 38 — Flexão Lateral do Quadril
	Movimento 39 — Mergulho do Pino
	Movimento 40 — Agachamento na Parede
	Movimento 44 — Deslizamento para o Tórax e para a Região Superior das Costas
	Movimento 46 — Flexão para Tórax e Costas
	Movimento 47 — Pressão Frontal e Diagonal do Ombro
	Movimento 48 — Pressão do Ombro com Giro
	Movimento 49 — Bombeamento Lateral do Braço
	Movimento 50 — Flexão e Extensão do Braço
	Movimento 57 — Guarda de Trânsito
	Movimento 58 — Encolhimento e Rolagem do Ombro
	Movimento 111 — Círculos com os Ombros
	Movimento 42 — Extensão dos Tornozelos
	Movimento 43 — Elevação dos Dedos dos Pés
	Movimento 112 — Flexão dos Dedos dos Pés
	Movimento 113 — Alfabeto com o Tornozelo
	Movimento 114 — Inversão e Eversão do Tornozelo
	Movimento 115 — Flexão dos Dedos da Mão
	Movimento 116 — Toque com os Dedos da Mão
	Movimento 117 — Círculos com o Polegar
	Movimento 56 — Espreguiçar do Gato
Alongamentos Finais para Resfriamento (10 minutos)	Execute os mesmos alongamentos recomendados durante o Aquecimento, mantendo as posições de alongamento estáticas por 20 segundos.

MOVIMENTO 111 — CÍRCULOS COM OS OMBROS

Finalidade: este movimento visa relaxar a tensão na articulação do ombro, que pode agravar a dor no ombro, no pescoço ou na região superior das costas, além de melhorar a amplitude de movimentos em torno da cápsula do ombro e prevenir dores.

Posição Inicial: coloque-se em pé, com o lado esquerdo do corpo junto à parede da piscina, com água pouco abaixo do ombro. Posicione o pé esquerdo para a frente e o pé direito para trás. Coloque o cotovelo e o antebraço esquerdos na borda da piscina ou pouse a mão esquerda sobre a coxa esquerda e deixe o braço direito suspenso na direção do fundo da piscina.

Ação:
1. Faça círculos lentos com os braços a partir do ombro, faça pequenos giros no sentido anti-horário e, depois, em sentido horário.
2. Vire-se e repita com o outro braço. Repita de 4 a 32 vezes em cada direção, com cada braço.

Variação: a retração do ombro ajuda a fortalecer os músculos estabilizadores que mantêm a escápula para trás e para baixo, protegendo a articulação de uma biomecânica deficiente – isto é, o uso do ombro em má posição. Inicie na mesma posição, mas deixe o braço suspenso na direção do fundo da piscina a partir do ombro; depois, use os músculos em torno da escápula para levar o ombro para trás em uma posição neutra e estabilizada. Mantenha o braço estendido e use exclusivamente os músculos da escápula. Faça um movimento pequeno, que isole os músculos que retraem o ombro. Evite levá-lo para cima, na direção da orelha.

Dicas de Segurança: mova-se muito lentamente dentro da amplitude de movimentos sem dor. Aumente o diâmetro do círculo com o tempo, à medida que sua amplitude de movimentos aumentar. Reduza o diâmetro se sentir dor e redução na zona sem dores.

MOVIMENTO 112 — FLEXÃO DOS DEDOS DO PÉ

Finalidade: este movimento alivia a dor no pé, reduz a tensão nessa região, fortalece os músculos que movem os dedos e a sola do pé e melhora a amplitude de movimentos.

Rotinas Específicas para Necessidades Especiais 243

Posição Inicial: fique em pé, próximo à parede da piscina, com água na altura entre a cintura e o peito, e segure-se em sua borda para manter o equilíbrio. Mantenha-se ereto na posição neutra, com os músculos abdominais e os glúteos contraídos com firmeza. Talvez seja preciso tirar os calçados aquáticos (usados nas piscinas norte-americanas que são revestidas com materiais impermeáveis e ásperos) para realizar este exercício.

Ação: eleve o joelho de forma que o pé seja tirado do chão. Flexione os dedos dele para baixo e depois os estenda. Imagine-se pegando uma toalha com o pé descalço.

Variação: Este movimento também pode ser executado sentado no degrau da piscina ou em uma banheira.

Dicas de Segurança: movimente-se de forma lenta, com suavidade e deliberadamente. Exercite um pé de cada vez.

ALFABETO COM O TORNOZELO — MOVIMENTO 113

Finalidade: este movimento alivia a dor no pé, no tornozelo ou na região inferior da perna; ajuda a readquirir ou a preservar a amplitude de movimentos no tornozelo; fortalece os tornozelos e os pés e reduz a "queda do pé", que faz com que os dedos fiquem "presos" ao chão, causando tropeços.

Posição Inicial: fique em pé, próximo à parede da piscina, com água na altura entre a cintura e o peito, e segure-se em sua borda para manter o equilíbrio. Talvez seja preciso tirar os calçados aquáticos para este exercício.

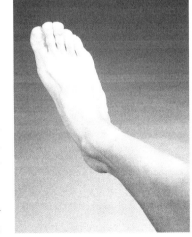

Ação: eleve o joelho de forma que o pé seja tirado do chão. "Escreva" o alfabeto com os dedos do pé, movendo o tornozelo em toda a amplitude de movimentos. Exercite um pé de cada vez.

Variação: este movimento também pode ser executado sentado no degrau da piscina ou em uma banheira.

Dica de Segurança: movimente-se com lentidão, com suavidade e deliberadamente.

| MOVIMENTO 114 | INVERSÃO E EVERSÃO DO TORNOZELO |

Finalidade: este movimento alivia a dor no pé, no tornozelo ou na região inferior da perna; ajuda a readquirir ou a preservar a amplitude de movimentos no tornozelo; fortalece os tornozelos e os pés e previne "torções" do tornozelo que debilitam a integridade da articulação dessa região.

Posição Inicial:
Fique em pé, próximo à parede da piscina, com água na altura entre a cintura e o peito, e segure-se em sua borda para manter o equilíbrio. Talvez seja preciso tirar os calçados aquáticos (usados nas piscinas norte-americanas que são revestidas com materiais impermeáveis e ásperos) para este exercício.

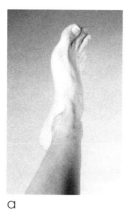 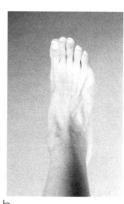

a b

Ação:
1. Eleve o joelho para tirar o pé do chão.
2. Pense no tornozelo como uma dobradiça de porta e no pé como a porta e gire lentamente o pé para dentro, a partir do tornozelo, de modo que o peito do pé fique mais alto que a borda externa (Figura a).
3. Gire lentamente o pé para fora, de modo que o peito do pé fique mais baixo que a borda externa (Figura b).

Variação: você também pode executar este movimento sentado no degrau da piscina ou em uma banheira.

Dicas de Segurança: movimente-se com lentidão, com suavidade e deliberadamente. Exercite um pé de cada vez.

| MOVIMENTO 115 | FLEXÕES DOS DEDOS DA MÃO |

Finalidade:
Este movimento ajuda a reduzir a dor nas mãos, melhora a amplitude de movimentos sem dor e melhora a destreza manual.

Posição Inicial:
Coloque a mão em um recipiente com água. Use água morna se tiver sintomas de artrite.

Ação:
Abra e feche as mãos lentamente e com leveza em punho (Figuras a, b).

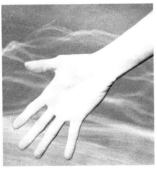 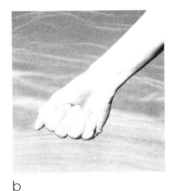

a b

Variações:
- Flexione as articulações mais grossas dos quatro dedos e leve as pontas dos dedos no topo das palmas.
- Feche e abra a mão com um dedo de cada vez.

Dica de Segurança:
Faça movimentos lentos e aumente a amplitude de movimentos gradualmente.

TOQUE COM OS DEDOS DA MÃO MOVIMENTO 116

Finalidade: este movimento ajuda a aliviar a dor nas mãos, melhora a amplitude de movimentos sem dor e melhora a destreza manual.

Posição Inicial: coloque a mão em um recipiente com água. Use água morna se tiver sintomas de artrite.

Ação: toque a ponta do polegar com cada um dos dedos da mão, um de cada vez.

Dica de Segurança:
Faça movimentos lentos e aumente a amplitude de movimentos gradualmente.

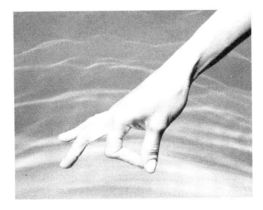

| MOVIMENTO 117 | CÍRCULOS COM O POLEGAR |

Finalidade: este movimento ajuda a aliviar a dor nas mãos, particularmente na articulação do polegar, melhora a amplitude de movimentos sem dor e aumenta a destreza manual.

Posição Inicial: coloque a mão em um recipiente com água. Use água morna se tiver sintomas de artrite.

Ação: faça círculos amplos com o polegar, com movimentos lentos, em ambas as direções.

Dica de Segurança: faça movimentos lentos e aumente a amplitude de movimentos gradualmente.

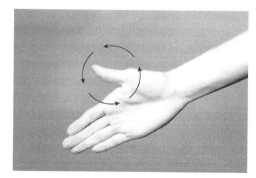

Para adaptar a sequência às suas necessidades ou para tornar os Exercícios Básicos para Artrite mais interessantes e desafiadores, inclua alguns dos movimentos a seguir:
- Tai Chi Aquático, movimentos 82 a 88
- Ioga Aquático, movimentos 94 a 100
- Movimentos de Agachamento com Força, Movimentos 60 a 65, executados muito lentamente
- Abdominal na Água, Movimento 72, Vento Lateral com Espaguete, Movimento 73, e Espaguete em Anel, Movimento 74, executados muito lentamente
- Lontra, Movimento 106.

Fibromialgia

Embora possa parecer muito difícil executar movimentos quando se sofre desse problema de saúde que causa fadiga, o tipo adequado de exercício é, comprovadamente, um dos melhores tratamentos para pacientes com fibromialgia. Fibromialgia é uma doença crônica, considerada às vezes como uma forma de artrite, caracterizada por múltiplos sintomas, incluindo dor generalizada, fadiga intensa, rigidez e debilitação muscular. Pessoas nessas condições têm níveis superiores de neurotransmissores que sinalizam respostas de dor e níveis menores de analgésicos naturais, como a serotonina. Isso significa que os pacientes sentem dor crônica, têm interrupções no sono e outros sintomas que tornam a vida muito difícil.

Devido à dor e à fadiga, os exercícios e muitas atividades quotidianas são reduzidos ou interrompidos completamente. Músculos inativos atrofiam-se e estão mais propensos a traumas e disfunções. Os muitos hormônios necessários que seriam liberados durante exercícios e atividades físicas diárias não respondem de forma confiável e consistente nesses pacientes.

Pessoas com fibromialgia têm dificuldade em encontrar soluções eficazes de tratamento, o que contribui para a intensa frustração causada pela doença. Entretanto, evidências de estudos demonstram que os exercícios podem realmente ajudar na redução dos sintomas de dor e melhoram a qualidade de vida. Muitas pessoas julgam que fibromialgia e exercícios não combinam, em virtude da dor crônica associada com a síndrome da doença. Na verdade, um programa adequado de exercícios, seguido de maneira consistente, alivia a dor, fortalece o tecido conjuntivo e aumenta a flexibilidade e o fluxo sanguíneo.

A água é um dos melhores meios para um programa de exercícios destinado a quem sofre de fibromialgia. Exercícios aquáticos melhoram a flexibilidade muscular e a força em um ambiente que reduz o desconforto causado pela doença. Para aqueles que sofrem dessa enfermidade, é crucial tornar os músculos saudáveis, o que poderá oferecer algum alívio. Músculos flexíveis permitem uma amplitude de movimentos saudável em torno da articulação. A importância da força muscular é diariamente visível para todos com fibromialgia, quando as tarefas do cotidiano se tornam mais difíceis, especialmente durante as crises. Quanto mais forte for, mais poderá se movimentar no seu dia a dia.

Exercícios aeróbicos, em particular, reduzem os sintomas da fibromialgia. Exercícios aquáticos podem ser mais toleráveis, porque suportam o peso do corpo e protegem músculos e articulações. Andar para trás e para a frente na água é um exercício desafiador que não causa estresse excessivo ao corpo. Para alguns, eliminar completamente o choque do impacto é necessário e, nesse caso, movimentos aeróbicos com flutuação são a melhor escolha. A temperatura da água é importante, portanto, evite temperatura extremamente alta ou baixa, já que isso pode piorar os sintomas.

Embora possa ser difícil começar e manter um programa de exercícios, dependendo da gravidade da dor, se você der continuidade e mudar o programa de acordo com o seu nível de sintomas, perceberá muitos benefícios com o passar do tempo. Em relação à fibromialgia, os exercícios exercem um papel crucial, uma vez que uma rotina de atividades adequada pode ser útil para:

- reduzir a debilitação muscular e aumentar a força;
- fortalecer o tecido conjuntivo (ligamentos e tendões) e, simultaneamente, aumentar o tônus muscular;
- reduzir a rigidez muscular, especialmente pela manhã e após esforços físicos;
- aumentar a flexibilidade, permitindo uma amplitude de movimentos maior sem dor, tensão, puxões e lacerações;

- oferecer possíveis melhoras nos padrões de sono (no caso de exercícios aeróbicos), tornando mais fácil adormecer e permanecer dormindo, o que proporciona melhora geral nos sintomas da fibromialgia;
- auxiliar na redução da dor, pela liberação de endorfinas, os analgésicos naturais do corpo;
- aumentar o fluxo sanguíneo para o tecido que está sendo trabalhado, causando o transporte de oxigênio e nutrientes capazes de recuperar os músculos;
- aumentar o nível de endorfinas liberadas pelo hipotálamo, causando efeitos de alívio natural da dor e de aprofundamento do sono, aliviando parte da ansiedade, da depressão e da dor associada com a fibromialgia;
- estimular a produção de serotonina e hormônio do crescimento, exatamente o desequilíbrio do hormônio de redução da dor e reparo muscular ligado aos indivíduos que sofrem de fibromialgia;
- ampliar a produção de células T do timo, produzindo um número maior de células para potencializar o sistema imunológico;
- aliviar o estresse negativo, aumentar a energia e reduzir a fadiga;
- promover o emagrecimento, reduzindo assim a tensão sobre as articulações; e
- aumentar a massa óssea e reduzir o risco de fraturas ou osteoporose.

Exercícios para Fibromialgia

Se você leva uma vida sedentária, consulte seu médico antes de iniciar qualquer tipo de programa de exercício para prevenir lesões ou exacerbação dos sintomas. É extremamente importante introduzir os exercícios aeróbicos lentamente em sua rotina. Comece lenta e delicadamente e aumente bem aos poucos a duração, a intensidade, a frequência e o nível de resistência dos exercícios. Sempre inicie as sessões com aquecimento. Caminhe devagar durante alguns minutos, depois se alongue cuidadosamente durante 3 a 5 minutos para aquecer e preparar os músculos para os exercícios. Sempre termine as sessões com uma rotina completa de alongamento.

Se estiver recomeçando a se exercitar, inicie as sessões com 5 minutos de atividade aeróbica e, depois, adicione 1 minuto a cada sessão, aumentando a duração do treinamento até que seja possível completar 30 minutos, 2 a 3 vezes por semana. Você pode realizar a sequência de aquecimento e alongamento todos os dias e conquistar benefícios substanciais.

Ao iniciar o programa de exercícios, provavelmente haverá alguma sensação de dor e rigidez muscular, mas lembre-se de que isso desaparecerá quando seu corpo estiver acostumado à atividade. Aprenda a diferenciar entre o cansaço muscular ocorrido após os exercícios e o agravamento da dor da fibromialgia. Se a dor após os exercícios for profunda e duradoura, provavelmente os sintomas da fibromialgia se agravaram, e poderá ser preciso reduzir novamente a intensidade, a duração ou a frequência dos exercícios. A dor muscular, por outro lado, não é debilitadora, e simplesmente transmite a sensação de que os músculos trabalharam mais que o habitual, levando a algum desconforto por algumas horas, um dia, ou por mais algum tempo. Reserve sempre um tempo para descansar e para recuperar-se após os exercícios.

Exercitar-se com fibromialgia torna-se mais difícil pela frustração de saber que a capacidade de executar exercícios não é a mesma de antes. Canalize essa frustração durante o treinamento e lembre-se de que está havendo melhoras a cada sessão. Assumir o controle da sua saúde pode resultar em um imenso alívio, tanto em termos físicos quanto emocionais.

Execute os Exercícios para Artrite, concentrando-se especialmente no alongamento, na respiração e no relaxamento, assim como em movimentos de caminhada e pedalada, que relaxam músculos tensos, melhoram a circulação, enviam nutrientes para os músculos em ação e melhoram a amplitude de movimentos. Exercícios aeróbicos com flutuação, como correr em água profunda utilizando um cinturão de flutuação, são uma boa escolha, já que eliminam totalmente o choque de impacto. O Tai Chi Aquático, encontrado na página 181 do Capítulo 9, proporciona um estilo de exercício ideal para a amplitude de movimentos e o aumento da força para pessoas com fibromialgia.

Fasciite Plantar

A fasciite plantar causa dor aguda e intermitente ou intensa queimação no calcanhar ou na sola do pé, e geralmente piora pela manhã, quando nos levantamos. A fáscia se contrai durante a noite, podendo agravar-se após atividades como caminhadas, corridas, uma partida de tênis ou ao dançar, especialmente em superfícies duras. Pessoas com pés muito chatos ou arcos muito altos estão mais propensas à fasciite plantar. Essa lesão, que afeta a sola ou a superfície flexora (plantar) do pé, ocorre pelo uso excessivo, causando inflamação da faixa resistente e fibrosa de tecido (fáscia) que liga o osso do calcanhar à base dos dedos do pé (ver Figura 10.1). Quando a dor começa, você pode ter a sensação de que esteve caminhando com uma pedrinha no calçado.

Na maioria dos casos, é possível evitar a cirurgia ou outros tratamentos invasivos para superar a dor por meio de medidas que previnem sua recorrência. Repouso, gelo, elevação e alongamento cuidadoso, realizados geralmente ao longo de semanas ou meses, dependendo do momento em que houver condição, podem combater os efeitos do uso excessivo e eliminar a dor. Use uma bola de gel gelada sobre o calcanhar e a sola dos pés diversas vezes ao dia, durante 10 a 20 minutos cada vez, para reduzir a inflamação e aliviar a dor.

O treinamento na água é uma excelente forma de exercício para superar a fasciite plantar, em razão da redução ou eliminação do choque de impacto e do ambiente vantajoso para alongamentos sem peso, particularmente na parte inferior das pernas e nos pés. Outras atividades precisam ser reduzidas, enquanto estiver se recuperando da fasciite plantar.

Alguns cuidados são importantes e devem ser iniciados com a máxima rapidez após o início dos sintomas para que seja evitada a ocorrência de outros problemas no pé, no joelho, no quadril e nas costas em virtude da mudança no modo de caminhar causada pela fasciite plantar. Evitar o choque de impacto e realizar alongamentos diários ajuda na prevenção dessa exacerbação. Além dos pés e da parte inferior das pernas, o alongamento dos músculos do quadril, das coxas – particularmente dos isquiotibiais –, das costas, das laterais do corpo e do abdome também é fundamental para o manejo da fasciite plantar, a fim de prevenir que a dor se irradie para outras partes do corpo. A Tabela 10.9 apresenta uma sessão planejada para pessoas com esse tipo de lesão.

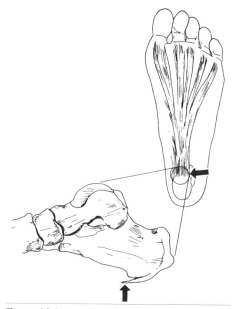

Figura 10.1 A fasciite plantar ocorre pelo uso excessivo, causando inflamação da faixa resistente e fibrosa de tecido (fáscia) que liga o osso do calcanhar à base dos dedos do pé. Reimpresso sob permissão de L. Micheli, 1996, "Healthy runner's handbook" (Champaign, IL: Human Kinetics), 104.

TABELA 10.9 Exercícios para Fasciite Plantar

Aquecimento Térmico (5 minutos)	Movimento 1	Caminhada na Água
	Movimento 3	Pompa e Circunstância
Alongamento para Aquecimento (5 minutos)	Mantenha cada posição por 10 segundos. Execute cada alongamento incluído nos "Exercícios Básicos para Iniciantes", com atenção especial para os seguintes alongamentos:	
	Alongamento 2	Alongamento para Região Lombar com Rotação do Tornozelo
	Alongamento 4	Alongamento para Canela e Encolhimento do Ombro
	Alongamento 7	Alongamento para Panturrilha com Perna Estendida
	Alongamento 8	Alongamento para Panturrilha com Flexão do Joelho
	Alongamento 5	Alongamento para Região Interna da Coxa
	Alongamento 1	Alongamento para Região Externa da Coxa
	Alongamento 3	Alongamento para Região Anterior da Coxa
	Alongamento 9	Alongamento para Isquiotibiais

Movimentos Aeróbicos (Comece com 5 minutos e aumente de forma gradual para 30 minutos ou mais)	Evite movimentos com pulos até não sentir mais crises de dor, até recuperar-se totalmente e até os sintomas da fasciite plantar não serem mais agravados por saltos.
	Movimento 1 — Caminhada na Água, em múltiplas direções, para a frente, para os lados e para trás.
	Movimento 10 — Pressão Posterior das Pernas
	Movimento 13 — Passo Amplo Lateral
	Movimento 12 — Rastejar da Cobra
	Execute qualquer um dos movimentos aeróbicos com flutuação.
Tai Chi Aquático e Ioga Aquático	À medida que se tornar menos sintomático, execute qualquer um ou todos os movimentos do Ioga e do Tai Chi Aquático para melhorar e manter a força e a flexibilidade dos músculos dos pés e das pernas e para proteger a saúde das costas e do joelho.
Exercícios para Fortalecimento e Tonificação Muscular	Inclua qualquer um ou todos os Movimentos de Fortalecimento e Tonificação quando estiver relativamente livre de sintomas, e concentre-se nos movimentos a seguir:
	Movimento 112 — Flexão dos Dedos do Pé
	Movimento 42 — Extensão dos Tornozelos
	Movimento 43 — Elevação dos Dedos do Pé
	Movimento 113 — Alfabeto com o Tornozelo
	Movimento 114 — Inversão e Eversão do Tornozelo
	Movimento 40 — Agachamento na Parede
	Movimento 41 — Toque com Agachamento
	Movimento 39 — Mergulho do Pino
	Movimento 55 — Postura de Cão de Caça
Alongamentos Finais de Resfriamento (10 minutos)	Repita toda a sequência de Alongamento de Aquecimento, mantendo cada posição por mais tempo, durante 20 segundos.

A ordem dos exercícios visa permitir o alongamento dos músculos próximos à área principal afetada antes do alongamento daqueles diretamente associados com a flexibilidade na fáscia plantar, localizada no calcanhar e na sola dos pés. Além disso, os alongamentos que apresentam maior desafio para os músculos que controlam a sola do pé vêm por último na sequência, a fim de garantir que eles estejam alongados e preparados para o seu papel de estabilização.

Esclerose Múltipla

Recomenda-se a hidroginástica terapêutica para pessoas com esclerose múltipla, porque ela melhora o controle sobre os movimentos funcionais do corpo. Exercícios aquáticos podem ajudá-las a manter ou melhorar a mobilidade física, a aumentar a amplitude de movimentos e a flexibilidade, a ganhar força muscular, a melhorar o equilíbrio e a coordenação e a lidar com o estresse. A hidroginástica pode ajudar a aliviar os sintomas da esclerose múltipla desde que certas precauções sejam tomadas. O mais importante é não exagerar. Se você se alongar demais ou por muito tempo ou realizar um trabalho muscular muito intenso, pode acabar causando lesões em um sistema muscular já comprometido, aumentando a dor e fazendo com que o corpo fique com excesso de estresse, de trabalho e de cansaço.

A alta intensidade na prática dos exercícios pode precipitar os sintomas e acelerar a progressão do problema. Seja paciente consigo mesmo; alguns dias são bem melhores que outros. Permanecer fisicamente ativo pode ajudá-lo a obter uma porcentagem maior de dias bons, e a hidroginástica é o ambiente ideal, tranquilo e favorável para melhorar a aptidão física quando se tem esclerose múltipla.

Antes de iniciar o treinamento, consulte seu médico ou fisioterapeuta para obter recomendações sobre quais exercícios e qual intensidade e duração são ideais para seus sintomas e objetivos atuais.

Dicas de Segurança

- Inicialmente, sempre faça um aquecimento gradual e resfrie o corpo no fim da sessão de exercícios.
- Se planeja se exercitar por 30 minutos, comece com sessões de 10 minutos e aumente a intensidade bem aos poucos ao longo de diversas semanas ou mais.
- Evite pisos escorregadios, iluminação fraca, capachos e outros perigos potenciais que possam causar escorregões e tropeços.
- Se tem dificuldade em se equilibrar, faça exercícios próximo ao alcance da borda da piscina, a uma barra de apoio ou a um corrimão.
- Se, a qualquer momento, você passar mal ou começar a sentir dor, pare.
- Se for sensível ao calor – os sintomas reaparecem ou pioram quando o calor corporal aumenta – faça o seguinte:
  - Evite fazer exercícios durante as horas mais quentes do dia (das 10 h às 14 h). Exercite-se pela manhã ou à noite se você costuma fazer exercícios ao ar livre.
  - Beba bastante líquido, principalmente água.
  - Tenha consciência do seu corpo. Se notar algum sintoma que não apresentava antes de começar a realizar os exercícios, diminua ou pare-os até voltar ao normal.

Depois de um aquecimento simples, com movimentos fluidos e amplos, e de um pouco de alongamento, inicie uma sessão de caminhada. Comece no nível um, mantendo-se o mais reto possível, e então inicie uma caminhada com auxílio. Com o auxílio da borda da piscina, de uma barra de apoio ou, melhor ainda, de uma pessoa de confiança segurando suas mãos à sua frente e caminhando para trás (você determina o ritmo), a ação de flutuação causada pela caminhada aquática pode suavizar músculos tensos, melhorar o equilíbrio e a amplitude de movimentos para a caminhada.

Depois de adquirir prática na caminhada assistida e estiver tendo bons resultados, passe para o nível dois: use sua melhor postura ereta e estabilizada e caminhe segurando um halter flutuante de empunhadura comprida ou um espaguete (ou dois espaguetes juntos) mantido à sua frente. Para maior estabilidade e auxílio no equilíbrio, use o equipamento de Assistência para Caminhada na Água, mencionado no Capítulo 2.

Quando estiver preparado, assim que estiver proficiente no nível dois, tente o nível três: caminhada com dois pesos flutuantes ou espaguetes, um em cada mão, mantidos nas laterais do corpo. Se o equilíbrio exigido for demais, retorne ao nível dois ou um.

O alinhamento postural saudável é um objetivo importante para pessoas com esclerose múltipla; ele pode ser trabalhado com caminhadas na água e com Exercício para Dores nas Costas e no Pescoço, explicado anteriormente neste capítulo. Se você teve alguma lesão, inclua os movimentos específicos deste capítulo que se ajustem à sua situação. Revise as recomendações de exercícios com seu médico ou fisioterapeuta para garantir que estejam apropriados. A seguir, siga a sequência de exercícios ideal às suas necessidades 2 ou 3 vezes por semana, descansando pelo menos 1 dia para assegurar a recuperação. Aumente aos poucos a duração e a intensidade dos exercícios, conforme a melhora de sua condição, e reduza a intensidade, a duração ou mesmo a frequência quando sentir intensificação dos sintomas. O programa de Exercícios para Artrite apresentado nas páginas 240-241 é adequado para pessoas com esclerose múltipla; ele oferece exercícios excelentes para melhorar a amplitude de movimentos, além de movimentos suaves de resistência aeróbica que ajudam na força central e técnicas benéficas para articulação a fim de fortalecer os músculos. Tai Chi e Ioga Aquático representam alguns dos melhores movimentos para superar a espasticidade, criando força muscular e melhorando a amplitude de movimentos. Adicione esses movimentos à sua aula de hidroginástica assim que se sentir confortável na água e estiver pronto para adicionar uma nova dimensão ao treinamento.

Para solicitar um vídeo da Sociedade Nacional (norte-americana) de Esclerose Múltipla com o título de *Aqua Exercise for Multiple Sclerosis*, contate o distribuidor Sprint Rothhammer. O vídeo de 18 minutos demonstra um treinamento ativo na água com exercícios para reduzir a espasticidade, criar músculos e melhorar a postura e o alinhamento corporal.

Diabetes

A atividade física regular é muito importante para pessoas com diabetes, porque ajuda a controlar os níveis de glicose, a aumentar os níveis de energia, a melhorar a saúde cardíaca e a promover o bem-estar emocional. Contanto que não haja outras complicações médicas que possam contraindicar os exercícios, a maioria das pessoas com diabetes tipo 1 e 2 pode obter benefícios com pelo menos 30 a 60 minutos de atividade física, vários dias da semana. Consulte sempre seu médico antes de iniciar um novo programa de exercícios.

Diabetes Tipo 1

Para pessoas com diabetes tipo 1, a prática de exercícios traz muitos benefícios à saúde, incluindo controle da glicose em curto prazo. Como exercícios normalmente reduzem o nível de glicose, pessoas com essa doença precisam monitorar com cuidado os níveis de glicose antes, durante e após os exercícios. Também é importante deixar um lanche ou uma bebida apropriada por perto para prevenir emergências em relação ao nível de açúcar no sangue.

Embora exercícios geralmente reduzam o nível de glicose, é importante observar que, para algumas pessoas com diabetes tipo 1, o treinamento intenso pode, na verdade, causar aumento no nível de açúcar no sangue, especialmente se ele já estava alto antes da atividade física. Para a prática segura de exercícios, um elemento essencial do plano de treinamento é a monitoração dos níveis de glicose antes e depois do treinamento, além de manter um registro da resposta glicêmica a várias atividades físicas. Use esses resultados para ajustar o programa às suas necessidades específicas.

Diabetes Tipo 2

O estilo de vida sedentário é um importante fator de risco para o desenvolvimento de diabetes tipo 2, e a alta incidência de obesidade e sobrepeso entre pessoas com esse tipo de diabetes está fortemente associada à falta de atividade física. Segundo a Associação Americana de Diabetes, o começo de um programa regular de treinamento pode reduzir a massa corporal e, consequentemente, diminuir a resistência à insulina. Pesquisas mostraram que as pessoas com diabetes tipo 2 que se exercitam regularmente têm melhores perfis de hemoglobina A1c do que as sedentárias, indicando que a doença pode ser melhor controlada pela prática regular de exercícios. Juntamente com melhorias nutricionais e de alimentação saudável, o exercício é o principal fator no controle do diabetes tipo 2. Em alguns casos, essas mudanças no estilo de vida podem eliminar completamente a necessidade de medicação.

A prática de exercícios também é uma ferramenta essencial na prevenção de uma das principais complicações do diabetes tipo 2: a doença cardíaca. As diretrizes da Associação Americana de Diabetes indicam que a atividade regular reduz os níveis de triglicerídeos e a pressão sanguínea, dois dos fatores mais importantes na prevenção da doença cardíaca.

Exercícios para Diabetes

O objetivo de um treinamento para pessoas com diabetes tipo 1 ou 2 é manter o peso corporal baixo e a glicose sanguínea estável. Se estiver iniciando a hidroginástica após um período de inatividade, comece com a caminhada na água 3 vezes por semana. Inclua um aquecimento térmico com atividade leve, seguido de uma rotina de alongamentos de aquecimento de aproximadamente 5 a 10 minutos e finalize com uma sequência completa de alongamentos de resfriamento por mais 5 a 10 minutos. Mesmo que planeje se exercitar bastante, certifique-se de se aquecer e se alongar. Expanda sua rotina de exercícios assim que a caminhada na água for executada com mais facilidade. Siga as diretrizes dos Exercícios para Artrite ou dos Exercícios Básicos para Iniciantes. Comece lentamente e avance de forma gradual ao longo do tempo. Talvez seja melhor começar com 5 minutos e acrescentar 1 minuto por dia. O exercício aeróbico de flutuação é uma ótima maneira de reduzir o risco de irritação e lesão nos pés.

Use sempre calçados aquáticos para proteger os pés e verifique se eles se encaixam bem; os diabéticos são muito mais vulneráveis a lesões nos pés e na pele, e mesmo uma leve irritação cutânea, em função do diabetes, que talvez não seja notada pode se tornar um grande problema em alguns casos, levando à amputação. Sempre use uma etiqueta de identificação para informar que você é diabético, o que assegura um tratamento adequado se houver algum problema enquanto estiver se exercitando.

Para Diabéticos com Experiência na Prática de Exercícios

Você é diabético e atlético? Teste seus limites de treinamento realizando movimentos avançados de força (Capítulo 7, Intensificando os Exercícios). Desafie-se com uma corrida de alta intensidade na parte funda da piscina envolvendo outros movimentos aeróbicos de flutuação (Capítulo 5, Benefícios dos Movimentos Aeróbicos). Fortaleça a força central com Movimentos com Espaguete, no Capítulo 9, Um Estímulo à Sua Rotina. Diabéticos que são atléticos devem prestar atenção preferencialmente às lesões nos pés e na pele que possam ser causadas pela prática intensa de exercícios. Em especial, movimentos de saltos pliométricos podem causar danos à pele dos pés. Embora a água ofereça um ambiente mais seguro para atletas que buscam aprimorar o desempenho com pliometria, os diabéticos devem ser extremamente cuidadosos e usar calçados protetores de altíssima qualidade e com bom ajuste se planejam fazer pliometria aquática.

Manejo do Diabetes pelos Exercícios

Às vezes pode parecer mais fácil tomar um comprimido, até mesmo uma injeção, do que se exercitar. Contudo, a verdade é que o exercício, em combinação com uma alimentação saudável, é uma das melhores alternativas relacionadas com cuidado de si mesmo se for diabético. Exercícios aquáticos são uma excelente solução para pessoas com diabetes, porque protegem os pés (sempre use calçados aquáticos), aliviam o peso das articulações e tornam os exercícios divertidos, em vez de uma obrigação. Há muitos benefícios da prática regular e apropriada de exercícios para diabéticos:

- Queima calorias e melhora a composição corporal, o que acelera o metabolismo e ajuda a perder peso ou manter um peso saudável.
- Ajuda o corpo a responder à insulina e pode ser eficaz na manutenção dos níveis de glicose.
- Pode reduzir a glicose e possivelmente diminuir a quantidade de medicamentos necessários para tratar o diabetes.
- Em combinação com uma alimentação saudável, exercícios podem controlar o diabetes tipo 2 em algumas pessoas sem necessidade de medicamentos.
- Exercícios melhoram a circulação, principalmente nos braços e nas pernas, onde os diabéticos podem ter problemas com sérias consequências.
- Reduz o estresse, que pode aumentar o nível de glicose.

Tente se exercitar na mesma hora todos os dias e com a mesma duração. Essa regularidade ajuda a controlar os níveis de açúcar no sangue. Exercite-se pelo menos 3 vezes por semana por cerca de 30 a 60 minutos e desenvolva um plano que o ajude a evoluir para 5 ou 6 vezes por semana. Se planeja se exercitar mais de 1 hora após alguma refeição, faça um lanche rico em carboidrato, como 170 mL de suco de fruta ou um bolo de arroz sem cobertura. Se estiver em jejum há mais de 1 hora ou se o nível de glicose for menor que 100 a 120, coma uma maçã ou beba um copo de leite de soja, por exemplo, antes de se exercitar. Leve um lanche para o caso de o nível de açúcar no sangue baixar.

Se você usa insulina, exercite-se depois de comer, não antes. Teste seu nível de glicose antes, durante e depois da prática de exercícios. Não se exercite quando seu nível de glicose for menor que 240. Se você não usa insulina, mas toma remédio para diabetes, teste seu nível de açúcar no sangue antes e depois de se exercitar. Se o nível de glicose for maior que 300 mg/dL, não faça exercícios. Além disso, se você estiver no nível de pico de um medicamento, é melhor não se exercitar. Sendo usuário de insulina ou não, não faça exercícios se estiver doente, com falta de ar, apresentar cetonas na urina ou estiver sentindo formigamento, dor ou insensibilidade nas pernas.

Se você achar que seu nível de glicose está baixo, coma algo imediatamente. Não espere. De acordo com a Associação Americana de Diabetes, é importante tratar o sintoma quando ele aparece. Os exercícios tornam o corpo mais sensível à insulina, por isso é crucial monitorar cuidadosamente o nível de glicose antes e depois da prática de exercícios. Coma um lanche rápido e traga consigo alimentos como uvas-passas, banana ou pão para aumentar seu nível de glicose, caso necessário.

O mais importante é o melhor controle do diabetes, em vez de deixar que ele o controle, quando tornar a hidroginástica um hábito regular, monitorar o nível de glicose, mudar e adaptar a alimentação e a medicação conforme necessário (com o auxílio de seu médico) e lidar com o estresse de forma eficaz.

Perfil Pessoal de Condicionamento Físico

Data: _____

1. **Qual é seu tipo corporal?** Pense em como era seu corpo quando você era criança ou adolescente.

- ❑ **Ectomórfico.** Longo e magro, com ossos pequenos e membros mais longos em relação ao tronco. Os músculos não são naturalmente bem definidos.
- ❑ **Endomórfico.** Arredondado e curvo ou em forma de pera, com ombros frágeis e arredondados e quadril mais largo. Os membros são mais curtos em relação ao tronco.
- ❑ **Mesomórfico.** Físico robusto ou que cria músculos com facilidade. Pode ser mais largo nos ombros e no quadril e mais estreito na cintura. Quando ganha peso devido ao consumo excessivo ou à falta de atividade, a gordura corporal tende a se localizar na cintura ou no abdome.
- ❑ **Endomesomórfico.** Músculos naturalmente fortes, com tendência a acumular gordura no quadril e nas coxas.
- ❑ **Ectomesomórfico.** Magro e forte, com músculos bem definidos. Quando ganha peso devido ao consumo excessivo ou à falta de atividade, a gordura corporal tende a se localizar na região central do corpo.
- ❑ **Endoectomórfico.** Tende a acumular gordura corporal no quadril e nas coxas, além de também ter as extremidades longas e os ossos pequenos. A parte superior do corpo pode ser magra e o tronco mais longo do que a média.

Para cada tipo ou combinação corporal, siga as dicas de treinamento descritas no Capítulo 8 em Dicas de Exercícios para Tipos Corporais Específicos, na página 163.

2. **Meça a sua resistência aeróbica.** Aqueça-se por 5 minutos com uma caminhada na água e alongue todos os grupos musculares. Em seguida, marque por quanto tempo você consegue continuar caminhando sem perder a postura adequada (ver Movimento 1, Caminhada na Água). Certifique-se de começar a sequência aeróbica com um aquecimento de baixa intensidade, evolua até a aeróbica de pico (corrida na água, se estiver preparado) e termine com uma intensidade mais baixa. Essa medida de duração será seu valor de base: comece com uma sequência aeróbica que dure esse mesmo número de minutos. Assim que sentir que domina esse número de minutos e é muito fácil completar o tempo do valor de base, será o momento de aumentar o tempo em 10%.

Meu valor de base de minutos aeróbicos: _____

3. **Examine o grau de flexibilidade.** Fique em pé de frente para os degraus da piscina ou fique de frente para a parede dela. Eleve uma perna e coloque-a no

degrau mais alto ou no ponto mais alto da parede em que seja possível manter a perna estendida, com as costas retas, e permanecer em pé. Mantenha os músculos abdominais firmemente contraídos para proteger a região lombar.
— Minha perna e meu tronco formam um ângulo de 90° (você tem flexibilidade saudável – o alongamento o ajudará a mantê-la).
— Minha perna e meu tronco formam um ângulo maior que 90° (a flexibilidade será um foco muito importante na personalização de seus exercícios aquáticos).
— Minha perna e meu tronco formam um ângulo menor que 90° (você tem muita flexibilidade. Faça um alongamento leve para mantê-la e focalize no fortalecimento para melhorar a estabilidade das articulações).

4. **Meça o equilíbrio.** Fique em pé, de lado para a parede da piscina com água na altura da cintura ou do peito e marque quanto tempo consegue permanecer em um pé na posição de cegonha sem tocar na parede da piscina. Retire os calçados aquáticos (se for apropriado) e coloque as mãos sobre o quadril, depois coloque um pé contra a parte interna do joelho da perna de apoio. Certifique-se de permanecer ereto com o peito projetado para a frente, as escápulas abaixadas e para trás e os músculos abdominais contraídos – o equilíbrio e a estabilização andam sempre juntos. Eleve o calcanhar para se equilibrar na ponta dos pés. Marque o tempo desde que levanta o calcanhar até a ocorrência dos seguintes fatos:
- as mãos saem do quadril;
- o pé de apoio gira ou se move, ou dá um pulo em qualquer direção;
- o outro pé perde contato com o joelho;
- o calcanhar do pé de apoio toca no chão.

Quantos segundos foram completados?

❑ **Fraco = menos de 24**. Melhore o equilíbrio praticando o Movimento 34 (Tesouras para as Regiões Interna e Externa das Coxas) sem tocar na parede da piscina ou apenas com a ponta dos dedos em contato com a parede. Execute o Movimento 98 (Meia-Lua), primeiramente se apoiando na parede da piscina, depois, aos poucos, sem tocá-la. Introduza gradualmente os movimentos de Ioga e Tai Chi Aquático do Capítulo 9.
❑ **Médio = 25 a 39**. Mantenha suas habilidades de equilíbrio realizando a caminhada na água com os braços estendidos para os lados ou com as mãos sobre o quadril. Aumente o desafio caminhando com os olhos fechados. O Ioga Aquático proporcionará melhora em suas habilidades de equilíbrio.
❑ **Bom = 40 a 50**. Mantenha ou aumente suas habilidades de equilíbrio com o Movimento de Pilates 101 (Serra). Desafie-se com o Ioga Aquático.
❑ **Excelente = mais de 50**. Desafie seu equilíbrio com o Movimento 105 (Prancha e Pressão) e com os Movimentos Pliométricos apresentados no Capítulo 7, Intensificando os Exercícios.

5. **Identifique sua habilidade de coordenação.** Fique aproximadamente um braço de distância da parede da piscina. Contraia os músculos abdominais e

mantenha as escápulas abaixadas e para trás. Leve a perna direita para trás e o braço esquerdo, para a frente, semelhante ao Movimento 15 (Esqui *Cross-country*), mas sem saltar. Marque os segundos em que consegue levar adequadamente a perna direita para trás ao mesmo tempo em que leva o braço esquerdo para a frente e a perna esquerda para trás ao mesmo tempo em que leva o braço direito para a frente. Pare o cronômetro na primeira vez em que houver confusão sobre qual perna deve ir para trás e qual braço deve ir para a frente.

Quantos segundos você completou?

- **Fraco ou Iniciante = Menos de 20.** Melhore a coordenação realizando os Movimentos 55 (Postura do Cão de Caça), 34 (Tesouras para as Regiões Interna e Externa da Coxa), 35 (Deslizamento de Perna para a Frente e para Trás) e 38 (Abdução Unilateral do Quadril). Apoie-se na parede da piscina com um braço e mova o outro pela água na direção oposta do movimento da perna. Faça o Movimento 26 de Aeróbica com Flutuação (Esqui Aquático) e concentre-se em movimentar a perna direita para trás enquanto leva o braço esquerdo para a frente e a perna esquerda para trás enquanto leva o braço direito para a frente.
- **Médio = 20 a 30.** Mantenha e melhore as habilidades de coordenação realizando movimentos aeróbicos em água na altura na cintura ou do peito. Use movimentos alternados de braços e pernas.
- **Bom = 40 a 50.** Mantenha e melhore a coordenação realizando o Movimento 20 (Salto do Mogul) e o Movimento Pliométrico 67 (Salto de Obstáculo) enquanto tenta mover os braços em oposição às pernas. Desafie a coordenação motora fina realizando os Movimentos 77 a 81 de Dança *Country*.
- **Excelente = mais de 50.** Mantenha e melhore as habilidades de coordenação realizando os Movimentos 62 (Agachamento com Elevação dos Joelhos), 63 (Flexão do Joelho com Agachamento) e 64 (Agachamento com Elevação em Tesoura). Fortaleça a coordenação motora grossa com os Movimentos 69 (Polichinelo Pliométrico) e 70 (Esqui Pliométrico) e os movimentos de coordenação explosiva de Kickboxing Aquático (Movimentos 89 a 93). Aprimore a coordenação motora fina realizando os Movimentos 77 a 81 de Dança *Country*.

6. **Monitore a velocidade.** Faça um aquecimento e alongue. Mantendo uma excelente postura na caminhada na água, marque quanto tempo você leva para percorrer a piscina de uma ponta a outra. Se ela não tiver partes rasas, marque quanto tempo você leva para caminhar ou correr de uma ponta a outra usando um cinto ou colete de flutuação. Registre esse tempo e faça medições por um mês depois de ter começado a praticar hidroginástica com regularidade. O automonitoramento traz satisfação pelo próprio progresso. Se a velocidade não melhorar, tente aprimorar a força central empregando o treinamento intervalado durante a sequência aeróbica (caminhe por 2 minutos e depois corra ou caminhe rapidamente por mais 2 minutos) ou, se tiver bom preparo, adicione equipamento de resistência nos pés e nas mãos durante a sequência aeróbica na parte rasa ou profunda com flutuação.

_____ Minutos para cruzar a piscina

Personalidade de Condicionamento Físico

Como pode ser criado o melhor plano individualizado de condicionamento físico? Comece fazendo-se as perguntas a seguir e use as respostas como um guia para o seu planejamento. Preencha os campos e, assim, selecione o treinamento correto. Seja criativo em relação aos movimentos e às sequências que funcionam melhor para o seu perfil. Marque todas as respostas que se apliquem.

1. Quais são as maiores motivações para permanecer em um programa de condicionamento físico?

- ❏ **Sinto-me mais motivado quando estou com um grupo.** Matricule-se em um grupo ou pratique hidroginástica com um amigo.
- ❏ **Prefiro ficar sozinho.** Elabore uma rotina baseada em suas preferências, necessidades e objetivos e reserve regularmente um tempo para ficar sozinho na piscina.
- ❏ **Gosto de atividades competitivas.** Considere ter um diário de treinamento e monitore a duração, a intensidade e a frequência atingidas. Faça progressos em cada dimensão de forma gradual e desafie-se a atingir sua melhor marca pessoal. Ou, ainda, faça caminhadas na água (salto, chute etc.) com um amigo que seja competitivo e que tenha velocidade e nível compatíveis aos seus e desafiem-se para que as suas marcas pessoais sejam superadas.
- ❏ **Só quero me divertir.** Comece com alguns movimentos aeróbicos mais divertidos e depois, gradualmente, adicione outros que sejam interessantes, por exemplo, os Movimentos com Espaguete, o Yoga Booty Ballet, o Kickboxing Aquático ou o Tai Chi Aquático. O céu é o limite! Selecione o tipo de atividade de que tenha gostado ou tente algo novo.
- ❏ **Preciso de um treino simples e fácil de lembrar.** Para simplificar, faça um aquecimento realizando a caminhada na água e continue com a sequência de alongamento, escolha vários movimentos aeróbicos que considera mais divertidos ou simplesmente faça a caminhada na água (frente, costas, lateral e com velocidades diferentes); em seguida, relaxe com agachamento e fortalecimento abdominal e finalize com a mesma sequência de alongamento realizada no aquecimento.
- ❏ **Preciso de uma rotina que seja mental e fisicamente estimulante e na qual eu possa aprender coisas novas de tempos em tempos.** Inicie com uma sequência adequada ao seu nível atual de condicionamento físico no ambiente aquático. Uma vez por semana, acrescente novos movimentos realizando as variações explicadas no final da maioria das descrições dos movimentos, escolha uma seleção criativa no Capítulo 9, Um Estímulo à sua Rotina, ou concentre-se nos desafios físicos dos movimentos de Força e Pliométricos do Capítulo 7, Intensificando os Exercícios.
- ❏ **Preciso de variedade para continuar motivado.** Assim que tiver dominado um treinamento aquático que combina com seu nível de condicionamento físico, escolha uma nova região do corpo para exercitar; a alternância a cada três ou

quatro semanas funciona bem. O Capítulo 9, Um Estímulo à sua Rotina, contém uma ampla variedade de tipos de movimentos que podem manter a mudança na rotina por anos.

2. No passado, em quais tipos de atividade física você obteve sucesso e qual foi a mais agradável?

- ❏ **Eu gosto muito de dançar e fico motivado com qualquer coisa que se assemelhe à dança.** Não deixe de incluir os movimentos aeróbicos, realizados na parte rasa da piscina, conforme descrito no Capítulo 5, Benefícios dos Movimentos Aeróbicos, e os movimentos de Dança *Country* e de Yoga Booty Ballet no Capítulo 9, Um Estímulo à sua Rotina. Considere entrar em uma turma de aeróbica aquática, principalmente em uma que envolva movimentos de dança.
- ❏ **Eu gosto de andar de bicicleta.** Para treinar e desfrutar os movimentos de ciclismo, pedale em flutuação na parte mais funda da piscina: Movimento 32 (Bombeamento na Bicicleta), Movimento 73 ("Vento de Lado" com Espaguete), Movimento 104 de Pilates em água rasa (Bombeamento na Bicicleta em Diagonal).
- ❏ **Eu gosto de correr.** A corrida em flutuação pode ser um grande desafio e pode gerar a liberação de endorfina e da euforia, geralmente chamada de "euforia do corredor". Esforce-se para obter a amplitude completa de movimentos; seu ritmo será mais lento, mas você encontrará maior resistência na água em função do aumento da viscosidade. Outro bom exercício de treinamento é o Movimento 37, Passada do Corredor. Adicione equipamento de resistência nos pés para auxiliar os exercícios aeróbicos em flutuação e para a Passada do Corredor. Incorpore vários movimentos de fortalecimento abdominal e das costas do Capítulo 6, Fortalecimento e Tonificação, e do Capítulo 9, Um Estímulo à sua Rotina.
- ❏ **Eu gosto de fazer trilha.** Inclua os Movimentos 18, Escalada de Montanha, e 31, Escalada de Montanha com Flutuação. Considere progredir para o Movimento 75, Escalada com Prancha.
- ❏ **Eu gosto de jogar golfe.** Inclua a caminhada na água para melhorar a sua capacidade de andar pelo campo de golfe. Sempre inclua todos os alongamentos na sequência e dê atenção especial àqueles para peitoral e costas. Com intuito de fortalecer os músculos da articulação dos ombros, faça o Movimento 47, Flexão e Extensão Frontal e Diagonal do Ombro, e outros movimentos de Fortalecimento e Tonificação para Região Superior do Corpo. O Alongamento para Região Média da Coluna, 12, é de particular importância para realizar giros e para a saúde das costas. Objetivando um condicionamento rotacional avançado, execute o Movimento 101 de Pilates, Serra. Realize o Movimento Aeróbico 25, Salto com Giro, para manter e melhorar os reflexos. Para aperfeiçoar seu jogo, pratique Ioga Aquático a fim de aprimorar flexibilidade e equilíbrio.
- ❏ **Eu gosto de jogar tênis.** Melhore os giros e a estabilização com o Movimento 45, Saque de Tênis. Se for um jogador agressivo, aperfeiçoe o trabalho das pernas com a série Agachamento Aquático, Movimentos 60 a 65, e com os Movimentos Pliométricos 66, Salto Lateral do Peter Pan; 67, Salto sobre Obstáculo;

20, Salto do Mogul; 68, Salto do Golfinho, e 71, Hip, Hop, Urra!. Se você tende a jogar mais em duplas ou está fazendo exercícios de reabilitação, aperfeiçoe o trabalho dos pés com os Movimentos 13, Passada Ampla Lateral; 16, Balanço do Marinheiro; 22, Cavalo de Balanço; 21, Elevação dos Joelhos com Extensão do Quadril; e 17, Salto para a Frente e Salto para Trás. Refine seus reflexos com os Movimentos 77 a 81 de Dança *Country*. Para fortalecer a estabilidade da articulação dos ombros, faça o Movimento 47, Flexão e Extensão Frontal e Diagonal do Ombro, e o Movimento 57, Guarda de Trânsito. Sempre inclua todos os alongamentos na sequência e dê atenção especial àqueles para as regiões peitoral e das costas. O Alongamento 12 para Região Média da Coluna é de particular importância para executar giros e para a saúde das costas. Para um condicionamento atlético avançado, desafie sua força central com o Movimento de Pilates 101, Serra. Execute o Movimento Aeróbico 25, Salto com Giro, a fim de melhorar os reflexos de rotação.

❑ **Eu gosto de artes marciais.** Você provavelmente gostará do Tai Chi Aquático, Movimentos 82 a 88, que é realizado mais rapidamente na água do que em terra, e os movimentos explosivos do Kickboxing Aquático 89 a 93. Esses movimentos também podem melhorar velocidade, agilidade e coordenação na prática de artes marciais em terra.

Estabeleça Objetivos de Condicionamento Físico

Quais são seus objetivos para o condicionamento físico? Escolha até dez e em seguida classifique os cinco primeiros usando números de 1 a 5, sendo que 1 é o mais importante, em termos do que gostaria de atingir em primeiro lugar.

Eu quero:
❑ Ter mais energia. a, b, c, i, k*, l, t
❑ Liberar a tensão e a frustração. a, c, e, f*, i, k*, m*, t
❑ Desafiar o sistema cardiovascular e melhorar a resistência aeróbica. a, b, c, e, i, k*, w*
❑ Desafiar o sistema cardiovascular e melhorar o sistema anaeróbico. b, g, h, m*, n, u*
❑ Conquistar tonificação corporal geral. e, g, h, m, t, u*
❑ Ter mais força central e músculos abdominais mais definidos. e, g, h, m*, n, q, t, u*
❑ Ter mais força na parte superior do corpo. o
❑ Tonificar o quadril e as coxas. e, g, h, i, p, u*
❑ Controlar o peso ou emagrecer. a, g, h, i, l, m*, n, s, v, x
❑ Melhorar o desempenho atlético e esportivo. e, g, h, i, k*, m*, n, t, u*, w
❑ Correr melhor sem ter lesões relacionadas ao choque de impacto. e, g, h, i, n, p, q, u*, w
❑ Melhorar a saúde cardíaca. a, f, j, k*, t
❑ Aliviar e prevenir dores nas costas. r, q, a, c, g, h*, i, j, n, t*, u*
❑ Recuperar lesões. g, h*, i, j, n, q, r, t*, u*

❑ Criar uma energia mais tranquila, conectar corpo, mente e espírito e ao mesmo tempo melhorar e manter o condicionamento físico. t
❑ Sentir-se mais flexível, conseguir usar melhor as articulações e melhorar a amplitude de movimentos. c, g, i, j, q, t, u*
❑ Adquirir maior estabilidade e evitar quedas. d, e*, f*, g, j, m*, n, q, r, t*, u*
❑ Ter ossos mais fortes e evitar osteoporose. a, d, e*, f*, g, m*, q, r, u*

* Dentro da capacidade atual de condicionamento e somente se não estiver sentindo dor.

Agora você está pronto para começar a pensar sobre como vai atingir os cinco principais objetivos selecionados.

Descubra quais ações têm maior probabilidade de impulsioná-lo na direção dos seus principais objetivos: marque a letra apropriada sempre que ela condizer a uma de suas respostas à pergunta sobre os cinco objetivos principais. Circule a letra com o maior número de marcações, que o aproximarão de seus objetivos, e baseie seu treinamento pessoal nesses itens. Marque as informações ao lado do restante das letras; cada uma contém informações que podem melhorar as chances de atingir seus objetivos (assim como em qualquer programa de condicionamento físico, consulte um médico e discuta um plano de hidroginástica antes de começar, principalmente se você tem levado uma vida sedentária ou esteve doente ou lesionado).

Crie resistência aeróbica começando no nível de valor de base (ver Perfil Pessoal de Condicionamento Físico). Monitore sua resposta semanalmente. Se achar que está dominando determinado nível de duração e intensidade, aumente um ou outro em 10%, ou seja, se estiver realizando caminhada na água por 30 minutos, acrescente 3 minutos. Para aumentar a intensidade, acelere a velocidade ou acrescente equipamento de resistência, mas de forma gradual.

Execute treinamento de intervalo aeróbico. Aqueça-se e alongue-se. Caminhe por 2 minutos, depois corra, caminhe rapidamente ou salte por mais 2 minutos. Repita, alternando entre intensidade moderada e mais alta para toda a sequência aeróbica, terminando com um resfriamento gradual e movimentos aeróbicos lentos, como caminhada na água.

a. Inclua vários movimentos aeróbicos na água rasa, com profundidade entre a cintura e o peito.
b. Inclua vários movimentos de saltos, respeitando sua capacidade atual de tolerância sem sentir dor nem desconforto.
c. Execute movimentos pliométricos.
d. Execute movimentos de agachamento e de agachamento com passada.
e. Aumente de forma gradual a intensidade com agachamentos até dominar movimentos avançados de força.
f. Corra na parte mais funda da piscina com flutuação. Aumente a duração gradualmente, 10% de cada vez, e inclua o treinamento intervalado, no qual você corre rapidamente por vários minutos e depois corre mais lentamente ou caminha por diversos minutos.

g. Selecione os movimentos corretos para a sua condição no Capítulo 10, Rotinas Específicas para Necessidades Especiais. Inclua uma série completa de alongamentos e exercícios de amplitude de movimentos.
h. Na sequência aeróbica, intensifique os exercícios e resfrie o corpo gradualmente; fique bastante tempo na seção aeróbica de pico (aumente a intensidade de forma gradual por um período de semanas e meses).
i. Em cada sequência aeróbica, aumente a intensidade dos exercícios e resfrie o corpo de forma progressiva. Tente manter um nível moderado de intensidade aeróbica. Aumente a duração da sequência aeróbica aos poucos, ao longo de semanas ou meses, e esforce-se para chegar a 45 minutos de atividade aeróbica; não acrescente mais de 10% sobre os minutos, a não ser que tenha dominado o nível atual de duração.
j. Inclua a série completa de movimentos musculares do Capítulo 6, Fortalecimento e Tonificação. Com o tempo, à medida que o condicionamento aumentar, considere o acréscimo de movimentos pliométricos e de força de maior intensidade, mencionados no Capítulo 7, Intensificando os Exercícios, e Kickboxing Aquático no Capítulo 9, Um Estímulo à sua Rotina.
k. Inclua as "Técnicas para Exercícios Abdominais: Abdominal Concentrado", do Capítulo 6, Fortalecimento e Tonificação. Considere a inclusão de exercícios com espaguete do Capítulo 9, Um Estímulo à sua Rotina.
l. Inclua e concentre-se em movimentos para a parte superior do corpo do Capítulo 6, Fortalecimento e Tonificação.
m. Inclua e concentre-se em movimentos para a parte inferior do corpo do Capítulo 6, Fortalecimento e Tonificação. Considere a inclusão de movimentos de força do Capítulo 7, Intensificando os Exercícios.
n. Inclua e concentre-se em movimentos para a melhora da postura nas costas e no pescoço, conforme descritos no Capítulo 6, Fortalecimento e Tonificação.
o. Siga o programa de treinamento para aliviar e prevenir dores nas costas e no pescoço no Capítulo 10, Rotinas Específicas para Necessidades Especiais.
p. Determine o seu tipo corporal conferindo a página 163 do Capítulo 8 e siga as diretrizes descritas para o seu perfil ou para combinação de tipos.
q. Considere a prática do Ioga Aquático e do Tai Chi Aquático descritos no Capítulo 9, Um Estímulo à sua Rotina.
r. Considere a prática de Pilates Aquático descrita no Capítulo 9, Um Estímulo à sua Rotina.
s. Monitore sua intensidade aeróbica com cuidado, usando o índice da escala de esforço percebido. Tente atingir intensidade moderada ou "relativamente leve" a "um pouco forte" e trabalhe no aumento da duração gradual por semanas ou meses.
t. Monitore sua intensidade aeróbica com cuidado, usando o índice da escala de esforço percebido. Esforce-se para chegar ao nível "forte" de intensidade e inclua um aquecimento e resfriamento aeróbico gradual.
u. Consulte a seção Tonifique-se e Emagreça do Capítulo 8.

Plano de Ação de Condicionamento Físico para a Mudança

Você está pronto para iniciar os exercícios aquáticos? Qual das três alternativas abaixo se ajusta melhor ao seu caso? Depois de selecionar uma, complete as questões de acompanhamento para ajudá-lo a partir em busca de seus objetivos.

❏ **Estou pensando a respeito.** Estarei pronto em 6 meses. Explore os prós e os contras de tornar a hidroginástica parte de sua vida, assim como de não fazer exercícios aquáticos. Decida para que lado você está inclinado e por quê.
  1. O que me atrai na ideia de iniciar a fazer hidroginástica:
  2. O que não me atrai na ideia de iniciar a fazer hidroginástica:

❏ **Estou quase pronto.** Estarei pronto em 3 semanas ou nos próximos meses. Escreva as barreiras ou obstáculos e pense em algumas ideias de como superá-los.
  Barreiras   Como posso superá-las
  1.
  2.
  3.
  4.

❏ **Estou pronto para começar!** Você terá maior probabilidade de sucesso e de participação nas sessões de exercícios aquáticos se fizer um plano baseado em sua personalidade, preferências, necessidades e objetivos e se identificar as barreiras que possa encontrar de maneira a superá-las. Faça a si mesmo a seguinte pergunta: Qual o nível de confiança, em uma escala de 1 a 10, que eu tenho de obter para tornar a hidroginástica uma atividade regular em minha vida? ___ (insira o número aqui). Por que eu escolhi esse número e não um menor? (insira sua resposta aqui) _____ Por que eu escolhi esse número e não um maior? (insira sua resposta aqui). _____ Por que seria diferente se eu escolhesse um 10? (insira sua resposta aqui) _____

Que pequenos passos fariam a maior diferença neste momento para a hidroginástica fazer parte de uma atividade regular em minha vida? Liste os passos aqui; um passo é suficiente, e três passos são excelentes.
  a.
  b.
  c.

Como você irá comemorar o seu sucesso e recompensar-se por manter seus objetivos em relação aos exercícios aquáticos ou por apresentar progresso?
❏ Serei recompensado pela sensação de bem-estar e tendo mais energia ou melhorando a prática de meu esporte.
❏ Comprarei algo legal para melhorar minhas sessões aquáticas.
❏ Levarei minha família para viajar ou para um passeio divertido.
❏ Outros:_____

ÍNDICE REMISSIVO

Observação: as letras *f* e *t* em itálico após números de páginas referem-se a figuras e tabelas, respectivamente.

A

abdominais, 51-52
abdominal concentrado, 21-22
Abdominal Lateral com Rolo (espaguete), 172
Abdominal na Água, 162
Abdominal Sentado Contra a Parede e Abdominal Concentrado, 125-126
Abdução Unilateral do Quadril, 113
Abraçando a Lua, 184
Abraham, Edward A., 237
adultos mais velhos, 229-231
aeróbica com flutuação, 98-104
aeróbica com intensidade máxima, 89-98
aeróbica de aquecimento, 75-80
Agachamento com Elevação do Joelho, 144
Agachamento com Levantamento em Tesoura, 146
Agachamento na Parede, 115
Agachamento Simples, 141
Agitar o Pote, 208
água
   beber, 27, 252
   efeito sobre frequência cardíaca, 12
   movimento corporal na, 14-17
   profundidade da, 28
   temperatura da, 27-28
Alfabeto com o Tornozelo, 243
Alongamento com Agachamento, 147
Alongamento da Panturrilha com Joelho Flexionado, 73
Alongamento da Região Posterior Superior da Coluna, 78
Alongamento de Ombro e Região Superior do Braço, 79
Alongamento de Panturrilha com Perna Reta, 72
Alongamento do Aquecimento, 45, 47
Alongamento dos Isquiotibiais, 68, 73, 138
Alongamento para Área Posterior do Cotovelo, 77
Alongamento para Canela e Encolhimento do Ombro, 70
Alongamento para Flexores do Quadril, 71
Alongamento para Peitoral, 78
Alongamento para Região Anterior da Coxa, 69
Alongamento para Região Externa da Coxa, 68, 148
Alongamento para Região Interna da Coxa, 71
Alongamento para Região Lombar com Rotação do Tornozelo, 69
Alongamento para Região Média da Coluna, 75-76
Alongamento para Tronco e Ombro, 79
Alongamento Profundo dos Músculos do Quadril, das Coxas e das Nádegas, 74, 148
Alongamento Seguro para o Pescoço, 80
Alongamento Total para as Costas, 75
Alongamentos para Panturrilhas, 148
ambiente, 27-29
andadores aquáticos, 37
andadores aquáticos alados, 37
aqua power, x
aquecimento, 23-24, 34. Ver também aquecimento térmico
aquecimento corporal, roupa, 34
aquecimento térmico, 45, 46, 57-65, 67-68
Argo, Carol, 188, 197
arrasto, 16, 17
articulações, 4-5, 22, 26, 32
artrite, 237-239, 240-241t, 244-249
asas aquáticas para adultos, 34
assistente para caminhada na água, 40
atletas, e exercícios aquáticos, 1, 2
aumento da carga de trabalho, 5
Avançar e Voltar ao Centro, 95

B

Balanço de Joelho, 89
Balanço do Marinheiro, 89
Balanço do Pescoço de Galinha, 135
Balanços Cruzados, 178
Banks, Murray, 160
barbatanas para resistência, 36-37
bicicletas aquáticas, 39-40
Bloqueio da Canela, 190
bolas de flutuação, 35
Bombeamento Lateral do Braço, 123
Bombeamento na Bicicleta, 104
Bombeamento na Bicicleta em Diagonal, 202
Burdenko, cinturão de exercícios 36-37

C

calçados aquáticos, 25-26, 33, 255
calor corporal, 23
calorias, queimando, 5
Caminhada na Água, 59
Carinho no Pescoço do Cavalo: Afagar e Puxar, 186
Cavalo de Balanço, 94
Cavar a Terra, 185
choque de impacto, 14, 20
Chute a partir do Joelho, 111
Chute com Elevação de Joelho, 66
Chute de Futebol e Can-Can, 104
Chute do Can-Can, 62-63
Chute Frontal da Perna Posterior ou Perna Dianteira, 191
Chute Honky-Tonk: Chute Cruzado para a Direita e para a Esquerda, 181
Chute para Cima com Calcanhares, 59
Chute para Trás com Flutuação e Agitação dos Braços, 101
Chute para Trás e para a Frente, 184
ciclo de estiramento-encurtamento, 148-149
cinturões de flutuação, 34
Circulando o Tambor, 183
Círculo com Pernas, 201
Círculos com o Polegar, 246
círculos com os braços, 185
Círculos com os Ombros, 242
circunferência da cintura, medição, 156
Clapp, James, 225
Clark, Gillian Marloth, 205
cloro, proteção da pele contra, 26-27
colesterol, redução dos níveis de, 3
colete aquático, 34f
coletes de flutuação, 34-35
coletes para exercícios, 34
coluna vertebral
   evitar estresse sobre, 24
   evitar hiperextensão, 55f
   liberação de músculos da, 160t
   retirada da pressão sobre, 3
comida, guia de orientação para controle da porção, 167
composição corporal, 7-8
condicionamento. Veja técnicas avançadas de condicionamento
condicionamento físico
   avançando pela força, 138
   componentes do, 6-7
   definições de treinamento para o condicionamento físico, 108
   elevando o nível do preparo físico, 90
   estágio inicial de condicionamento, 20-21
   objetivos de condicionamento, 262-264
   perfil de condicionamento, 257-259
   personalidade de condicionamento físico, 260-262
   plano de ação de condicionamento para a mudança, 265-266
   plano pessoal de condicionamento, 164
   princípios, 43-44
controle da glicose sanguínea, 254
coordenação, 214, 251
coração, fluxo sanguíneo para, 13
corpo
   alinhamento adequado, 31
   construindo melhor, 6-8
   movimento na água, 14-17, 36
Corrida com Pedalada, 60
Corrida ou Marcha com Elevação dos Joelhos, 61
costas
   dor lombar crônica, vulnerabilidade, 21
   exercícios, 53, 74-75, 131-135
   hiperarqueamento, evasão, 22
   sessão para dor lombar, 217-218t
curva lordótica, 14

D

Dança *Country* Aquática, 167-171
Dança de Rua: Fazendo Trilhas, 211
Deslizamento de Perna para a Frente e para Trás, 110-111
Deslizamento para Peitoral e Dorsais, 118-119

Índice Remissivo

diabetes, 253-256
dicas para alongamento, para técnica de agachamento, 147
dicas para o conforto, 25-26
Dividindo a Crina do Cavalo Selvagem, 187
dor, como sinal para parar o exercício, 24, 216-217

E

ectomorfos, 163, 164
Elevação dos Dedos dos Pés, 117
Elevação dos Joelhos com Extensão do Quadril, 93
Encolhimento e Rolagem de Ombro, 134
endomorfos, 163, 164-165
equilíbrio, 22, 214, 215, 253
equipamento
   aumentando a força e a resistência, 141f
   distribuidores e fabricantes, 40-41
   especializados, 38-39
   feitos com artigos domésticos, 32-33
   mais usados, 33-37
   sobre, 30-32
equipamento de resistência, 31
equipes esportivas, e exercícios na água, 3
Escala de esforço percebido de Borg (TEP), 12t
escala de taxa de esforço percebido, 11-12, 23
Escalada de Montanha, 91
Escalada de Montanha com Flutuação, 103
esclerose múltipla, 251-252
esforço, percepções pessoais de, 11-12
esforço preferido, 13
Espaguete em Anel, 174
espaguete, Movimentos com, 174
especificidade do exercício, 44
Espreguiçar do Gato, 132
esqui aquático, 99-100
Esqui Cross-Country, 88
Esqui e Polichinelo Combinados, 91
Esqui Pliométrico, 154
estações para exercícios na água, 39
esteira aquática, 40
estresse muscular, redução, 4-5
estresse ósseo, redução, 4-5
exercício aeróbico
   aeróbica com flutuação, 98-104
   aeróbica com intensidade máxima, 89-98
   aeróbica de aquecimento, 85-90
   benefícios dos, 83-85
   progressão sugerida, 49t
   sintoma de fibromialgia, redução, 246
   sobre, 43, 45-47
exercício de flutuação, 215
exercício de resistência progressiva, 43-44
Exercício em água profunda para saúde e condicionamento (Mcwaters), 249
exercício para dor no ombro, 221t
Exercício para Peito e Costas, 120

exercícios
   adaptação a um novo programa, 20
   durante gestação, 221-222
   e artrite, 237-238
   e fasciite plantar, 249
   e fibromialgia, 246-247
   evitar comer antes de, 26
   exercício de flutuação, 215
   aumento gradual de duração e intensidade, 166
   manejo do diabete, 255-256
   novos níveis de, 39
   para adultos mais velhos, 229-231, 231t
   precauções, 50, 52, 54-56, 131
   recomendações para, 157-159
   roteiro confortável para início, 24
   segurança para iniciantes, 30
exercícios abdominais, 125-131
Exercícios Aquáticos para Esclerose Múltipla, 251
exercícios de flutuação em água profunda, 28
Exercícios de Hidroginástica, ix-xi
exercícios na água
   adicionando variedade aos, 168
   adultos mais velhos, 229t
   amostra de exercício avançado, 169t
   aprimoramento do plano, 159
   aumento gradual, 24, 166
   básicos, 46t, 161t
   benefícios para saúde e boa forma, vii-ix, 2-3
   benefícios, 3-5
   com criatividade, 161
   criação de rotina pessoal, 157
   e recuperação cardíaca, 232, 234- 235t
   e tipos corporais, 163
   equilíbrio, 50f
   estrutura, 44-46
   exercícios para dor nas costas e no pescoço, 217-218t
   exercícios para dor no joelho, 220t
   exercícios para dor no ombro, 221t
   exercícios para fasciite plantar 250t
   exercícios para gestação, 221-222, 227-228t
   ingredientes para o sucesso, 157
   intensificação, 137
   novos equipamentos, x
   para artrite, 238-242, 240, 241t
   rotina para diabetes, 253-254
   rotina para fibromialgia, 246-247
exercícios para dor no joelho, 220t
exercícios para parte inferior do corpo, 55-57, 68-73, 108-117
exercícios para parte superior do corpo, 54-55, 76-79, 118-125
extensão dos tornozelos, 117
extensões das costas, 53f

F

fasciite plantar, 249, 250t
fibromialgia, 246-249
FITT, princípio, 44, 138, 160
Flexão com Flutuação, 127-128

Flexão de Joelho com Agachamento, 145
Flexão dos Dedos do Pé, 242
Flexão e Extensão do Braço, 124
Flexão e Extensão Frontal e Diagonal do Ombro, 121
flexibilidade, 7, 214, 258
Flexões dos Dedos da Mão, 231
flutuabilidade, 14-15
força central, x, 51, 108
força muscular, 7, 31
fortalecimento e tonificação muscular, 45, 50-56, 108
Freedom from Back Pain (Abraham), 237)
frequência cardíaca, 9-10, 11t, 12-13
frequência cardíaca em repouso, 9-10

G

Giro com Rolo (espaguete), 164
Golpe com Joelho, 191
gravidez, 3, 221-225, 227-228t
Guarda de Trânsito, 133

H

halteres de flutuação, 35-36
halteres flutuantes, 36, 36f
hidratação, 27
Hip-Hop Caubói: Pisar e sapatear,180
Hip, Hop, Urra!, 155
Holstein, Barbara B., 222-223, 226-227

I

insulina, 256
intensidade
   e taxa de esforço percebido, 11-12
   medição com frequência cardíaca, 9
   monitoramento, 23
   mudando o nível de, 83-84
   redução, durante movimentos de pernas, 18f
   variação, 48-49
   zona-alvo, 9
intensidade dos exercícios. Ver intensidade
Inversão e Eversão do Tornozelo, 244
Ioga, 192
Ioga Aquático, 192

K

Kerrigan, Nancy, 2
kickboxing, 188
Kickboxing Aquático, 188

L

lesão, áreas comuns de, 217
Lontra, 194
luvas de hidroginástica, 36

M

manejo do peso, 1, 163
Mapa do Tempo, 157
Marcha do Soldado, 62
McDonough, Teigh, 205
McMurray, Robert G., 222
McWaters, Glenn, 237
Meia-Lua, 195
"Menina Levada, Menina Recatada", 210
Mergulho do Pino, 114
mesomorfos, 165

mitos e enganos, 8, 26, 27, 45, 51
movimentos com limitação de amplitude, 32
Movimentos com Prancha, 175
movimentos de potência, 138, 140
movimentos, mudança gradual de, 49
movimentos picados, 32
músculos
  da parte inferior do corpo, 56f
  da parte superior do corpo, 54f
  do abdome, 52f
  exercitando-se por igual, 24
  mantendo-se aquecido, 23
  tipos de contração, 139
música, 28-30

N
necessidades especiais, 2, 213. Ver também reabilitação

O
óculos de sol com proteção para raios UV, 26

P
Para lá e Para Cá, Exercício para o Cóccix, 209
Passada Ampla Lateral, 86
Passada com Agachamento, 146
Passada com Balanço, 177
Passada com União das Pernas e Nova Passada, 179
Passada do Corredor, 112
Passada e União das Pernas, 179
Passo de Jazz do Marinheiro, 206
Passeio pela Água, 175
pele, proteção contra o cloro, 25-26
pescoço
  exercícios para dor no pescoço, 217-218t
  exercícios, 131-135
  hiperarqueamento, evitar, 22
pesos aquáticos, 38
Pilates, 197
Pilates Aquático, 197
plano alimentar, 166
pliométricos, 137, 138-139, 148
Polichinelo Pliométrico, 154
polichinelos aquáticos, 87
Polichinelos com Flexão dos Calcanhares, 65
Pompa e Circunstância, 60
Pose de Ângulo Estendido de Triângulo, 196
posição neutra protegida, 21-22, 55f
postura, 14, 142f, 253
Postura da Árvore, 196
Postura de Flamingo ou Super-Homem, 194
Postura do Cão de Caça, 131
Postura do Guerreiro com Arco e Flecha,193
Prancha, 130
Prancha e Pressão, 193
pranchas, 36
Pressão com Agachamento, 144
Pressão de Ombro com Giro, 122

pressão hidrostática, 13, 16-17
Pressão para Peitoral, 203
pressão posterior das pernas, 65
prevenção de lesões
  durante aeróbica em água profunda, 31
  e equipamento de resistência na água 31-32
  e pliométricos, 140
  lista de conferência, 21-25
  sobre, 19-20
princípio da reversibilidade, 44
princípio da sobrecarga, 15, 43-44
princípio da sobrecarga progressiva, 15, 43-44
princípio de alavancas, 17
princípio de viscosidade, 15
programa de condicionamento inicial, 21-22
progressões, 49
protetores para gesso, 38

Q
Quadrado de Chutes com Avanço, 96-97

R
Rastejar da Cobra 85
reabilitação, 1, 2, 213-216
reabilitação de lesão e pliométricos, 150
reabilitação física. Ver reabilitação
recuperação cardíaca, 232-233, 234-235t
resfriado por uso excessivo, 24
resfriamento, 31, 105, 135
resfriamento aeróbico, 105
resfriamento e alongamento, 45, 56, 80-81
resistência, 15-17, 214
resistência aeróbica, 9-10
resistência cardiorrespiratória, 8-9
resistência da água, tonificação pela, 4-5
resistência muscular, 7
respiração, 23, 233
respiração abdominal, 233
respiração com canudinho, 233
Rolamento de Ombro e Alongamento do Tórax, 77
Rolamentos Pélvicos, 198
rolos (espaguete), 35, 35f, 227
rolos (espaguetes) de flutuação. Ver espaguetes
rotinas. Ver exercícios aquáticos
roupas resistentes ao cloro, 34

S
salto com encolhimento do abdome, 90-91
Salto com Giro, 98
Salto do Golfinho, 143
Salto do Mogul, 92
Salto Lateral do Peter Pan, 152
Salto Lateral para Joelho, 64
Salto para a Frente, Salto para Trás, 90-91

Salto sobre Obstáculo, 152
Salto Vertical do Sapo, 101-102
Saque de Tênis, 119
Saudação ao Sol, 192
See, Julie, 137
segurança, 19-20, 25-26, 30-31, 36
Semilótus, 194
Sentado com Pernas em V, 129
Serra, 199
sessões perdidas, 14
Soco cruzado, 190
Soco para a Frente, 189
sol, proteção contra, 26
Sova, Ruth, 31
step aquático, 36
Subida em Prancha, 175
superaquecimento, prevenção pela água, 5

T
Tai Chi, 181
Tai Chi Aquático, 181
talas para os membros, 38
taxa de esforço percebido, 11-12, 23
técnicas avançadas de condicionamento, 105, 109
técnicas de treinamento em salto, 138
temperatura corporal, 230
temperatura da piscina, 234
Tesouras Laterais Flutuantes, 100
Tesouras para Regiões Interna e Externa das Coxas, 109-110
Teste da Fala, 9, 23
tipo corporal, 164-165
tonificação, 4-5, 155-158. Ver também fortalecimento e tonificação muscular
Toque com Agachamento, 116
Toque com os Dedos da Mão, 231
Toque de Meia-Lua na Corda-Bamba, 200
tornozeleiras, 35-36
trabalhando frequência cardíaca, 10, 11t
traje de banho, conforto, 25
treinamento com pesos, na água, 4
Tremulação Vertical com Chute, 102

T
umidade, 27

V
velocidade, 214-215
"Vento de Lado", espaguete, 173

Z
zona-alvo, 9, 11t

Y
Yoga Booty Ballet, 205